ABB

Histoire du Chevalier des Grieux et de Manon Lescaut

PARCOURS ASSOCIÉ **Personnages en marge, plaisirs du romanesque**

1731

Édition présentée par
David Galand

Agrégé de Lettres modernes
Professeur au lycée Mireille-Grenet (Compiègne)

Nathan

Sommaire

- **Biographie** ... 4
- **Contexte historique et culturel** ... 7
- **Contexte littéraire** ... 10
- **Repères chronologiques** ... 14

Lire... *Histoire du chevalier des Grieux et de Manon Lescaut*

- Avis de l'auteur ... 17
- Première partie ... 21

Explication de texte 1
Comment la rencontre amoureuse est-elle mise en scène par le narrateur ? ... 32

Explication de texte 2
Quelle évolution de la relation du couple cette première scène de réconciliation met-elle en évidence ? ... 57

Explication de texte 3
Dans quelle mesure cet épisode est-il comique ? ... 85

Explication de texte 4
Comment cet épisode hautement romanesque montre-t-il que le chevalier des Grieux se met en marge de la société ? ... 104

- Deuxième partie ... 123

Explication de texte 5
Dans quelle mesure cette aventure constitue-t-elle une épreuve révélatrice du caractère et du comportement de Des Grieux ? ... 156

Explication de texte 6
Quelle image le récit de la mort de Manon donne-t-il des personnages ? ... 197

ISBN : 978-209-151226-6-0

LE DOSSIER *du lycéen*

Structure de l'œuvre 202

Testez votre lecture 206

Comprendre l'œuvre 208
1. Un récit à la première personne 208
2. L'orientation réaliste du roman 210
3. Roman ou tragédie ? 212

Explorer le parcours associé : Personnages en marge, plaisirs du romanesque 215

LES THÈMES
1. Les plaisirs d'une histoire captivante 215
2. Des personnages romanesques ? 217
3. Des personnages en marge 219

GROUPEMENT DE TEXTES

1 Portraits de demi-mondaines 222
1. Alexandre Dumas fils, *La Dame aux camélias*, 1848 222
2. Émile Zola, *Nana*, 1880 224
3. Marcel Proust, *Du côté de chez Swann*, 1913 226

2 Regards sur des amours de jeunesse 228
1. Vivant Denon, *Point de lendemain*, 1812 228
2. Raymond Radiguet, *Le Diable au corps*, 1923 230
3. Marguerite Duras, *L'Amant*, 1984 231

3 Marginaux en marche 233
1. Victor Hugo, *Les Misérables*, 1862 233
2. Jean-Marie Gustave Le Clézio, *Désert*, 1980 235
3. Virginie Despentes, *Vernon Subutex*, 2015 236

Lecture d'images 238

Vers le BAC 240
- La dissertation 240
- L'essai 243
- L'oral 245

Conseils de lecture 254

Lexique 256

Biographie

Qui est l'abbé Prévost en 1731 ?

Quand *Manon Lescaut* paraît, en 1731, son auteur est un homme fougueux, à la vie aventureuse et romanesque à souhait.

Une jeunesse mouvementée

• L'enfance et la jeunesse de l'auteur, à propos desquelles on manque de documents fiables, ont parfois été objets de légende, quand on a cru trouver des éléments biographiques dans les romans de l'auteur.

• Antoine-François Prévost est né le 1er avril 1697, à Hesdin, petite ville située entre la Picardie et l'Artois. Il est le deuxième enfant d'une famille de la bourgeoisie aisée : son père, Liévin Prévost, est procureur du roi, et à ce titre peut avoir l'ambition d'entrer dans la noblesse de robe. Sa mère, Marie Prévost, née Duclay, meurt dès 1711. Antoine-François Prévost fait ses études au collège jésuite d'Hesdin, jusqu'à ce qu'il s'engage, semble-t-il, dans les armées du roi en 1712 ; mais en 1713 la guerre de Succession d'Espagne se termine, et le jeune homme poursuit ses études à Paris, au collège d'Harcourt, de bonne réputation, puis en 1717 à La Flèche, chez les Jésuites. Commence-t-il alors à se tourner vers la voie religieuse, en tant que novice ? S'engage-t-il de nouveau dans l'armée lors de la guerre de 1718-1719 contre l'Espagne, puis s'enfuit-il en Hollande après un duel, ou une désertion ? Quoi qu'il en soit, en 1720, on retrouve sa trace chez les Bénédictins des abbayes de Jumièges et de Saint-Wandrille (en Normandie) : il y prononce, non sans réserves et peut-être pour échapper à des poursuites judiciaires, ses vœux religieux en novembre 1721.

> ***On pourrait appliquer à Prévost la formule de Voltaire dans* La Henriade *: "Il prit, quitta, reprit la cuirasse et l'haire[1]."***

Prêtre et écrivain

• Entre 1721 et 1728, Prévost séjourne dans diverses abbayes bénédictines, à Rouen, au Bec-Hellouin, à Fécamp, à Sées. Il étudie la théologie, participe aux travaux d'érudition des religieux ; mais sans doute participe-t-il également à la rédaction d'un écrit satirique qui s'en prend aux

1. Le vêtement des religieux.

Jésuites et à certains hauts personnages de la Régence, *Les Aventures de Pomponius, chevalier romain* (1724). Il enseigne les humanités (à Saint-Germer notamment) et, une fois ordonné prêtre, devient prédicateur, à Évreux. En 1728, il s'installe à l'abbaye de Saint-Germain-des-Prés, à Paris, où il perçoit une pension afin de se livrer à des recherches littéraires et historiques.

Prévost passe de la carrière religieuse à la vocation d'écrivain.

• Une vocation littéraire se fait jour. Il publie durant l'été les deux premiers volumes du roman *Mémoires et aventures d'un homme de qualité qui s'est retiré du monde*, avec un succès certain. N'obtenant pas immédiatement son intégration dans une branche moins sévère de l'ordre des Bénédictins, il quitte clandestinement Saint-Germain-des-Prés et se réfugie à Amiens. Mais le Supérieur de l'abbaye porte plainte contre le fugitif, obtenant une lettre de cachet contre lui : pour échapper à la justice, Prévost s'enfuit en Hollande puis en Angleterre en novembre 1728, avec l'argent qu'il a reçu pour les deux volumes suivants des *Mémoires d'un homme de qualité*, qui viennent de paraître. Il se présente comme converti au protestantisme, et devient précepteur du fils de Sir John Eyles, ancien Lord-maire de Londres et ancien directeur de la Banque d'Angleterre. Mais en novembre 1730, il doit quitter le pays à la demande de John Eyles, dont il a séduit la fille... Prévost passe alors en Hollande, et publie en 1731 les premiers volumes de *Cleveland*, ample roman sur une âme sensible.

Naissance de *Manon Lescaut*

• La même année, l'écrivain prend le nom de Prévost d'Exiles, s'installe probablement à La Haye aux Pays-Bas et fait paraître les tomes V, VI et VII des *Mémoires d'un homme de qualité*. Le septième et dernier volume (en mai 1731) est en fait tout entier constitué de l'*Histoire du chevalier des Grieux et de Manon Lescaut*. Très peu de temps après, le romancier commence une liaison avec une aventurière, Lenki Eckhardt. Les dettes qu'il contracte alors pour elle contraignent le couple à s'enfuir en Angleterre en janvier 1733 pour échapper aux créanciers. En juin paraît en France, sans autorisation mais avec succès, une édition séparée de *Manon Lescaut*, aussitôt interdite et saisie sur ordre du Directeur de la Librairie. Prévost lance un périodique, *Le Pour et le Contre*, pour essayer de rétablir sa situation financière ; le journal paraîtra jusqu'en 1740. Mais Lenki continue à dépenser et Prévost tente de s'en sortir par une escroquerie utilisant le nom du fils de John Eyles : emprisonné, il échappe de peu à la peine de mort, grâce au retrait de la plainte.

Vivre (difficilement) de ses écrits

- En 1734, Prévost revient clandestinement en France. Apostat (puisqu'il s'est converti au protestantisme), il parvient néanmoins à obtenir le pardon du pape Clément XII, puis, non sans difficulté, sa réintégration dans l'ordre religieux de Cluny. *Manon Lescaut*, réédité, devient véritablement objet de scandale et subit de violentes attaques pour son côté licencieux et davantage encore pour les traces de la pensée janséniste qu'on y décèle. Prévost rédige et publie la première partie du roman *Le Doyen de Killerine* (1735) et devient l'aumônier du puissant Prince de Conti, qui le protège. Mais il ne tire de revenus que de ses œuvres, et ses difficultés financières demeurent, d'autant qu'il continue sans doute sa liaison avec Lenki. Prévost écrit abondamment : il achève *Cleveland*, rédige plusieurs romans (*Histoire d'une Grecque moderne*, 1740 ; *Histoire de la jeunesse du commandeur de ****, 1741) ainsi que des ouvrages d'histoire (*Histoire de Guillaume le Conquérant*, 1742). Le talent littéraire de Prévost est célébré, mais ses sympathies fluctuent sans cesse, l'amenant à se rapprocher tour à tour des Jésuites et du parti des philosophes (Voltaire en particulier).

Prévost écrit une œuvre abondante : romans, ouvrages historiques, traductions…

- À partir de 1746, son existence s'apaise et lui laisse le loisir d'écrire encore davantage. Il s'installe à Chaillot, puis, après 1754, à Saint-Firmin, près de Chantilly. Il entreprend des traductions de l'anglais, parmi lesquelles les romans épistolaires de Samuel Richardson (1689-1761), *Pamela* et *Clarisse Harlowe*, qui ont un retentissement très important. Il rédige également des ouvrages historiques, comme la monumentale *Histoire générale des voyages* (1746-1759). En 1753, il donne la version définitive de l'*Histoire du chevalier des Grieux et de Manon Lescaut*, corrigée et augmentée de l'épisode du prince italien.
- Le 25 novembre 1763, il meurt dans la forêt de Chantilly, suite à une atteinte d'apoplexie (une hémorragie cérébrale).

Contexte historique et culturel

Du Roi-Soleil à Louis XV le « Bien-Aimé »

Un contexte historique et culturel large

• L'abbé Prévost écrit l'*Histoire du chevalier des Grieux et de Manon Lescaut* en 1731, et n'en donnera le texte définitif qu'en 1753 (c'est ce dernier texte que nous reproduisons dans la présente édition).

• L'intrigue du roman, rapportée au reste des *Mémoires d'un Homme de qualité* au sein desquels il se trouve inséré, doit être clairement située entre 1712 (quand le chevalier finit ses études de philosophie à Amiens) et l'automne 1716 (lorsque, à Calais, le chevalier des Grieux raconte ses aventures à Renoncour et à son élève). Cependant, les allusions du récit à la vie économique et financière de la France, à des phénomènes de mode (le jeu, les lieux parisiens de promenade) et à la colonie de Louisiane donnent l'impression au lecteur de voir les personnages vivre sous la Régence, aux alentours des années 1717 à 1721 particulièrement.

Une fin de règne crépusculaire

• Dès les années 1680, le règne de Louis XIV, jusqu'alors singulièrement éclatant et fastueux, tend à une certaine rigidité politique et religieuse. Sous l'influence de Mme de Maintenon, épousée en secret en 1683, le roi se montre plus dévot. La révocation de l'Édit de Nantes, en octobre 1685, fait renaître les persécutions contre les protestants et les crises religieuses s'enchaînent. À l'aube du XVIIIe siècle, le pouvoir royal se crispe face au jansénisme, courant religieux dont l'influence s'étend progressivement sur la bourgeoisie et sur les parlements de justice : le roi, le considérant comme hostile à sa politique, obtient du pape la condamnation du jansénisme par la bulle *Unigenitus* en 1713.

Le règne de Louis XIV, influencé par les dévots, se rigidifie après 1680.

• La politique extérieure du roi, fondée sur l'intimidation des puissances étrangères, mène à des guerres difficiles. La guerre de la Ligue d'Augsbourg (1688-1697) oblige la France à affronter une coalition réunissant notamment l'Angleterre, les Provinces-Unies (la partie septentrionale des Pays-Bas), la Suède, l'Espagne, l'Empire des Habsbourg, les princes allemands et la Savoie. Un peu plus tard, c'est la guerre de Succession d'Espagne (1701-1714) qui oppose à nouveau la France à une grande partie de ses voisins européens. Ces guerres, extrêmement coûteuses, aggravent la situation économique du royaume de France.

Pour essayer d'enrayer le désastre financier, on joue sur la valeur des monnaies, on lance dès 1701 des billets de monnaie (sans grand succès) et surtout l'on crée de nouveaux impôts, tel le dixième (1710) par lequel les Français sont invités à verser le dixième de leurs revenus au roi. Cela ne suffit pourtant pas, les années 1690 à 1710 étant en outre marquées par des faillites de compagnies de commerce et par un climat froid qui entraîne de mauvaises récoltes (1691, 1694, 1698, 1705) et des poussées de surmortalité. La dette du Trésor royal atteint ainsi 2 800 millions de livres à la mort du roi.

La Régence, entre absolutisme et légèreté festive

Louis XIV meurt le 1er septembre 1715. Son héritier est son arrière-petit-fils, le futur Louis XV, mais il n'a que cinq ans. Le roi a donc préparé une régence, confiée à son neveu le duc Philippe d'Orléans, dont les pouvoirs seraient limités par un conseil de Régence. Dès le 2 septembre, Philippe d'Orléans fait casser le testament du roi par le parlement de Paris, avec qui il a négocié, et remplace les secrétaires d'État par un système de gouvernement par conseils aristocratiques (la polysynodie) qui durera jusqu'en 1718. La cour revient aux Tuileries, abandonnant le Versailles austère de la fin du règne de Louis XIV.

Philippe d'Orléans fait de Paris, en particulier du quartier du Palais-Royal où il a sa résidence, le lieu de ses plaisirs. Cet homme d'une quarantaine d'années, cultivé et intelligent, a le goût de la fête et de la galanterie, se montre complaisant envers le libertinage, et ne regarde pas aux dépenses de la cour pour les bals et les réceptions. C'est une atmosphère de légèreté et de liberté qui s'instaure dans le monde de la noblesse, enfin soulagée des pesanteurs et de la dévotion des années précédentes. La politique extérieure favorise ce nouveau climat, par une diplomatie pacifiste qui tend à rapprocher la France de ses anciens ennemis, les Provinces-Unies et l'Angleterre.

Cette légèreté aristocratique est soutenue par une véritable relance économique. Soutenu par le Régent, l'Écossais John Law suggère dès 1716 la mise en place, en France, d'un système nouveau : il propose d'augmenter la masse monétaire par l'impression de billets de papier-monnaie afin de provoquer une reprise de l'activité commerciale et d'ainsi réduire la dette publique. Il crée une banque privée où la monnaie d'or et d'argent est déposée et échangée contre des billets de banque. Cette banque, bientôt transformée en Banque royale, est associée à une compagnie commerciale qui encourage la colonisation et l'exploitation de la Louisiane. Ce système résiste peu de temps : la banque a émis trop de billets par rapport à ses réserves métalliques, et les actionnaires de la compagnie de commerce, déçus par les maigres bénéfices, se mettent à revendre brutalement leurs actions, dont le cours s'effondre. La banqueroute a lieu en 1720 ; des milliers de personnes ont perdu leur fortune. Cependant, sur le long terme, le système de Law a allégé la dette publique, et réveillé l'activité économique, que la liberté de commerce et le développement des manufactures soutiennent.

Enfin, la Régence réussit à maintenir, il ne faudrait pas l'oublier, l'absolutisme monarchique. La cour revient d'ailleurs à Versailles dès 1722.

« La Régence, mélange informe de faiblesse et d'autorité » (*Montesquieu*, Pensées).

Le règne de Louis XV

Quand l'abbé Prévost rédige son roman, probablement au début de l'année 1731 (le récit paraît en avril ou mai), l'atmosphère politique n'est déjà plus tout à fait celle de la Régence. Philippe d'Orléans meurt en décembre 1723 ; Louis XV n'a encore que quatorze ans. Pour diriger le royaume, il nomme comme Premier ministre – après le duc de Bourbon, vite congédié – le cardinal de Fleury. Celui-ci gouverne de 1726 à 1743, menant la France à la prospérité : la monnaie est stabilisée grâce au contrôleur des finances Le Pelletier dès juin 1726 ; le pays se modernise dès les frémissements de la première Révolution industrielle (on encourage l'extraction de houille, on développe le commerce maritime) ; les relations pacifiques avec l'Angleterre se poursuivent...

Malgré des crises parlementaires et religieuses, ce climat est propice au développement culturel du pays, progressivement lancé dans l'essor littéraire de la sensibilité et dans la réflexion philosophique et politique des Lumières.

Contexte littéraire

Du classicisme aux Lumières

« La Crise de la conscience européenne »

C'est le titre d'un célèbre ouvrage que l'historien des idées Paul Hazard consacre en 1935 aux années 1680 à 1715. L'Angleterre et la Hollande s'affirment progressivement comme des puissances européennes influentes, non seulement par leur développement économique fondé sur le commerce, l'exploitation des colonies et les débuts de la Révolution industrielle, mais également par leur grand dynamisme intellectuel. Le protestantisme y est plus propice aux nouvelles idées que le catholicisme rigide qui domine en France et en Espagne. Le commerce de la librairie n'y est de plus pas soumis à une censure aussi sévère. On y voit naître des philosophies nouvelles, qui prônent la liberté de pensée contre le poids de la religion, et le refus de l'intolérance et des préjugés : l'œuvre de Spinoza (1632-1677) en Hollande, celle de Locke (1632-1704) en Angleterre participent à l'essor d'une pensée critique, qui soumet les préjugés à une évaluation sans concession.

> ***« Les contraintes, l'autorité, les dogmes, voilà ce que détestent les hommes du XVIIIe siècle [...] »***
> *(P. Hazard)*

Ces nouvelles idées et cette liberté d'expression attirent des écrivains français audacieux, comme le protestant Pierre Bayle (1647-1706) qui s'installe en Hollande et y rédige une fameuse *Lettre sur la comète* (1682) où il dénonce les superstitions, et surtout le volumineux *Dictionnaire historique et critique* (1692-1697), dans lequel il oppose raison et religion, et relève les erreurs qu'une lecture religieuse de l'Histoire fait commettre. La voie est ouverte aux idées nouvelles qui préfigurent la pensée des Lumières. Nombre d'auteurs français, tels Montesquieu, Voltaire et Prévost lui-même, séjournent en Angleterre, s'imprègnent de ces nouvelles idées et publient certaines de leurs œuvres audacieuses en Hollande ou à Londres.

Les pré-Lumières

Mais en France même, au début du XVIIIe siècle, le renouveau culturel se fait jour. De nouveaux lieux de culture et de conversation apparaissent : les salons mondains (comme ceux de Mme de Lambert et de Mme de

Tencin), les cafés (Le Procope est ouvert depuis 1686 à Paris) et les clubs (le club de l'Entresol est fondé dès 1724 sur le modèle anglais) permettent la diffusion des idées scientifiques, esthétiques et philosophiques, et favorisent le goût des jeux érudits. En province, les académies savantes sont de plus en plus nombreuses et ont le même rôle.

Si la poésie et la tragédie restent fidèles au modèle classique, le plaisir de la conversation mondaine, du bel esprit et des bons mots favorise le succès de la comédie de mœurs (*Le Légataire universel* de Regnard, 1708 ; *Arlequin poli par l'amour* de Marivaux, 1720) et des textes satiriques, qui remettent en cause les préjugés sociaux. Les portraits et maximes des *Caractères* (1688-1696) de La Bruyère révèlent les défauts des courtisans et analysent les mœurs du siècle. Le roman épistolaire des *Lettres persanes* (1721) de Montesquieu, quant à lui, fait voir les travers de la société française en adoptant le point de vue de personnages orientaux. La relativité des mœurs et des croyances, les jeux de la sociabilité, la nécessité du bon sens et de la raison, l'importance de la tolérance et du progrès moral et intellectuel, s'imposent partout comme des valeurs que la littérature doit porter et défendre.

Au XVIIIe siècle, de nouveaux lieux de culture et de conversation apparaissent.

Le roman en pleine transition

Dès les années 1700, de façon discrète, s'opère une mutation dans l'écriture romanesque, qui apparaît au grand jour lors de la Régence, quand la censure s'allège et que les audaces de la littérature libérale et contestataire passent d'Angleterre et de Hollande en France. La fiction romanesque devient le lieu d'une interrogation critique de la société, de la différence des conditions, des systèmes politiques, des idées et des institutions religieuses. L'humour et le jeu avec l'illusion romanesque – jusqu'à la parodie – se mêlent ainsi à des enjeux idéologiques tout à fait sérieux. L'ambition du *Gil Blas de Santillane* (1715-1735) de Lesage, par exemple, est de peindre, à travers les aventures hautes en couleur d'un héros inspiré de la tradition picaresque, toute une société peu fréquentable (aventuriers, escrocs, gens de théâtre) en parallèle de la « bonne société » qui s'avère bien hypocrite.

Le roman devient également le lieu d'une mise en scène complexe de la parole et des points de vue. À cet égard, l'abbé Prévost semble avoir été particulièrement influencé par une œuvre de Robert Challe, *Les Illustres Françaises* (1713), parue d'abord en Hollande et qu'il a probablement lue d'abord dans une traduction anglaise. Ce livre enchâsse avec raffinement

La fiction romanesque devient le lieu d'une interrogation critique de la société.

sept « histoires » d'amours contrariées, dont la cinquième, « Histoire de Des Prez et de Mlle de L'Épine », et la sixième, « Histoire de M. Des Frans et de Silvie », ont fourni à Prévost certains motifs (l'emprisonnement de l'héroïne, l'intransigeance du père sur la mésalliance). Un personnage du

récit-cadre* narre à chaque fois ses propres aventures aux autres. Ce narrateur à la première personne raconte ses amours selon un point de vue dont la subjectivité interroge : l'héroïne n'est connue du lecteur qu'à travers le filtre d'un narrateur passionné, dont les sentiments déforment peut-être la vision des événements – comme ce sera le cas dans *Manon Lescaut*.

Influences anglaises

Fin connaisseur de la langue anglaise, l'abbé Prévost se montre également sensible à l'originalité des romans d'outre-Manche, qu'il connaît directement ou par le biais d'adaptations théâtrales. Ainsi, le récit exotique de la romancière Aphra Behn, *Oroonoko* (1688), lui fournit-il des éléments pour l'épisode américain de *Manon Lescaut*. Dans ce court roman, le héros, le jeune Africain Oroonoko, s'exile avec sa fiancée en Amérique pour fuir son grand-père, qui convoite lui aussi la jeune fille. Daniel Defoe, le célèbre auteur des *Aventures de Robinson Crusoé* (1719), donne par ailleurs avec le roman *Moll Flanders* (1722) le récit dynamique des aventures d'une femme amorale, orpheline née en prison et qui, entre prostitution et mariages avantageux, fréquente les bas-fonds et les milieux du crime, avant de gravir les échelons sociaux. Si Prévost n'est sans doute pas directement influencé par Defoe, le rapprochement des deux récits témoigne d'un certain attrait du roman de l'époque pour les héroïnes troubles et les milieux du crime (autour du frère de Manon).

---

* Les mots marqués d'un astérique sont expliqués dans le lexique, p. 256-257.

Joseph Caraud, *L'abbé Prévost donnant la lecture de* Manon Lescaut, 1856.

Repères chronologiques

L'auteur			Le contexte
Naissance à Hesdin d'Antoine-François Prévost (1er avril 1697)	**1697**		
		1699	Fénelon, *Les Aventures de Télémaque*
Jeunesse tumultueuse, hésitations entre religion et carrière militaire	**1712-1720**	**1713**	Fin de la Guerre de Succession d'Espagne. Bulle *Unigenitus*
		1715	Mort de Louis XIV
		1715-1723	Régence du duc d'Orléans
		1715-1735	A.-R. Lesage, *Histoire de Gil Blas de Santillane*
		1717	Fondation de la Nouvelle-Orléans, en Louisiane
		1720	Banqueroute de Law
Prévost est ordonné prêtre à Rouen	**1726**	**1721**	Montesquieu, *Lettres persanes* Mort du peintre Antoine Watteau
Parution des quatre premiers tomes des *Mémoires d'un homme de qualité*	**1728**		
Fuite en Angleterre ; séjour en Hollande	**1729-1730**		
Parution des tomes V à VII des *Mémoires* (*Manon Lescaut* est le tome VII). Liaison avec Lenki Eckardt	**1731**		
Cleveland	**1731-1739**	**1731-1741**	Marivaux, *La Vie de Marianne*
Édition séparée de *Manon Lescaut*	**1733**	**1733-1738**	Guerre de Succession de Pologne
		1736	Crébillon fils, *Les Égarements du cœur et de l'esprit*
		1737	Marivaux, *Les Fausses Confidences* (théâtre)
Histoire d'une Grecque moderne	**1740**		
Traduction du roman *Pamela* de S. Richardson	**1742**		
Installation de Prévost à Chaillot, avec Mme Genty	**1746**		
Édition corrigée et augmentée de *Manon Lescaut*	**1753**		
		1759	Voltaire, *Candide ou L'Optimisme* (conte philosophique)
		1761	J.-J. Rousseau, *Julie ou La Nouvelle Héloïse*
Prévost se retire près de Chantilly. Fréquentation de J.-J. Rousseau	**1762**	**1762**	Affaire Calas
Attaque mortelle d'apoplexie, en forêt de Chantilly (25 novembre 1763)	**1763**	**1763**	Mort de Marivaux

Lire…

Histoire du chevalier des Grieux et de Manon Lescaut

Abbé Prévost
1731

TEXTE INTÉGRAL

« *On ne ferait pas une divinité de l'amour, s'il n'opérait souvent des prodiges* »

Abbé Prévost,
Manon Lescaut, p. 30

Avis de l'auteur

Mémoires d'un homme de qualité[1]

Quoique j'eusse pu faire entrer dans mes Mémoires[2] les aventures du chevalier des Grieux, il m'a semblé que n'y ayant point un rapport nécessaire, le lecteur trouverait plus de satisfaction à les voir séparément[3]. Un récit de cette longueur aurait interrompu trop longtemps le fil de ma propre histoire. Tout éloigné que je suis de prétendre à la qualité d'écrivain exact[4], je n'ignore point qu'une narration doit être déchargée des circonstances qui la rendraient pesante et embarrassée. C'est le précepte[5] d'Horace[6] :

Ut jam nunc dicat jam nunc debentia dici,
Pleraque differat, ac praesens in tempus omittat

Il n'est pas même besoin d'une si grave[7] autorité pour prouver une vérité si simple ; car le bon sens[8] est la première source de cette règle.

Si le public a trouvé quelque chose d'agréable et d'intéressant dans l'histoire de ma vie, j'ose lui promettre qu'il ne sera pas moins satisfait de cette addition. Il verra, dans la conduite de M. des Grieux, un exemple terrible de la force des passions. J'ai à peindre un jeune aveugle, qui refuse d'être heureux, pour se précipiter volontairement dans les dernières infortunes[9] ; qui, avec toutes les

---

1. L'*Histoire du chevalier des Grieux et de Manon Lescaut* est un récit initialement inséré dans un ensemble plus vaste, les *Mémoires d'un Homme de qualité*. Ce sont les mémoires fictives d'un personnage, le marquis de Renoncour.

2. Récit qu'une personne fait des événements auxquels elle a participé ou dont elle a été témoin.

3. Sous la forme d'une publication autonome.

4. Qui connaît l'art de composer un récit.

5. Formule qui énonce un principe, une règle.

6. Poète romain du Ier siècle av. J.-C., auteur d'un *Art poétique* (*Épître aux Pisons*), dont sont tirés les vers cités par le narrateur. Ils peuvent se traduire ainsi : « On dira tout de suite ce qui doit tout de suite être dit, / On réservera et laissera de côté, pour l'instant, maint détail ».

7. Imposante, d'un poids non négligeable.

8. La raison.

9. Les pires malheurs qui puissent être causés par des événements inattendus.

La « force des passions »

Le thème des passions inscrit le récit dans le champ des moralistes classiques, dont c'est l'un des thèmes favoris, mais aussi de la tragédie classique, qui en fait le moteur des actions humaines. Ces états de l'âme affectent le corps

qualités dont se forme le plus brillant mérite, préfère, par choix, une vie obscure et vagabonde[1], à tous les avantages de la fortune[2] et de la nature ; qui prévoit ses malheurs, sans vouloir les éviter ; qui les sent et qui en est accablé, sans profiter des remèdes qu'on lui offre sans cesse et qui peuvent à tous moments les finir[3] ; enfin un caractère ambigu, un mélange de vertus[4] et de vices, un contraste perpétuel de bons sentiments et d'actions mauvaises. Tel est le fond du tableau que je présente.

Les personnes de bon sens ne regarderont point un ouvrage de cette nature comme un travail inutile. Outre le plaisir d'une lecture agréable, on y trouvera peu d'événements qui ne puissent servir à l'instruction des mœurs[5] ; et c'est rendre, à mon avis, un service considérable au public, que de l'instruire en l'amusant.

On ne peut réfléchir sur les préceptes de la morale, sans être étonné[6] de les voir tout à la fois estimés et négligés ; et l'on se demande la raison de cette bizarrerie du cœur humain, qui lui fait goûter[7] des idées de bien et de perfection, dont il s'éloigne dans la pratique. Si les personnes d'un certain ordre d'esprit[8] et de politesse[9] veulent examiner quelle est la matière la plus commune de leurs conversations, ou même de leurs rêveries[10] solitaires, il leur sera aisé de remarquer qu'elles tournent presque toujours sur quelques considérations morales. Les plus doux moments de leur vie sont ceux qu'ils[11] passent, ou seuls, ou avec un ami, à s'entretenir à cœur ouvert des charmes[12] de la vertu, des douceurs de l'amitié, des

1. Errante.

2. Situation sociale avantageuse que donnent la naissance (le statut des parents), les possessions ou la chance (mais à l'époque de Prévost le sens de « richesse » est en train de l'emporter).

3. Y mettre fin.

4. Qualités morales portées à un haut degré (par opposition aux vices), en particulier celles prônées par la religion.

5. Habitudes (d'une société ou d'un individu) relatives à la pratique du bien et du mal.

6. Stupéfait, frappé (comme par le tonnerre).

7. Apprécier.

8. Les qualités intellectuelles qui se manifestent dans la vie sociale.

9. Élégance de sentiments, manifestée par des égards vis-à-vis des autres.

10. Réflexions, méditations.

11. Inadvertance de Prévost, puisqu'il évoquait auparavant des « personnes » et passe soudain au masculin pluriel.

12. Enchantements (sens fort).

Plaire et instruire

On reconnaît ici les deux principes de l'art pour les écrivains classiques : plaire, divertir par le récit, mais aussi instruire, donner une leçon (de morale par exemple). Ces principes ont été rappelés notamment par La Fontaine dans ses *Fables*.

moyens d'arriver au bonheur des faiblesses de la nature qui nous en éloignent, et des remèdes qui peuvent les guérir. Horace et Boileau[13] marquent cet entretien, comme un des plus beaux traits dont ils composent l'image d'une vie heureuse. Comment arrive-t-il donc qu'on tombe si facilement de ces hautes spéculations[14] et qu'on se retrouve sitôt au niveau du commun des hommes ? Je suis trompé[15] si la raison que je vais en apporter n'explique bien cette contradiction de nos idées et de notre conduite ; c'est que, tous les préceptes de la morale n'étant que des principes vagues et généraux, il est très difficile d'en faire une application particulière au détail[16] des mœurs et des actions. Mettons la chose dans un exemple. Les âmes bien nées[17] sentent que la douceur et l'humanité[18] sont des vertus aimables, et sont portées d'inclination à les pratiquer ; mais sont-elles au moment de l'exercice[19], elles demeurent souvent suspendues[20]. En est-ce réellement l'occasion ? Sait-on bien qu'elle en doit être la mesure ? Ne se trompe-t-on point sur l'objet ? Cent difficultés arrêtent. On craint de devenir dupe en voulant être bienfaisant et libéral[21] ; de passer pour faible en paraissant trop tendre et trop sensible ; en un mot, d'excéder ou de ne pas remplir assez des devoirs qui sont renfermés d'une manière trop obscure dans les notions générales d'humanité et de douceur. Dans cette incertitude, il n'y a que l'expérience ou l'exemple[22] qui puisse déterminer raisonnablement le penchant du cœur. Or l'expérience n'est point un avantage qu'il soit libre à tout le monde de se donner ; elle dépend des situations différentes où l'on se trouve placé par la fortune[23]. Il ne reste donc que l'exemple qui puisse servir de règle à quantité de personnes dans l'exercice de la vertu. C'est précisément pour cette sorte de lecteurs que des ouvrages tels que celui-ci peuvent être d'une extrême utilité, du moins lorsqu'ils sont écrits par une personne d'honneur[24] et de

13. Nicolas Boileau (1636-1711), l'un des grands poètes du classicisme français, auteur des *Satires*, du *Lutrin*, et de l'*Art poétique*.

14. Théories, réflexions abstraites.

15. Je suis dans l'erreur.

16. À toutes les circonstances.

17. Nées dans la noblesse, mais aussi avec de bonnes dispositions.

18. Bonté envers son semblable.

19. Mise en pratique.

20. Arrêtées un moment.

21. Qui aime donner, mais en restant raisonnable (de manière à n'être ni avare ni prodigue, dépensier).

22. Modèle de conduite.

23. Destin.

24. Vertueux, honnête, qui tient sa parole.

bon sens. Chaque fait qu'on y rapporte est un degré de lumière[1], une instruction qui supplée[2] à l'expérience ; chaque aventure est un modèle d'après lequel on peut se former ; il n'y manque que d'être ajusté aux circonstances où l'on se trouve. L'ouvrage entier est un traité de morale, réduit agréablement en exercice.

Un lecteur sévère s'offensera peut-être de me voir reprendre la plume, à mon âge[3], pour écrire des aventures de fortune et d'amour ; mais, si la réflexion que je viens de faire est solide, elle me justifie ; si elle est fausse, mon erreur sera mon excuse[4].

Tiberge (Mentor) montre à Des Grieux (Télémaque) un calvaire et l'entraîne loin de Manon (Calypso), frontispice de l'édition de 1753, BnF, Paris.

1. Connaissance qui fait progresser l'individu.
2. Remplacer.
3. Renoncour est censé avoir soixante-dix ans.
4. L'édition de 1753 ajoute cette note : « C'est pour se rendre aux instances de ceux qui aiment ce petit ouvrage, qu'on s'est déterminé à le purger d'un grand nombre de fautes grossières qui se sont glissées dans la plupart des éditions. On y a fait aussi quelques additions qui ont paru nécessaires pour la plénitude d'un des principaux caractères. La vignette et les figures portent en elles-mêmes leur recommandation et leur éloge. » (voir l'image ci-dessus et sa légende)

Première partie

Je suis obligé de faire remonter mon lecteur au temps de ma vie où je rencontrai pour la première fois le chevalier des Grieux. Ce fut environ six mois avant mon départ pour l'Espagne[5]. Quoique je sortisse rarement de ma solitude, la complaisance[6] que j'avais pour ma fille m'engageait[7] quelquefois à divers petits voyages, que j'abrégeais autant qu'il m'était possible.

Je revenais un jour de Rouen, où elle m'avait prié d'aller solliciter[8] une affaire au Parlement de Normandie pour la succession de quelques terres auxquelles je lui avais laissé des prétentions du côté de mon grand-père maternel. Ayant repris mon chemin par Évreux, où je couchai la première nuit, j'arrivai le lendemain pour dîner à Pacy, qui en est éloigné de cinq ou six lieues[9]. Je fus surpris, en entrant dans ce bourg, d'y voir tous les habitants en alarme. Ils se précipitaient de leurs maisons pour courir en foule à la porte d'une mauvaise hôtellerie, devant laquelle étaient deux chariots couverts. Les chevaux, qui étaient encore attelés et qui paraissaient fumants de fatigue et de chaleur marquaient que ces deux voitures ne faisaient qu'arriver. Je m'arrêtai un moment pour m'informer d'où venait le tumulte ; mais je tirai peu d'éclaircissement d'une populace[10] curieuse, qui ne faisait nulle attention à mes demandes, et qui s'avançait toujours vers l'hôtellerie, en se poussant avec beaucoup de confusion. Enfin, un archer[11] revêtu d'une bandoulière[12], et

5. Le marquis de Renoncour est censé avoir 53 ans lors de cette rencontre. Il a accepté d'accompagner en Espagne un jeune noble dont il est devenu le précepteur.

6. Attachement, affection.

7. M'obligeait à.

8. Effectuer les démarches nécessaires auprès d'un juge, d'une autorité.

9. Ancienne mesure de distance, variable selon les régions, mais équivalant le plus souvent à environ quatre kilomètres.

10. Bas peuple.

11. Soldat

12. Bande de cuir ou de tissu qu'il porte en écharpe de l'épaule gauche sous le bras droit pour supporter une arme.

Évreux et Pacy

Pacy-sur-Eure est située à seize kilomètres d'Évreux, en Normandie. C'est une étape de la route qui menait les convois de prostituées et de femmes débauchées de Paris au Havre, d'où elles embarquaient pour leur déportation.

le mousquet[1] sur l'épaule, ayant paru à la porte, je lui fis signe de la main de venir à moi. Je le priai de m'apprendre le sujet de ce désordre.

– Ce n'est rien, monsieur, me dit-il ; c'est une douzaine de filles de joie[2] que je conduis, avec mes compagnons, jusqu'au Havre-de-Grâce, où nous les ferons embarquer pour l'Amérique. Il y en a quelques-unes de jolies, et c'est, apparemment, ce qui excite la curiosité de ces bons paysans.

J'aurais passé après cette explication, si je n'eusse été arrêté par les exclamations d'une vieille femme qui sortait de l'hôtellerie en joignant les mains, et criant que c'était une chose barbare, une chose qui faisait horreur et compassion.

– De quoi s'agit-il donc ? lui dis-je.

- Ah ! monsieur, entrez, répondit-elle, et voyez si ce spectacle n'est pas capable de fendre le cœur !

La curiosité me fit descendre de mon cheval, que je laissai à mon palefrenier[3]. J'entrai avec peine, en perçant la foule, et je vis, en effet, quelque chose d'assez touchant. Parmi les douze filles qui étaient enchaînées six par six par le milieu du corps[4], il y en avait une dont l'air et la figure étaient si peu conformes à sa condition[5], qu'en tout autre état je l'eusse prise pour une personne du premier rang. Sa tristesse et la saleté de son linge et de ses habits l'enlaidissaient si peu que sa vue m'inspira du respect et de la pitié. Elle tâchait néanmoins de se tourner, autant que sa chaîne pouvait le permettre, pour dérober son visage aux yeux des spectateurs. L'effort qu'elle faisait pour se cacher était si naturel, qu'il paraissait venir d'un sentiment de modestie. Comme les six gardes qui accompagnaient cette

---

1. Arme à feu portative, qui était en usage avant le fusil.

2. Prostituées. L'archer ne distingue pas Manon, personnage complexe, des prostituées avec lesquelles elle est emmenée.

3. Garçon d'écurie.

4. Comme les condamnés aux travaux forcés, les filles déportées étaient enchaînées par groupes de six.

5. Situation liée au rang ou au statut social, voire à la profession, d'un individu.

Le Havre

Fondé officiellement en 1517, le port du Havre est dès le XVIIe siècle l'un des plus importants ports de France, et l'un des points de départ vers l'Orient et vers l'Amérique, pour la traite atlantique des esclaves, mais aussi pour les déportations de femmes vers le Québec.

malheureuse bande étaient aussi dans la chambre, je pris le chef en particulier et je lui demandai quelques lumières[6] sur le sort de cette belle fille. Il ne put m'en donner que de fort générales.

– Nous l'avons tirée de l'Hôpital, me dit-il, par ordre de M. le Lieutenant général de Police[7]. Il n'y a pas d'apparence qu'elle y eût été renfermée pour ses bonnes actions. Je l'ai interrogée plusieurs fois sur la route, elle s'obstine à ne me rien répondre. Mais, quoique je n'aie pas reçu ordre de la ménager plus que les autres, je ne laisse pas d'avoir quelques égards pour elle, parce qu'il me semble qu'elle vaut un peu mieux que ses compagnes. Voilà un jeune homme, ajouta l'archer qui pourrait vous instruire mieux que moi sur la cause de sa disgrâce[8] ; il l'a suivie depuis Paris, sans cesser presque un moment de pleurer. Il faut que ce soit son frère ou son amant.

Je me tournai vers le coin de la chambre où ce jeune homme était assis. Il paraissait enseveli dans une rêverie profonde. Je n'ai jamais vu de plus vive image de la douleur. Il était mis[9] fort simplement ; mais on distingue, au premier coup d'œil, un homme qui a de la naissance[10] et de l'éducation. Je m'approchai de lui. Il se leva ; et je découvris dans ses yeux, dans sa figure et dans tous ses mouvements, un air si fin[11] et si noble que je me sentis porté naturellement à lui vouloir du bien.

– Que je ne vous trouble point, lui dis-je, en m'asseyant près de lui. Voulez-vous bien satisfaire la curiosité que j'ai de connaître cette belle personne, qui ne me paraît point faite pour le triste état où je la vois ?

Il me répondit honnêtement[12] qu'il ne pouvait m'apprendre qui elle était sans se faire connaître lui-même, et qu'il avait de fortes raisons pour souhaiter de demeurer inconnu.

6. Explications, éclaircissements.

7. Cette fonction correspondrait à peu près à l'actuel Préfet de police.

8. État d'une personne qui ne jouit plus des faveurs et de l'estime dont elle profitait auparavant.

9. Habillé.

10. De naissance noble.

11. Beau, délicat.

12. Convenablement.

L'Hôpital de la Salpêtrière

L'hôpital de la Salpêtrière à Paris, est une institution destinée aux femmes miséreuses, prostituées ou débauchées, qui y étaient enfermées (la prison pouvait en accueillir jusqu'à 300). Elle étaient ensuite le plus souvent envoyées au Québec pour être mariées et donner des enfants pour peupler la colonie française du Canada. Les huit cents premières déportées, entre 1663 et 1673, furent appelées les « Filles du roy ».

– Je puis vous dire, néanmoins, ce que ces misérables n'ignorent point, continua-t-il en montrant les archers, c'est que je l'aime avec une passion si violente qu'elle me rend le plus infortuné[1] de tous les hommes. J'ai tout employé, à Paris, pour obtenir sa liberté. Les sollicitations[2], l'adresse et la force m'ont été inutiles ; j'ai pris le parti de la suivre, dût-elle aller au bout du monde. Je m'embarquerai avec elle ; je passerai en Amérique. Mais ce qui est de la dernière inhumanité, ces lâches coquins, ajouta-t-il en parlant des archers, ne veulent pas me permettre d'approcher d'elle. Mon dessein[3] était de les attaquer ouvertement, à quelques lieues de Paris. Je m'étais associé quatre hommes qui m'avaient promis leur secours pour une somme considérable. Les traîtres m'ont laissé seul aux mains[4] et sont partis avec mon argent. L'impossibilité de réussir par la force m'a fait mettre les armes bas. J'ai proposé aux archers de me permettre du moins de les suivre en leur offrant de les récompenser. Le désir du gain les y a fait consentir. Ils ont voulu être payés chaque fois qu'ils m'ont accordé la liberté de parler à ma maîtresse[5]. Ma bourse s'est épuisée en peu de temps, et maintenant que je suis sans un sou, ils ont la barbarie de me repousser brutalement lorsque je fais un pas vers elle. Il n'y a qu'un instant, qu'ayant osé m'en approcher malgré leurs menaces, ils ont eu l'insolence de lever contre moi le bout du fusil. Je suis obligé, pour satisfaire leur avarice et pour me mettre en état de continuer la route à pied, de vendre ici un mauvais cheval qui m'a servi jusqu'à présent de monture.

Quoiqu'il parût faire assez tranquillement ce récit, il laissa tomber quelques larmes en le finissant. Cette aventure me parut des plus extraordinaires et des plus touchantes.

L'Amérique

La traversée de l'Atlantique, au XVIIIe siècle, prenait environ une soixantaine de jours. C'était un trajet vraiment périlleux : la promiscuité des voyageurs, les difficultés à conserver de la nourriture saine et de l'eau potable à bord, le manque d'hygiène favorisaient les maladies, ajoutant aux dangers de l'océan lui-même.

1. Malheureux.
2. Démarches ou demandes pressantes auprès de quelqu'un.
3. Intention, projet.
4. Ici, entre les mains des archers.
5. Femme que l'on aime, en dehors du mariage.

– Je ne vous presse pas, lui dis-je, de me découvrir le secret de vos affaires, mais, si je puis vous être utile à quelque chose, je m'offre volontiers à vous rendre service.

– Hélas ! reprit-il, je ne vois pas le moindre jour[6] à l'espérance. Il faut que je me soumette à toute la rigueur de mon sort. J'irai en Amérique. J'y serai du moins libre avec ce que j'aime. J'ai écrit à un de mes amis qui me fera tenir[7] quelque secours au Havre-de-Grâce. Je ne suis embarrassé que pour m'y conduire et pour procurer à cette pauvre créature, ajouta-t-il en regardant tristement sa maîtresse, quelque soulagement sur la route.

– Hé bien, lui dis-je, je vais finir votre embarras. Voici quelque argent que je vous prie d'accepter. Je suis fâché de ne pouvoir vous servir autrement.

Je lui donnai quatre louis d'or, sans que les gardes s'en aperçussent, car je jugeais bien que, s'ils lui savaient cette somme, ils lui vendraient plus chèrement leurs secours. Il me vint même à l'esprit de faire marché avec eux pour obtenir au jeune amant la liberté de parler continuellement à sa maîtresse jusqu'au Havre. Je fis signe au chef de s'approcher, et je lui en fis la proposition. Il en parut honteux, malgré son effronterie[8].

– Ce n'est pas, monsieur, répondit-il d'un air embarrassé, que nous refusions de le laisser parler à cette fille, mais il voudrait être sans cesse auprès d'elle ; cela nous est incommode ; il est bien juste qu'il paie pour l'incommodité.

– Voyons donc, lui dis-je, ce qu'il faudrait pour vous empêcher de la sentir.

Il eut l'audace de me demander deux louis. Je les lui donnai sur-le-champ.

– Mais prenez garde, lui dis-je, qu'il ne vous échappe quelque friponnerie[9] ; car je vais laisser mon adresse à ce jeune homme, afin qu'il puisse m'en informer, et comptez que j'aurai le pouvoir de vous faire punir.

6. Ouverture, place.
7. Parvenir.
8. Insolence.
9. Malhonnêteté.

Valeur du Louis d'or

En valeur de pouvoir d'achat, 4 louis d'or représentent environ 2 300 euros actuels.

Il m'en coûta six louis d'or. La bonne grâce et la vive reconnaissance avec laquelle ce jeune inconnu me remercia, achevèrent de me persuader qu'il était né quelque chose[1] et qu'il méritait ma libéralité[2]. Je dis quelques mots à sa maîtresse avant que de sortir. Elle me répondit avec une modestie si douce et si charmante, que je ne pus m'empêcher de faire, en sortant, mille réflexions sur le caractère incompréhensible des femmes.

Étant retourné à ma solitude, je ne fus point informé de la suite de cette aventure. Il se passa près de deux ans, qui me la firent oublier tout à fait, jusqu'à ce que le hasard me fît renaître l'occasion d'en apprendre à fond toutes les circonstances.

J'arrivais de Londres à Calais[3], avec le marquis de..., mon élève. Nous logeâmes, si je m'en souviens bien, au *Lion d'Or*, où quelques raisons nous obligèrent de passer le jour entier et la nuit suivante. En marchant l'après-midi dans les rues, je crus apercevoir ce même jeune homme dont j'avais fait la rencontre à Pacy Il était en fort mauvais équipage[4], et beaucoup plus pâle que je ne l'avais vu la première fois. Il portait sur le bras un vieux portemanteau[5], ne faisant qu'arriver dans la ville. Cependant, comme il avait la physionomie[6] trop belle pour n'être pas reconnu facilement, je le remis[7] aussitôt.

– Il faut, dis-je au marquis, que nous abordions ce jeune homme.

Sa joie fut plus vive que toute expression, lorsqu'il m'eut remis à son tour.

– Ah ! monsieur, s'écria-t-il en me baisant la main, je puis donc encore une fois vous marquer mon immortelle reconnaissance !

1. De naissance noble.
2. Largesse, générosité financière.
3. D'après les *Mémoires d'un homme de qualité*, qui racontent la vie de Renoncour, il apparaît que cette nouvelle rencontre avec Des Grieux se situe au milieu de l'année 1716.
4. Tout ce qui est nécessaire pour vivre correctement (vêtements, etc.).
5. Sac cylindrique qu'on attache à la selle d'un cheval pour emporter des manteaux, des vêtements.
6. Aspect du visage.
7. Je le reconnus.

Le baisemain

Le baisemain est une coutume qui remonte au Moyen Âge, il manifeste la soumission et le respect que le vassal doit à son suzerain. Le chevalier des Grieux marque ainsi sa déférence envers le marquis de Renoncour, qui est de plus haut rang.

Je lui demandai d'où il venait. Il me répondit qu'il arrivait, par mer, du Havre-de-Grâce, où il était revenu de l'Amérique peu auparavant.

– Vous ne me paraissez pas fort bien en argent, lui dis-je. Allez-vous en au *Lion d'Or*, où je suis logé. Je vous rejoindrai dans un moment.

J'y retournai en effet, plein d'impatience d'apprendre le détail de son infortune et les circonstances de son voyage d'Amérique. Je lui fis mille caresses[8], et j'ordonnai qu'on ne le laissât manquer de rien. Il n'attendit point que je le pressasse de me raconter l'histoire de sa vie.

– Monsieur, me dit-il, vous en usez si noblement avec moi, que je me reprocherais, comme une basse ingratitude, d'avoir quelque chose de réservé[9] pour vous. Je veux vous apprendre, non seulement mes malheurs et mes peines, mais encore mes désordres[10] et mes plus honteuses faiblesses. Je suis sûr qu'en me condamnant, vous ne pourrez pas vous empêcher de me plaindre.

Je dois avertir ici le lecteur que j'écrivis son histoire presque aussitôt après l'avoir entendue, et qu'on peut s'assurer par conséquent, que rien n'est plus exact et plus fidèle que cette narration. Je dis fidèle jusque dans la relation[11] des réflexions et des sentiments que le jeune aventurier[12] exprimait de la meilleure grâce du monde. Voici donc son récit, auquel je ne mêlerai, jusqu'à la fin, rien qui ne soit de lui.

J'avais dix-sept ans, et j'achevais mes études de philosophie à Amiens, où mes parents, qui sont d'une des meilleures maisons[13] de P..., m'avaient envoyé. Je menais une vie si sage et si réglée[14], que mes

8. Paroles qui marquent l'estime ou la bienveillance.
9. Quelque chose qu'on garde secret, par manque de confiance.
10. Vices, dérèglements par rapport à la norme morale.
11. Récit, compte rendu.
12. Personne qui recherche des aventures militaires ou galantes.
13. Familles.
14. Raisonnable, mesurée.

P..., la ville de Des Grieux

Il est fort probable qu'il s'agisse de la ville de Péronne, à une cinquantaine de kilomètres d'Amiens ; mais certains commentateurs ont également évoqué d'autres cités picardes plus petites comme Picquigny ou Poix-de-Picardie.

maîtres me proposaient pour l'exemple du collège[1]. Non que je fisse des efforts extraordinaires pour mériter cet éloge, mais j'ai l'humeur naturellement douce et tranquille : je m'appliquais à l'étude par inclination[2], et l'on me comptait pour des vertus quelques marques d'aversion[3] naturelle pour le vice. Ma naissance, le succès de mes études et quelques agréments extérieurs[4] m'avaient fait connaître et estimer de tous les honnêtes gens de la ville. J'achevai mes exercices publics[5] avec une approbation si générale, que Monsieur l'Évêque, qui y assistait, me proposa d'entrer dans l'état ecclésiastique[6], où je ne manquerais pas, disait-il, de m'attirer plus de distinction que dans l'ordre de Malte, auquel mes parents me destinaient. Ils me faisaient déjà porter la croix, avec le nom de chevalier des Grieux.

Les vacances arrivant, je me préparais à retourner chez mon père, qui m'avait promis de m'envoyer bientôt à l'Académie[7]. Mon seul regret, en quittant Amiens, était d'y laisser un ami avec lequel j'avais toujours été tendrement uni. Il était de quelques années plus âgé que moi. Nous avions été élevés ensemble, mais le bien de sa maison[8] étant des plus médiocres, il était obligé de prendre l'état ecclésiastique, et de demeurer à Amiens après moi, pour y faire les études qui conviennent à cette profession. Il avait mille bonnes qualités. Vous le connaîtrez par les meilleures dans la suite de mon histoire, et surtout, par un zèle[9] et une générosité[10] en amitié qui

1. Établissement d'enseignement autonome, souvent tenu par des religieux, où l'on instruit surtout les garçons issus de la noblesse et de la bourgeoisie ; le latin y est la langue d'enseignement dominante.

2. Par goût spontané.

3. Répulsion, répugnance.

4. Ici, apparents, physiques.

5. Il s'agit ici d'exercices oraux, dont le soutien d'une thèse suivi de discussions devant des maîtres et devant un public.

6. Relatif au clergé, aux religieux.

7. Ici, lieu où les jeunes garçons nobles apprenaient notamment à monter à cheval, à manier les armes, et à danser.

8. La fortune familiale.

9. Dévouement, ardeur à servir une personne.

10. Grandeur d'âme, bonté.

L'ordre de Malte

Il s'agit de l'ordre de Saint-Jean de Jérusalem, un ordre religieux catholique, à vocation hospitalière (les membres devaient porter secours aux personnes faibles) et militaire (ils se battaient contre les Sarrasins). L'ordre s'installa sur l'île de Malte dès 1530. Il recrutait ses moines-soldats parmi les jeunes nobles d'Europe qui partaient pour Malte à la fin de leurs études.

surpassent les plus célèbres exemples de l'antiquité. Si j'eusse alors suivi ses conseils, j'aurais toujours été sage et heureux. Si j'avais, du moins, profité de ses reproches dans le précipice où mes passions m'ont entraîné, j'aurais sauvé quelque chose du naufrage de ma fortune[11] et de ma réputation. Mais il n'a point recueilli d'autre fruit[12] de ses soins que le chagrin de les voir inutiles et, quelquefois, durement récompensés par un ingrat qui s'en offensait et qui les traitait d'importunités[13].

J'avais marqué le temps[14] de mon départ d'Amiens. Hélas ! que ne le marquais-je un jour plus tôt ! j'aurais porté chez mon père toute mon innocence. La veille même de celui que je devais quitter cette ville, étant à me promener avec mon ami, qui s'appelait Tiberge, nous vîmes arriver le coche[15] d'Arras, et nous le suivîmes jusqu'à l'hôtellerie où ces voitures descendent. Nous n'avions pas d'autre motif que la curiosité. Il en sortit quelques femmes, qui se retirèrent aussitôt. Mais il en resta une, fort jeune, qui s'arrêta seule dans la cour pendant qu'un homme d'un âge avancé, qui paraissait lui servir de conducteur s'empressait pour faire tirer son équipage des paniers[16]. Elle me parut si charmante que moi, qui n'avais jamais pensé à la différence des sexes, ni regardé une fille avec un peu d'attention, moi, dis-je, dont tout le monde admirait la sagesse et la retenue, je me trouvai enflammé tout d'un coup jusqu'au transport[17]. J'avais le défaut d'être excessivement timide et facile à déconcerter ; mais loin d'être arrêté alors par cette faiblesse, je m'avançai vers la maîtresse de mon cœur. Quoiqu'elle fût encore moins âgée que moi[18], elle reçut mes politesses sans paraître embarrassée. Je lui demandai ce qui l'amenait à Amiens et si elle y avait

11. Ici, élévation sociale.
12. Bénéfice, avantage.
13. Actions gênantes, qui dérangent.
14. Décidé la date.
15. Grande voiture tirée par des chevaux, servant au transport de voyageurs sur des trajets réguliers.
16. Grandes malles en osier qui, à l'arrière du coche, servaient de coffre à bagages.
17. Mouvement passionné, qui rend incapable de se maîtriser soi-même.
18. Des Grieux est censé avoir 17 ans et Manon entre 15 et 16 ans.

L'amitié antique

Dans l'Antiquité gréco-latine, l'amitié est une vertu importante, qui renvoie à un attachement profond et qui a ses modèles littéraires et mythologiques : Achille et Patrocle (dans l'*Iliade*) ou Oreste et Pylade, par exemple. C'est une valeur aristocratique.

quelques personnes de connaissance. Elle me répondit ingénument[1] qu'elle y était envoyée par ses parents pour être religieuse. L'amour me rendait déjà si éclairé[2], depuis un moment qu'il était dans mon cœur, que je regardai ce dessein[3] comme un coup mortel pour mes désirs. Je lui parlai d'une manière qui lui fit comprendre mes sentiments, car elle était bien plus expérimentée que moi. C'était malgré elle qu'on l'envoyait au couvent, pour arrêter sans doute son penchant au plaisir qui s'était déjà déclaré et qui a causé, dans la suite, tous ses malheurs et les miens. Je combattis la cruelle intention de ses parents par toutes les raisons que mon amour naissant et mon éloquence scolastique[4] purent me suggérer. Elle n'affecta[5] ni rigueur ni dédain. Elle me dit, après un moment de silence, qu'elle ne prévoyait que trop qu'elle allait être malheureuse, mais que c'était apparemment la volonté du Ciel, puisqu'il ne lui laissait nul moyen de l'éviter.

La douceur de ses regards, un air charmant de tristesse en prononçant ces paroles, ou, plutôt, l'ascendant[6] de ma destinée qui m'entraînait à ma perte, ne me permirent pas de balancer[7] un moment sur ma réponse. Je l'assurai que, si elle voulait faire quelque fond sur[8] mon honneur et sur la tendresse infinie qu'elle m'inspirait déjà, j'emploierais ma vie pour la délivrer de la tyrannie de ses parents, et pour la rendre heureuse. Je me suis étonné mille fois, en y réfléchissant, d'où me venait alors tant de hardiesse et de facilité à m'exprimer ; mais on ne ferait pas une divinité de l'amour, s'il n'opérait souvent des prodiges. J'ajoutai mille choses pressantes. Ma belle inconnue savait bien qu'on n'est point trompeur à mon âge ; elle me confessa que, si je voyais quelque jour[9] à la pouvoir mettre en

1. Avec sincérité et innocence.
2. L'amour éclaire sa pensée.
3. Projet, intention.
4. Apprise à l'école, scolaire.
5. Feignit de manière appuyée, simula de façon ostentatoire.
6. Influence.
7. Hésiter.
8. Avoir confiance en quelque chose.
9. Espoir, possibilité.

Plaisir et plaisirs

L'expression « penchant au plaisir » est ambiguë : elle laisse d'abord entendre une inclination pour le plaisir charnel. Cependant, les dictionnaires de l'époque ne distinguent pas clairement « le plaisir » et « les plaisirs » : ce que Manon aime, ce n'est sans doute pas seulement *le* plaisir charnel, mais *les* plaisirs de la vie (s'amuser, s'habiller avec élégance, se promener en carrosse, aller aux spectacles...).

liberté, elle croirait m'être redevable de quelque chose de plus cher que la vie. Je lui répétai que j'étais prêt à tout entreprendre, mais, n'ayant point assez d'expérience pour imaginer tout d'un coup les moyens de la servir je m'en tenais à cette assurance générale, qui ne pouvait être d'un grand secours pour elle et pour moi.

Son vieil Argus étant venu nous rejoindre, mes espérances allaient échouer si elle n'eût eu assez d'esprit pour suppléer à[10] la stérilité du mien. Je fus surpris, à l'arrivée de son conducteur qu'elle m'appelât son cousin et que, sans paraître déconcertée le moins du monde, elle me dît que, puisqu'elle était assez heureuse pour me rencontrer à Amiens, elle remettait au lendemain son entrée dans le couvent, afin de se procurer le plaisir de souper[11] avec moi. J'entrai fort bien dans le sens de cette ruse. Je lui proposai de se loger dans une hôtellerie, dont le maître, qui s'était établi à Amiens, après avoir été longtemps cocher de mon père, était dévoué entièrement à mes ordres. Je l'y conduisis moi-même, tandis que le vieux conducteur paraissait un peu murmurer et que mon ami Tiberge, qui ne comprenait rien à cette scène, me suivait sans prononcer une parole. Il n'avait point entendu notre entretien. Il était demeuré à se promener dans la cour pendant que je parlais d'amour à ma belle maîtresse. Comme je redoutais sa sagesse, je me défis de lui par une commission dont je le priai de se charger. Ainsi j'eus le plaisir, en arrivant à l'auberge, d'entretenir seul la souveraine de mon cœur.

Argus fait bonne garde...

Le « conducteur » de Manon est un chaperon toujours attentif, qui surveille ceux qui l'approchent sans respecter les convenances. C'est pourquoi Des Grieux le désigne par le nom d'Argus (ou Argos), géant de la mythologie grecque qui avait cent yeux, dont cinquante veillent et cinquante dorment alternativement, de sorte qu'il est impossible d'échapper à sa vigilance.

10. Remédier à, compenser.
11. Dîner, prendre le repas du soir.

Explication de texte 1

➔ p. 29-30, de « J'avais marqué le temps de mon départ d'Amiens » à « s'il n'opérait souvent des prodiges » (l. 220 à 263)

Comment la rencontre amoureuse est-elle mise en scène par le narrateur ?

SITUER

1 À quel moment de sa vie Des Grieux rencontre-t-il Manon ? En quoi ce moment est-il significatif ?

2 Comment le marquis de Renoncour a-t-il décrit Manon lorsqu'il l'a vue dans le convoi qui la menait au Havre ? La description qu'en fait ici Des Grieux concorde-t-elle avec le portrait que faisait le marquis de Renoncour ?

EXPLIQUER

Le coup de foudre ➔ l. 220 à 234

3 Commentez la deuxième phrase du passage (l. 200-221) : sur quelle tonalité Des Grieux ouvre-t-il son récit de la rencontre ? Pourquoi, selon vous ?

4 Montrez que les circonstances de la rencontre sont banales. En quoi cela contraste-t-il avec le ton utilisé précédemment ?

5 Quelle image Des Grieux donne-t-il de lui-même, au moment de cette rencontre ? Cette image est-elle positive ou négative ? Justifiez votre réponse.

Le premier échange de paroles ➔ l. 234 à 253

6 Distinguez les différentes étapes du rapprochement entre le chevalier et Manon. Comment l'état d'esprit de Des Grieux se modifie-t-il ?

7 Relevez les différents éléments qui, d'emblée, donnent à voir Manon comme une habile séductrice.

8 Comment les paroles de Manon sont-elles rapportées par le narrateur ? Quel effet ce choix narratif produit-il ?

Un narrateur grandiloquent ? ➔ l. 254 à 263

9 Expliquez l'expression : « l'ascendant de ma destinée » (l. 255). Que révèle-t-elle de la perspective dans laquelle Des Grieux envisage sa rencontre avec Manon ?

10 Montrez que le narrateur ne quitte pas la tonalité qu'il a adoptée dès le début du passage : relevez le lexique et identifiez les figures de style qui appartiennent à ce registre littéraire.

11 Quel(s) trait(s) de caractère ce passage laisse-t-il supposer chez Des Grieux ? Le lecteur est-il alors, selon vous, invité à s'identifier au personnage, ou au contraire à prendre des distances avec son discours, sa manière de narrer les événements ? Justifiez votre réponse.

CONCLURE

12 Montrez que Des Grieux et Manon sont tous les deux des personnages ambivalents et difficiles à cerner, moins transparents qu'il ne paraît d'abord.

ÉTUDE DE LA LANGUE

Identifiez le temps et le mode du verbe « j'aurais porté » (l. 221) puis justifiez leur emploi dans la phrase.

LIRE ET COMPARER

Recherchez et lisez la scène de la rencontre amoureuse entre Frédéric Moreau et Mme Arnoux dans le roman *L'Éducation sentimentale* (1869) de Gustave Flaubert, puis comparez les deux mises en scène du coup de foudre.

Je reconnus bientôt que j'étais moins enfant que je ne le croyais. Mon cœur s'ouvrit à mille sentiments de plaisir dont je n'avais jamais eu l'idée. Une douce chaleur se répandit dans toutes mes veines. J'étais dans une espèce de transport[1], qui m'ôta pour quelque temps, la liberté de la voix et qui ne s'exprimait que par mes yeux. Mademoiselle Manon[2] Lescaut, c'est ainsi qu'elle me dit qu'on la nommait, parut fort satisfaite de cet effet de ses charmes. Je crus apercevoir qu'elle n'était pas moins émue que moi. Elle me confessa qu'elle me trouvait aimable et qu'elle serait ravie de m'avoir obligation de sa liberté. Elle voulut savoir qui j'étais, et cette connaissance augmenta son affection, parce qu'étant d'une naissance commune, elle se trouva flattée d'avoir fait la conquête d'un amant tel que moi. Nous nous entretînmes des moyens d'être l'un à l'autre. Après quantité de réflexions, nous ne trouvâmes point d'autre voie que celle de la fuite. Il fallait tromper la vigilance du conducteur, qui était un homme à ménager quoiqu'il ne fût qu'un domestique. Nous réglâmes que je ferais préparer pendant la nuit une chaise de poste[3], et que je reviendrais de grand matin à l'auberge avant qu'il fût éveillé ; que nous nous déroberions[4] secrètement, et que nous irions droit à Paris, où nous nous ferions marier en arrivant. J'avais environ cinquante écus[5], qui étaient le fruit de mes petites épargnes ; elle en avait à peu près le double. Nous nous imaginâmes, comme des enfants sans expérience, que cette somme ne finirait jamais, et nous ne comptâmes pas moins sur le succès de nos autres mesures.

Après avoir soupé avec plus de satisfaction que je n'en avais jamais ressenti, je me retirai pour exécuter notre projet. Mes arrangements furent d'autant plus faciles, qu'ayant eu dessein de retourner le lendemain chez mon père, mon petit équipage[6] était déjà préparé. Je n'eus donc nulle peine à faire transporter ma malle, et à faire tenir une chaise prête pour cinq heures du matin, qui étaient le temps où les portes de la ville devaient être ouvertes ; mais

1. Exaltation, sentiment passionné.
2. Diminutif (d'origine provençale) du prénom Marie.
3. Petite voiture à cheval pour un ou deux passagers, loué dans un relais de poste, pour un trajet à la demande.
4. Nous nous enfuirions en cachette.
5. Environ 3 700 euros actuels.
6. Bagage.

je trouvai un obstacle dont je ne me défiais[7] point, et qui faillit de rompre[8] entièrement mon dessein.

Tiberge, quoique âgé seulement de trois ans plus que moi, était un garçon d'un sens mûr et d'une conduite fort réglée. Il m'aimait avec une tendresse extraordinaire. La vue d'une aussi jolie fille que mademoiselle Manon, mon empressement à la conduire, et le soin que j'avais eu de me défaire de lui en l'éloignant, lui firent naître quelques soupçons de mon amour. Il n'avait osé revenir à l'auberge, où il m'avait laissé, de peur de m'offenser par son retour ; mais il était allé m'attendre à mon logis, où je le trouvai en arrivant, quoiqu'il fût dix heures du soir. Sa présence me chagrina. Il s'aperçut facilement de la contrainte[9] qu'elle me causait.

– Je suis sûr, me dit-il sans déguisement[10], que vous méditez quelque dessein[11] que vous me voulez cacher ; je le vois à votre air.

Je lui répondis assez brusquement que je n'étais pas obligé de lui rendre compte de tous mes desseins.

– Non, reprit-il, mais vous m'avez toujours traité en ami, et cette qualité suppose un peu de confiance et d'ouverture[12].

Il me pressa si fort et si longtemps de lui découvrir mon secret, que, n'ayant jamais eu de réserve avec lui, je lui fis l'entière confidence de ma passion. Il la reçut avec une apparence de mécontentement qui me fit frémir. Je me repentis surtout de l'indiscrétion avec laquelle je lui avais découvert le dessein de ma fuite. Il me dit qu'il était trop parfaitement[13] mon ami pour ne pas s'y opposer de tout son pouvoir ; qu'il voulait me représenter d'abord tout ce qu'il croyait capable de m'en détourner mais que, si je ne renonçais pas ensuite à cette misérable[14] résolution, il avertirait des personnes qui pourraient l'arrêter à coup sûr. Il me tint là-dessus un discours sérieux qui dura plus d'un quart d'heure, et qui finit encore par la menace de me dénoncer si je ne lui donnais ma parole de me conduire avec plus de sagesse et de raison. J'étais au désespoir de m'être trahi si mal à propos. Cependant, l'amour m'ayant ouvert extrêmement l'esprit depuis deux ou trois heures, je fis attention

7. Méfiais.
8. Qui manqua faire échouer.
9. Gêne, incommodité.
10. Clairement, sans détour.
11. Objectif, but.
12. Franchise.
13. Sincèrement, véritablement.
14. Méprisable, indigne.

que je ne lui avais pas découvert que mon dessein devait s'exécuter le lendemain, et je résolus de le tromper à la faveur d'une équivoque[1].

Tiberge, lui dis-je, j'ai cru jusqu'à présent que vous étiez mon ami, et j'ai voulu vous éprouver[2] par cette confidence. Il est vrai que j'aime, je ne vous ai pas trompé, mais, pour ce qui regarde ma fuite, ce n'est point une entreprise à former au hasard. Venez me prendre demain à neuf heures, je vous ferai voir, s'il se peut, ma maîtresse, et vous jugerez si elle mérite que je fasse cette démarche pour elle.

Il me laissa seul, après mille protestations d'amitié. J'employai la nuit à mettre ordre à mes affaires, et m'étant rendu à l'hôtellerie de mademoiselle Manon vers la pointe du jour, je la trouvai qui m'attendait. Elle était à sa fenêtre, qui donnait sur la rue, de sorte que, m'ayant aperçu, elle vint m'ouvrir elle-même. Nous sortîmes sans bruit. Elle n'avait point d'autre équipage que son linge[3], dont je me chargeai moi-même. La chaise était en état de partir ; nous nous éloignâmes aussitôt de la ville.

Je rapporterai, dans la suite, quelle fut la conduite de Tiberge, lorsqu'il s'aperçut que je l'avais trompé. Son zèle[4] n'en devint pas moins ardent. Vous verrez à quel excès il le porta, et combien je devrais verser de larmes en songeant quelle en a toujours été la récompense.

Nous nous hâtâmes tellement d'avancer que nous arrivâmes à Saint-Denis avant la nuit[5]. J'avais couru à cheval à côté de la chaise, ce qui ne nous avait guère permis de nous entretenir qu'en changeant de chevaux ; mais lorsque nous nous vîmes si proche[6] de Paris, c'est-à-dire presque en sûreté, nous prîmes le temps de nous rafraîchir[7], n'ayant rien mangé depuis notre départ d'Amiens. Quelque passionné que je fusse pour Manon, elle sut me persuader qu'elle ne l'était pas moins pour moi. Nous étions si peu réservés dans nos caresses, que nous n'avions pas la patience d'attendre que nous fussions seuls. Nos postillons[8] et nos hôtes nous regardaient avec admiration[9], et je remarquais qu'ils étaient surpris de voir deux enfants de notre âge,

1. Ambiguïté.
2. Mettre à l'épreuve.
3. Vêtements.
4. Dévouement.
5. Le trajet entre Amiens et Saint-Denis prend entre trente et quarante heures à cette époque.
6. Pris adverbialement, au sens de « près », d'où l'absence d'accord.
7. Se restaurer, prendre une collation.
8. Conducteurs de voitures de poste.
9. Étonnement.

qui paraissaient s'aimer jusqu'à la fureur[10]. Nos projets de mariage furent oubliés à Saint-Denis ; nous fraudâmes les droits de l'Église[11], et nous nous trouvâmes époux sans y avoir fait réflexion.

Il est sûr que, du naturel tendre et constant dont je suis, j'étais heureux pour toute ma vie, si Manon m'eût été fidèle. Plus je la connaissais, plus je découvrais en elle de nouvelles qualités aimables. Son esprit, son cœur, sa douceur et sa beauté formaient une chaîne si forte et si charmante, que j'aurais mis tout mon bonheur à n'en sortir jamais. Terrible changement ! Ce qui fait mon désespoir a pu faire ma félicité[12]. Je me trouve le plus malheureux de tous les hommes, par cette même constance[13] dont je devais attendre le plus doux de tous les sorts, et les plus parfaites récompenses de l'amour.

Nous prîmes un appartement meublé à Paris. Ce fut dans la rue V…[14] et, pour mon malheur auprès de la maison de Monsieur de B…, célèbre fermier général. Trois semaines se passèrent, pendant lesquelles j'avais été si rempli de ma passion que j'avais peu songé à ma famille et au chagrin que mon père avait dû ressentir de mon absence. Cependant, comme la débauche[15] n'avait nulle part à ma conduite, et que Manon se comportait aussi avec beaucoup de retenue, la tranquillité où nous vivions servit à me faire rappeler peu à peu l'idée de mon devoir. Je résolus de me réconcilier, s'il était possible, avec mon père. Ma maîtresse était si aimable que je ne doutai point qu'elle ne pût lui plaire, si je trouvais moyen de lui faire connaître sa sagesse et son mérite : en un mot, je me flattai d'obtenir de lui la liberté de l'épouser, ayant été désabusé de l'espérance de le pouvoir sans son consentement[16].

Je communiquai ce projet à Manon, et je lui fis entendre qu'outre les motifs de l'amour et du devoir, celui de la nécessité

10. Emportement, enthousiasme.

11. Des Grieux et Manon entament une relation charnelle sans avoir été mariés par un prêtre.

12. Bonheur.

13. Fidélité amoureuse.

14. Probablement la rue Vivienne, près du Palais-Royal.

15. Usage immodéré des plaisirs sensuels, luxure.

16. Les mineurs risquaient d'être déshérités s'ils se mariaient sans ce consentement.

Les fermiers généraux

Ils perçoivent des impôts et des droits de douane, au nom du roi. Les fermiers généraux s'enrichissent et obtiennent souvent un titre de noblesse. Le plus souvent, ils étaient donc très mal vus.

pouvait y entrer aussi pour quelque chose, car nos fonds étaient extrêmement altérés[1], et je commençais à revenir de l'opinion qu'ils étaient inépuisables. Manon reçut froidement cette proposition. Cependant, les difficultés qu'elle y opposa n'étant prises que[2] de sa tendresse même et de la crainte de me perdre, si mon père n'entrait point dans notre dessein après avoir connu le lieu de notre retraite, je n'eus pas le moindre soupçon du coup cruel qu'on se préparait à me porter. À l'objection de la nécessité, elle répondit qu'il nous restait encore de quoi vivre quelques semaines, et qu'elle trouverait, après cela, des ressources dans l'affection de quelques parents à qui elle écrirait en province. Elle adoucit son refus par des caresses si tendres et si passionnées, que moi, qui ne vivais que dans elle[3], et qui n'avais pas la moindre défiance[4] de son cœur, j'applaudis à toutes ses réponses et à toutes ses résolutions.

Je lui avais laissé la disposition de notre bourse et le soin de payer notre dépense ordinaire. Je m'aperçus, peu après, que notre table était mieux servie, et qu'elle s'était donné quelques ajustements[5] d'un prix considérable. Comme je n'ignorais pas qu'il devait nous rester à peine douze ou quinze pistoles[6], je lui marquai mon étonnement de cette augmentation apparente de notre opulence[7]. Elle me pria, en riant, d'être sans embarras[8].

– Ne vous ai-je pas promis, me dit-elle, que je trouverais des ressources ?

Je l'aimais avec trop de simplicité[9] pour m'alarmer facilement.

Un jour que j'étais sorti l'après-midi, et que je l'avais avertie que je serais dehors plus longtemps qu'à l'ordinaire, je fus étonné qu'à mon retour on me fît attendre deux ou trois minutes à la porte. Nous n'étions servis que par une petite bonne qui était à peu près de notre âge. Étant venue m'ouvrir je lui demandai pourquoi elle avait tardé si longtemps. Elle me répondit, d'un air embarrassé, qu'elle ne m'avait point entendu frapper. Je n'avais frappé qu'une fois ; je lui dis :

1. Diminués.
2. Ne venant que.
3. Par elle et pour elle.
4. Suspicion, méfiance.
5. Parures et tenues vestimentaires.
6. Pièces d'or d'origine espagnole. Cela représente près de 1 000 euros actuels.
7. Richesse, abondance de biens.
8. Inquiétude.
9. Naïveté, candeur.

– Mais, si vous ne m'avez pas entendu, pourquoi êtes-vous donc venue m'ouvrir ?

Cette question la déconcerta si fort, que, n'ayant point assez de présence d'esprit pour y répondre, elle se mit à pleurer en m'assurant que ce n'était point sa faute, et que madame lui avait défendu d'ouvrir la porte jusqu'à ce que Monsieur de B… fût sorti par l'autre escalier qui répondait au cabinet[10]. Je demeurai si confus, que je n'eus point la force d'entrer dans l'appartement. Je pris le parti de descendre sous prétexte d'une affaire, et j'ordonnai à cette enfant de dire à sa maîtresse que je retournerais dans le moment, mais de ne pas faire connaître qu'elle m'eût parlé de Monsieur de B…

Ma consternation[11] fut si grande, que je versais des larmes en descendant l'escalier, sans savoir encore de quel sentiment elles partaient. J'entrai dans le premier café et m'y étant assis près d'une table[12], j'appuyai la tête sur mes deux mains pour y développer ce qui se passait dans mon cœur. Je n'osais rappeler ce que je venais d'entendre. Je voulais le considérer comme une illusion, et je fus prêt[13] deux ou trois fois de retourner au logis, sans marquer que j'y eusse fait attention. Il me paraissait si impossible que Manon m'eût trahi, que je craignais de lui faire injure en la soupçonnant. Je l'adorais, cela était sûr ; je ne lui avais pas donné plus de preuves d'amour que je n'en avais reçu d'elle ; pourquoi l'aurais-je accusée d'être moins sincère et moins constante[14] que moi ? Quelle raison aurait-elle eue de me tromper ? Il n'y avait que trois heures qu'elle m'avait accablé de ses plus tendres caresses et qu'elle avait reçu les miennes avec transport[15] ; je ne connaissais pas mieux mon cœur que le sien.

« Non, non, repris-je, il n'est pas possible que Manon me trahisse. Elle n'ignore pas que je ne vis que pour elle. Elle sait trop bien que je l'adore. Ce n'est pas là un sujet[16] de me haïr. »

---

10. Petite pièce.
11. Abattement, accablement.
12. À une table.
13. Nous écririons plutôt aujourd'hui « près ».
14. Fidèle.
15. Avec émotion, avec passion.
16. Cause, motif.

Les cafés de Paris

Les Européens découvrent le café à partir du XVIIe siècle. Ils le boivent « à la turque », sans filtrage. Le succès de cette boisson entraîne l'ouverture en 1686 du célèbre Café Procope, puis d'autres « maisons de café ». Dans ces lieux mondains, on discute et on lit la presse, qui est alors en plein développement.

Cependant la visite et la sortie furtive de Monsieur de B… me causaient de l'embarras. Je rappelais aussi les petites acquisitions de Manon, qui me semblaient surpasser nos richesses présentes. Cela paraissait sentir les libéralités[1] d'un nouvel amant. Et cette confiance qu'elle m'avait marquée pour des ressources qui m'étaient inconnues ! J'avais peine à donner à tant d'énigmes un sens aussi favorable que mon cœur le souhaitait. D'un autre côté, je ne l'avais presque pas perdue de vue depuis que nous étions à Paris. Occupations, promenades, divertissements, nous avions toujours été l'un à côté de l'autre ; mon Dieu ! un instant de séparation nous aurait trop affligés[2]. Il fallait nous dire sans cesse que nous nous aimions ; nous serions morts d'inquiétude sans cela. Je ne pouvais donc m'imaginer presque un seul moment où Manon pût s'être occupée d'un autre que moi. À la fin, je crus avoir trouvé le dénouement[3] de ce mystère. « Monsieur de B…, dis-je en moi-même, est un homme qui fait de grosses affaires, et qui a de grandes relations ; les parents de Manon se seront servis de cet homme pour lui faire tenir quelque argent. Elle en a peut-être déjà reçu de lui ; il est venu aujourd'hui lui en apporter encore. Elle s'est fait sans doute un jeu de me le cacher, pour me surprendre agréablement. Peut-être m'en aurait-elle parlé si j'étais rentré à l'ordinaire[4], au lieu de venir ici m'affliger ; elle ne me le cachera pas, du moins, lorsque je lui en parlerai moi-même. »

Je me remplis si fortement de cette opinion, qu'elle eut la force de diminuer beaucoup ma tristesse. Je retournai sur-le-champ au logis. J'embrassai Manon avec ma tendresse ordinaire. Elle me reçut fort bien. J'étais tenté d'abord de lui découvrir mes conjectures[5], que je regardais plus que jamais comme certaines ; je me retins, dans l'espérance qu'il lui arriverait peut-être de me prévenir[6] en m'apprenant tout ce qui s'était passé.

On nous servit à souper. Je me mis à table d'un air fort gai ; mais à la lumière de la chandelle qui était entre elle et moi, je crus apercevoir de la tristesse sur le visage et dans les yeux de ma chère maîtresse. Cette pensée m'en inspira aussi. Je remarquai que ses

1. Largesses, dons d'argent.
2. Peinés, accablés.
3. Solution, éclaircissement.
4. À l'heure habituelle.
5. Suppositions, hypothèses.
6. Me devancer.

regards s'attachaient sur moi d'une autre façon qu'ils n'avaient accoutumé. Je ne pouvais démêler[7] si c'était de l'amour ou de la compassion, quoiqu'il me parût que c'était un sentiment doux et languissant[8]. Je la regardai avec la même attention ; et peut-être n'avait-elle pas moins de peine à juger de la situation de mon cœur par mes regards. Nous ne pensions ni à parler, ni à manger. Enfin, je vis tomber des larmes de ses beaux yeux : perfides[9] larmes !

– Ah Dieux ! m'écriai-je, vous pleurez, ma chère Manon ; vous êtes affligée jusqu'à pleurer, et vous ne me dites pas un seul mot de vos peines. Elle ne me répondit que par quelques soupirs qui augmentèrent mon inquiétude. Je me levai en tremblant. Je la conjurai[10], avec tous les empressements de l'amour, de me découvrir le sujet de ses pleurs ; j'en versai moi-même en essuyant les siens ; j'étais plus mort que vif. Un barbare aurait été attendri des témoignages de ma douleur et de ma crainte.

Dans le temps que j'étais ainsi tout occupé d'elle, j'entendis le bruit de plusieurs personnes qui montaient l'escalier. On frappa doucement à la porte. Manon me donna un baiser et s'échappant de mes bras, elle entra rapidement dans le cabinet, qu'elle ferma aussitôt sur elle. Je me figurai qu'étant un peu en désordre, elle voulait se cacher aux yeux des étrangers qui avaient frappé. J'allai leur ouvrir moi-même. À peine avais-je ouvert, que je me vis saisir par trois hommes, que je reconnus pour les laquais[11] de mon père. Ils ne me firent point de violence ; mais deux d'entre eux m'ayant pris par le bras, le troisième visita mes poches, dont il tira un petit couteau qui était le seul fer[12] que j'eusse sur moi. Ils me demandèrent pardon de la nécessité où ils étaient de me manquer de respect ; ils me dirent naturellement qu'ils agissaient par l'ordre de mon père, et que mon frère aîné m'attendait en bas dans un carrosse. J'étais si troublé, que je me laissai conduire sans résister et sans répondre. Mon frère était effectivement à m'attendre. On me mit dans le carrosse, auprès de lui, et le cocher, qui avait ses ordres, nous conduisit à grand train[13]

---

7. Deviner, distinguer.
8. Plein d'une mollesse tendre.
9. Déloyales, traîtresses.
10. Implorai, priai avec instance.
11. Valets.
12. Arme.
13. En faisant aller vite les chevaux.

jusqu'à Saint-Denis. Mon frère m'embrassa tendrement, mais il ne me parla point, de sorte que j'eus tout le loisir dont j'avais besoin, pour rêver à mon infortune[1].

J'y trouvai d'abord tant d'obscurité que je ne voyais pas de jour à la moindre conjecture[2]. J'étais trahi cruellement. Mais par qui ? Tiberge fut le premier qui me vint à l'esprit. « Traître ! disais-je, c'est fait de ta vie si mes soupçons se trouvent justes. » Cependant je fis réflexion qu'il ignorait le lieu de ma demeure, et qu'on ne pouvait, par conséquent, l'avoir appris de lui. Accuser Manon, c'est de quoi mon cœur n'osait se rendre coupable. Cette tristesse extraordinaire dont je l'avais vue comme accablée, ses larmes, le tendre baiser qu'elle m'avait donné en se retirant, me paraissaient bien une énigme ; mais je me sentais porté à l'expliquer comme un pressentiment de notre malheur commun, et dans le temps que[3] je me désespérais de l'accident[4] qui m'arrachait à elle, j'avais la crédulité de m'imaginer qu'elle était encore plus à plaindre que moi. Le résultat de ma méditation fut de me persuader que j'avais été aperçu dans les rues de Paris par quelques personnes de connaissance, qui en avaient donné avis à mon père. Cette pensée me consola. Je comptais d'en être quitte pour des reproches ou pour quelques mauvais traitements, qu'il me faudrait essuyer de l'autorité paternelle. Je résolus de les souffrir[5] avec patience, et de promettre tout ce qu'on exigerait de moi, pour me faciliter l'occasion de retourner plus promptement à Paris et d'aller rendre la vie et la joie à ma chère Manon.

Nous arrivâmes, en peu de temps, à Saint-Denis. Mon frère, surpris de mon silence, s'imagina que c'était un effet de ma crainte. Il entreprit de me consoler en m'assurant que je n'avais rien à redouter de la sévérité de mon père, pourvu que je fusse disposé à rentrer doucement dans le devoir et à mériter l'affection qu'il avait pour moi. Il me fit passer la nuit à Saint-Denis, avec la précaution de faire coucher les trois laquais dans ma chambre. Ce qui me causa une peine sensible, fut de me voir dans la même hôtellerie où je m'étais arrêté avec Manon, en venant d'Amiens à Paris. L'hôte et

1. Malheur.
2. Supposition.
3. Au moment même où.
4. Incident, événement malheureux.
5. Supporter.

les domestiques me reconnurent, et devinèrent en même temps la vérité de mon histoire. J'entendis dire à l'hôte :

– Ha ! c'est ce joli monsieur qui passait, il y a six semaines, avec une petite demoiselle qu'il aimait si fort. Qu'elle était charmante ! Les pauvres enfants, comme ils se caressaient ! Pardi[6], c'est dommage qu'on les ait séparés.

Je feignais de ne rien entendre, et je me laissais voir le moins qu'il m'était possible.

Mon frère avait, à Saint-Denis, une chaise à deux[7], dans laquelle nous partîmes de grand matin, et nous arrivâmes chez nous le lendemain au soir. Il vit mon père avant moi, pour le prévenir en ma faveur en lui apprenant avec quelle douceur je m'étais laissé conduire, de sorte que j'en fus reçu moins durement que je ne m'y étais attendu. Il se contenta de me faire quelques reproches généraux sur la faute que j'avais commise en m'absentant sans sa permission. Pour ce qui regardait ma maîtresse, il me dit que j'avais bien mérité ce qui venait de m'arriver, en me livrant à une inconnue ; qu'il avait eu meilleure opinion de ma prudence, mais qu'il espérait que cette petite aventure me rendrait plus sage. Je ne pris ce discours que dans le sens qui s'accordait avec mes idées. Je remerciai mon père de la bonté qu'il avait de me pardonner, et je lui promis de prendre une conduite plus soumise et plus réglée. Je triomphais au fond du cœur, car de la manière dont les choses s'arrangeaient, je ne doutais point que je n'eusse la liberté de me dérober[8] de la maison, même avant la fin de la nuit.

On se mit à table pour souper ; on me railla[9] sur ma conquête d'Amiens, et sur ma fuite avec cette fidèle maîtresse. Je reçus les coups de bonne grâce. J'étais même charmé qu'il me fût permis de m'entretenir de ce qui m'occupait continuellement l'esprit. Mais, quelques mots lâchés par mon père me firent prêter l'oreille avec la dernière attention : il parla de perfidie[10] et de service intéressé[11],

6. Parbleu ! bon sang !
7. Petite voiture à cheval pour deux personnes.
8. M'enfuir en secret.
9. On se moqua de moi.
10. Trahison, déloyauté.
11. Dans lequel la personne qui rend service a un intérêt (ici, éloigner Des Grieux de Manon).

rendu par Monsieur B[1]… Je demeurai interdit[2] en lui entendant prononcer ce nom, et je le priai humblement de s'expliquer davantage. Il se tourna vers mon frère, pour lui demander s'il ne m'avait pas raconté toute l'histoire. Mon frère lui répondit que je lui avais paru si tranquille sur la route, qu'il n'avait pas cru que j'eusse besoin de ce remède pour me guérir de ma folie. Je remarquai que mon père balançait[3] s'il achèverait de s'expliquer. Je l'en suppliai si instamment[4], qu'il me satisfit, ou plutôt, qu'il m'assassina cruellement par le plus terrible de tous les récits.

Il me demanda d'abord si j'avais toujours eu la simplicité de croire que je fusse aimé de ma maîtresse. Je lui dis hardiment que j'en étais si sûr que rien ne pouvait m'en donner la moindre défiance[5].

– Ah ! ah ! ah ! s'écria-t-il en riant de toute sa force, cela est excellent ! Tu es une jolie dupe[6], et j'aime à te voir dans ces sentiments-là. C'est grand dommage, mon pauvre chevalier, de te faire entrer dans l'Ordre de Malte, puisque tu as tant de disposition à faire un mari patient et commode[7].

Il ajouta mille railleries de cette force, sur ce qu'il appelait ma sottise et ma crédulité[8]. Enfin, comme je demeurais dans le silence, il continua de me dire que, suivant le calcul qu'il pouvait faire du temps depuis mon départ d'Amiens, Manon m'avait aimé environ douze jours : « car, ajouta-t-il, je sais que tu partis d'Amiens le 28 de l'autre mois ; nous sommes au 29 du présent ; il y en a onze que Monsieur B… m'a écrit ; je suppose qu'il lui en a fallu huit pour lier une parfaite connaissance avec ta maîtresse ; ainsi, qui ôte onze et huit de trente-un[9] jours qu'il y a depuis le 28 d'un mois jusqu'au 29 de l'autre, reste douze, un peu plus ou moins ».

Là-dessus, les éclats de rire recommencèrent. J'écoutais tout avec un saisissement de cœur auquel j'appréhendais de ne pouvoir résister jusqu'à la fin de cette triste comédie.

---

1. On remarquera que le père de Des Grieux, d'ascendance noble, ne dit pas « Monsieur de B... », mais « Monsieur B... » : cela marque son mépris pour le fermier général, qui n'est que récemment anobli.

2. Stupéfait.

3. Hésitait.

4. Avec tant d'insistance.

5. Méfiance, doute.

6. Personne crédule, que l'on trompe facilement.

7. Ici, qui serait facile à tromper par son épouse.

8. Naïveté.

9. Nous écririons aujourd'hui « trente-et-un ».

Tu sauras donc, reprit mon père, puisque tu l'ignores, que M. B... a gagné le cœur de ta princesse, car il se moque de moi, de prétendre me persuader que c'est par un zèle désintéressé pour mon service qu'il a voulu te l'enlever. C'est bien d'un homme tel que lui, de qui, d'ailleurs, je ne suis pas connu, qu'il faut attendre des sentiments si nobles ! Il a su d'elle que tu es mon fils, et pour se délivrer de tes importunités[10], il m'a écrit le lieu de ta demeure et le désordre[11] où tu vivais, en me faisant entendre qu'il fallait main-forte pour s'assurer de toi. Il s'est offert de me faciliter les moyens de te saisir au collet[12], et c'est par sa direction et celle de ta maîtresse même que ton frère a trouvé le moment de te prendre sans vert[13]. Félicite-toi maintenant de la durée de ton triomphe. Tu sais vaincre assez rapidement, chevalier ; mais tu ne sais pas conserver tes conquêtes[14]. Je n'eus pas la force de soutenir[15] plus longtemps un discours dont chaque mot m'avait percé le cœur. Je me levai de table, et je n'avais pas fait quatre pas pour sortir de la salle, que je tombai sur le plancher sans sentiment et sans connaissance. On me les rappela par de prompts secours. J'ouvris les yeux pour verser un torrent de pleurs, et la bouche pour proférer les plaintes les plus tristes et les plus touchantes. Mon père, qui m'a toujours aimé tendrement, s'employa avec toute son affection pour me consoler. Je l'écoutais, mais sans l'entendre. Je me jetai à ses genoux, je le conjurai[16], en joignant les mains, de me laisser retourner à Paris pour aller poignarder B...

Non, disais-je, il n'a pas gagné le cœur de Manon, il lui a fait violence ; il l'a séduite par un charme[17] ou par un poison[18] ; il l'a peut-être forcée[19] brutalement. Manon m'aime. Ne le sais-je pas bien ? Il l'aura menacée, le poignard à la main, pour la contraindre de m'abandonner. Que n'aura-t-il pas fait pour me ravir une si

10. De la gêne que lui causait ta présence.

11. Dérèglement moral.

12. Arrêter, faire prisonnier.

13. Par surprise, au dépourvu. L'expression « sans vert » vient d'un jeu où il fallait porter sur soi une feuille verte pour ne pas perdre.

14. Traduction d'une phrase célèbre de Maharbal à Hannibal rapportée par l'historien romain Tite-Live : « Vincere scis, Hannibal, sed victoria uti nescis » (*Histoire romaine*, XXII, 51).

15. Supporter.

16. Suppliai.

17. Enchantement, action magique.

18. Potion.

19. Violentée.

charmante maîtresse ! Ô dieux ! dieux ! serait-il possible que Manon m'eût trahi, et qu'elle eût cessé de m'aimer !

Comme je parlais toujours de retourner promptement à Paris, et que je me levais même à tous moments pour cela, mon père vit bien que, dans le transport[1] où j'étais, rien ne serait capable de m'arrêter. Il me conduisit dans une chambre haute, où il laissa deux domestiques avec moi pour me garder à vue[2]. Je ne me possédais point[3]. J'aurais donné mille vies pour être seulement un quart d'heure à Paris. Je compris que, m'étant déclaré si ouvertement, on ne me permettrait pas aisément de sortir de ma chambre. Je mesurai des yeux la hauteur des fenêtres, ne voyant nulle possibilité de m'échapper par cette voie, je m'adressai doucement à mes deux domestiques. Je m'engageai, par mille serments, à faire un jour leur fortune, s'ils voulaient consentir à mon évasion. Je les pressai, je les caressai[4], je les menaçai ; mais cette tentative fut encore inutile. Je perdis alors toute espérance. Je résolus de mourir, et je me jetai sur un lit avec le dessein[5] de ne le quitter qu'avec la vie.

Je passai la nuit et le jour suivant dans cette situation. Je refusai la nourriture qu'on m'apporta le lendemain. Mon père vint me voir l'après-midi. Il eut la bonté de flatter mes peines par les plus douces consolations. Il m'ordonna si absolument de manger quelque chose, que je le fis par respect pour ses ordres. Quelques jours se passèrent, pendant lesquels je ne pris rien qu'en sa présence et pour lui obéir. Il continuait toujours de m'apporter les raisons qui pouvaient me ramener au bon sens et m'inspirer du mépris pour l'infidèle Manon. Il est certain que je ne l'estimais plus ; comment aurais-je estimé la plus volage[6] et la plus perfide de toutes les créatures ? Mais son image, ses traits charmants[7] que je portais au fond du cœur, y subsistaient toujours. Je le sentais bien.

Je puis mourir, disais-je ; je le devrais même, après tant de honte et de douleur ; mais je souffrirais mille morts sans pouvoir oublier l'ingrate Manon.

---

1. Mouvement passionné.
2. Surveiller.
3. J'étais hors de moi, je ne me maîtrisais plus.
4. Faisais des flatteries, des politesses.
5. Intention.
6. Infidèle, inconstante.
7. Qui ensorcellent, envoûtent.

Mon père était surpris de me voir toujours si fortement touché. Il me connaissait des principes d'honneur, et ne pouvant douter que sa trahison ne me la fît mépriser, il s'imagina que ma constance venait moins de cette passion en particulier que d'un penchant général pour les femmes. Il s'attacha tellement à cette pensée que, ne consultant que sa tendre affection, il vint un jour m'en faire l'ouverture[8].

– Chevalier, me dit-il, j'ai eu dessein, jusqu'à présent, de te faire porter la croix de Malte, mais je vois que tes inclinations ne sont point tournées de ce côté-là. Tu aimes les jolies femmes. Je suis d'avis de t'en chercher une qui te plaise. Explique-moi naturellement ce que tu penses là-dessus. Je lui répondis que je ne mettais plus de distinction entre les femmes, et qu'après le malheur qui venait de m'arriver je les détestais toutes également.

– Je t'en chercherai une, reprit mon père en souriant, qui ressemblera à Manon, et qui sera plus fidèle.

– Ah ! si vous avez quelque bonté pour moi, lui dis-je, c'est elle qu'il faut me rendre. Soyez sûr, mon cher père, qu'elle ne m'a point trahi ; elle n'est pas capable d'une si noire et si cruelle lâcheté. C'est le perfide B… qui nous trompe, vous, elle et moi. Si vous saviez combien elle est tendre et sincère, si vous la connaissiez, vous l'aimeriez vous-même.

– Vous êtes un enfant, repartit mon père. Comment pouvez-vous vous aveugler jusqu'à ce point, après ce que je vous ai raconté d'elle ? C'est elle-même qui vous a livré à votre frère. Vous devriez oublier jusqu'à son nom, et profiter si vous êtes sage, de l'indulgence que j'ai pour vous.

Je reconnaissais trop clairement qu'il avait raison. C'était un mouvement involontaire qui me faisait prendre ainsi le parti de mon infidèle.

– Hélas ! repris-je, après un moment de silence, il n'est que trop vrai que je suis le malheureux objet de la plus lâche de toutes les perfidies. Oui, continuai-je, en versant des larmes de dépit[9], je vois

8. Confidence, avis.

9. Chagrin mêlé de colère, dû à une déception.

bien que je ne suis qu'un enfant. Ma crédulité ne leur coûtait guère à tromper. Mais je sais bien ce que j'ai à faire pour me venger.

Mon père voulut savoir quel était mon dessein.

– J'irai à Paris, lui dis-je, je mettrai le feu à la maison de B…, et je le brûlerai tout vif avec la perfide Manon.

Cet emportement fit rire mon père et ne servit qu'à me faire garder plus étroitement dans ma prison. J'y passai six mois entiers, pendant le premier desquels il y eut peu de changement dans mes dispositions. Tous mes sentiments n'étaient qu'une alternative perpétuelle de haine et d'amour, d'espérance ou de désespoir, selon l'idée sous laquelle Manon s'offrait à mon esprit. Tantôt je ne considérais en elle que la plus aimable de toutes les filles, et je languissais[1] du désir de la revoir ; tantôt je n'y apercevais qu'une lâche et perfide maîtresse[2], et je faisais mille serments de ne la chercher que pour la punir. On me donna des livres, qui servirent à rendre un peu de tranquillité à mon âme. Je relus tous mes auteurs ; j'acquis de nouvelles connaissances ; je repris un goût infini pour l'étude. Vous verrez de quelle utilité il me fut dans la suite. Les lumières[3] que je devais à l'amour me firent trouver de la clarté dans quantités d'endroits d'Horace et de Virgile, qui m'avaient paru obscurs auparavant. Je fis un commentaire amoureux sur le quatrième livre de l'*Énéide* ; je le destine à voir le jour et je me flatte que le public en sera satisfait. « Hélas ! disais-je en le faisant, c'était un cœur tel que le mien qu'il fallait à la fidèle Didon. » Tiberge vint me voir un jour dans ma prison. Je fus surpris du transport[4] avec lequel il m'embrassa. Je n'avais point encore eu de preuves de son affection qui pussent me la faire regarder autrement que comme une simple amitié de collège, telle qu'elle se forme entre de jeunes gens qui sont à peu près du même âge. Je le trouvai si changé et si formé[5], depuis

Virgile

Virgile est un poète latin du Ier siècle avant J.-C. Il est considéré comme l'incarnation du génie poétique de l'Antiquité romaine. Son épopée intitulée *L'Énéide*, divisée en douze chants et comportant environ 10 000 vers, raconte les origines de Rome. Au chant IV, le poète raconte les amours du héros Énée avec Didon, reine de Carthage, auprès de qui il séjourne ; mais Énée se trouve contraint de repartir, et Didon, folle de douleur d'être ainsi abandonnée, se suicide.

1. Attendais avec une impatience qui fait dépérir, s'affaiblir.
2. Femme que l'on aime.
3. Éclaircissements.
4. Élan passionné.
5. Sage et instruit.

cinq ou six mois que j'avais passés sans le voir, que sa figure et le ton de son discours m'inspirèrent du respect. Il me parla en conseiller sage, plutôt qu'en ami d'école. Il plaignit l'égarement où j'étais tombé. Il me félicita de ma guérison, qu'il croyait avancée ; enfin il m'exhorta à[6] profiter de cette erreur de jeunesse pour ouvrir les yeux sur la vanité[7] des plaisirs.

Je le regardai avec étonnement. Il s'en aperçut.

– Mon cher chevalier me dit-il, je ne vous dis rien qui ne soit solidement vrai, et dont je ne me sois convaincu par un sérieux examen. J'avais autant de penchant que vous vers la volupté[8], mais le Ciel m'avait donné, en même temps, du goût pour la vertu. Je me suis servi de ma raison pour comparer les fruits[9] de l'une et de l'autre et je n'ai pas tardé longtemps à découvrir leurs différences. Le secours du Ciel s'est joint à mes réflexions. J'ai conçu pour le monde[10] un mépris auquel il n'y a rien d'égal. Devineriez-vous ce qui m'y retient, ajouta-t-il, et ce qui m'empêche de courir à la solitude ? C'est uniquement la tendre amitié que j'ai pour vous. Je connais l'excellence de votre cœur et de votre esprit ; il n'y a rien de bon dont vous ne puissiez vous rendre capable. Le poison du plaisir vous a fait écarter du chemin. Quelle perte pour la vertu ! Votre fuite d'Amiens m'a causé tant de douleur, que je n'ai pas goûté, depuis, un seul moment de satisfaction. Jugez-en par les démarches qu'elle m'a fait faire.

Il me raconta qu'après s'être aperçu que je l'avais trompé et que j'étais parti avec ma maîtresse, il était monté à cheval pour me suivre ; mais qu'ayant sur lui quatre ou cinq heures d'avance, il lui avait été impossible de me joindre ; qu'il était arrivé néanmoins à Saint-Denis une demi-heure après mon départ ; qu'étant bien certain que je me serais arrêté à Paris, il y avait passé six semaines à me chercher inutilement ; qu'il allait dans tous les lieux où il se flattait de pouvoir me trouver, et qu'un jour enfin il avait reconnu

---

6. M'encouragea à, m'incita à.

7. Inconsistance, insignifiance.

8. Vif plaisir sensuel, en particulier plaisir charnel.

9. Résultats avantageux, bénéfices qu'on retire d'une action.

10. Ici, vie en société, qui tire son agrément du luxe et des divertissements, qui nous détournent de la vie spirituelle.

ma maîtresse à la Comédie[1] ; qu'elle y était dans une parure si éclatante qu'il s'était imaginé qu'elle devait cette fortune à un nouvel amant ; qu'il avait suivi son carrosse jusqu'à sa maison, et qu'il avait appris d'un domestique qu'elle était entretenue par les libéralités[2] de Monsieur B...

Je ne m'arrêtai point là, continua-t-il. J'y retournai le lendemain, pour apprendre d'elle-même ce que vous étiez devenu ; elle me quitta brusquement, lorsqu'elle m'entendit parler de vous, et je fus obligé de revenir en province sans aucun autre éclaircissement. J'y appris votre aventure et la consternation[3] extrême qu'elle vous a causée ; mais je n'ai pas voulu vous voir, sans être assuré de vous trouver plus tranquille.

Vous avez donc vu Manon, lui répondis-je en soupirant. Hélas ! vous êtes plus heureux que moi, qui suis condamné à ne la revoir jamais.

Il me fit des reproches de ce soupir qui marquait encore de la faiblesse pour elle. Il me flatta si adroitement sur la bonté de mon caractère et sur mes inclinations, qu'il me fit naître dès cette première visite, une forte envie de renoncer comme lui à tous les plaisirs du siècle[4] pour entrer dans l'état ecclésiastique[5].

Je goûtai tellement cette idée que, lorsque je me trouvai seul, je ne m'occupai plus d'autre chose. Je me rappelai les discours de M. l'évêque d'Amiens, qui m'avait donné le même conseil, et les présages heureux qu'il avait formés en ma faveur, s'il m'arrivait d'embrasser ce parti. La piété[6] se mêla aussi dans mes considérations. Je mènerai une vie sage et chrétienne, disais-je ; je m'occuperai de l'étude et de la religion, qui ne me permettront point de penser aux dangereux plaisirs de l'amour. Je mépriserai ce que le commun des hommes admire ; et comme je sens assez que mon cœur ne désirera que ce qu'il estime, j'aurai aussi peu d'inquiétudes que de désirs.

Je formai là-dessus, d'avance, un système de vie paisible et solitaire. J'y faisais entrer une maison écartée, avec un petit bois

1. Théâtre, lieu où l'on joue la comédie.
2. Largesses, dons d'argent.
3. Accablement.
4. Vie mondaine, profane, non religieuse.
5. Clergé.
6. Dévotion, attachement fervent aux devoirs et pratiques de la religion.

et un ruisseau d'eau douce au bout du jardin, une bibliothèque composée de livres choisis, un petit nombre d'amis vertueux et de bon sens, une table propre, mais frugale[7] et modérée. J'y joignais un commerce[8] de lettres avec un ami qui ferait son séjour à Paris, et qui m'informerait des nouvelles publiques, moins pour satisfaire ma curiosité que pour me faire un divertissement des folles agitations des hommes. « Ne serai-je pas heureux ? ajoutais-je ; toutes mes prétentions ne seront-elles point remplies ? » Il est certain que ce projet flattait extrêmement mes inclinations. Mais, à la fin d'un si sage arrangement, je sentais que mon cœur attendit encore quelque chose, et que, pour n'avoir rien à désirer dans la plus charmante solitude, il y fallait être avec Manon.

Cependant, Tiberge continuant de me rendre de fréquentes visites, dans le dessein[9] qu'il m'avait inspiré, je pris l'occasion d'en faire l'ouverture[10] à mon père. Il me déclara que son intention était de laisser ses enfants libres dans le choix de leur condition[11] et que, de quelque manière que je voulusse disposer de moi, il ne se réserverait que le droit de m'aider de ses conseils. Il m'en donna de fort sages, qui tendaient moins à me dégoûter de mon projet, qu'à me le faire embrasser avec connaissance[12]. Le renouvellement de l'année scolastique[13] approchait. Je convins avec Tiberge de nous mettre ensemble au séminaire[14] de Saint-Sulpice, lui pour achever ses études de théologie[15], et moi pour commencer les miennes. Son

---

7. Simple, sans excès (en parlant de la nourriture servie à table).

8. Relation.

9. Projet.

10. Confidence.

11. Place dans la société.

12. En toute connaissance de cause, en sachant les conséquences que cela implique.

13. Scolaire.

14. Établissement où sont formés les futurs prêtres. Celui de Saint-Sulpice avait une solide réputation.

15. Étude des questions religieuses, fondée sur les textes sacrés et la tradition.

Éloge de la vie champêtre

Le modèle de vie que projette ici Des Grieux correspond à la vie champêtre qui est celle du sage selon le poète latin Horace (Ier siècle av. J.-C.), et qui inspirera également Jean-Jacques Rousseau dans *Julie ou la Nouvelle Héloïse* (1761), quand il décrit la vie de Julie et de ses proches à Clarens (Rousseau exclut cependant les livres de cette vie heureuse).

mérite, qui était connu de l'évêque du diocèse[1], lui fit obtenir de ce prélat un bénéfice[2] considérable avant notre départ.

Mon père, me croyant tout à fait revenu de ma passion, ne fit aucune difficulté de me laisser partir. Nous arrivâmes à Paris. L'habit ecclésiastique prit la place de la croix de Malte, et le nom d'abbé des Grieux celle de chevalier. Je m'attachai à l'étude avec tant d'application, que je fis des progrès extraordinaires en peu de mois. J'y employais une partie de la nuit, et je ne perdais pas un moment du jour. Ma réputation eut tant d'éclat, qu'on me félicitait déjà sur les dignités[3] que je ne pouvais manquer d'obtenir, et sans l'avoir sollicité, mon nom fut couché sur la feuille des bénéfices. La piété n'était pas plus négligée ; j'avais de la ferveur pour tous les exercices. Tiberge était charmé de ce qu'il regardait comme son ouvrage, et je l'ai vu plusieurs fois répandre des larmes, en s'applaudissant de ce qu'il nommait ma conversion. Que les résolutions humaines soient sujettes à[4] changer, c'est ce qui ne m'a jamais causé d'étonnement ; une passion les fait naître, une autre passion peut les détruire ; mais quand je pense à la sainteté de celles qui m'avaient conduit à Saint-Sulpice et à la joie intérieure que le Ciel m'y faisait goûter en les exécutant, je suis effrayé de la facilité avec laquelle j'ai pu les rompre. S'il est vrai que les secours célestes[5] sont à tous moments d'une force égale à celle des passions, qu'on m'explique donc par quel funeste ascendant[6] on se trouve emporté tout d'un coup loin de son devoir sans se trouver capable de la moindre résistance, et sans ressentir le moindre remords. Je me croyais absolument délivré des faiblesses de l'amour. Il me semblait que j'aurais préféré la lecture d'une page de saint Augustin, ou un quart d'heure de méditation

1. Circonscription placée sous la juridiction d'un évêque.
2. Patrimoine et revenus accordés par l'Église à un ecclésiastique pour qu'il assure une charge spirituelle donnée.
3. Charges, fonctions attribuées à un membre du clergé.
4. Soient exposées (au changement).
5. Chez les chrétiens, aide divine pour résister à la tentation.
6. Influence.

Saint Augustin

Augustin (354-430 apr. J.-C.), évêque d'Hippone (dans l'actuelle Algérie) est un philosophe et théologien romain, considéré par la tradition chrétienne comme l'un des quatre Pères de l'Église, c'est-à-dire comme l'un des fondateurs de la doctrine chrétienne. Son œuvre comporte notamment *La Cité de Dieu* et les *Confessions*, qui font de lui un des grands écrivains latins.

chrétienne, à tous les plaisirs des sens, sans excepter ceux qui m'auraient été offerts par Manon. Cependant, un instant malheureux me fit retomber dans le précipice, et ma chute fut d'autant plus irréparable que, me trouvant tout d'un coup au même degré de profondeur d'où j'étais sorti, les nouveaux désordres où je tombai me portèrent bien plus loin vers le fond de l'abîme.

J'avais passé près d'un an à Paris, sans m'informer des affaires de Manon. Il m'en avait d'abord coûté beaucoup pour me faire cette violence ; mais les conseils toujours présents de Tiberge, et mes propres réflexions, m'avaient fait obtenir la victoire. Les derniers mois s'étaient écoulés si tranquillement que je me croyais sur le point d'oublier éternellement cette charmante et perfide créature. Le temps arriva auquel je devais soutenir un exercice public[7] dans l'École de Théologie. Je fis prier plusieurs personnes de considération de m'honorer de leur présence. Mon nom fut ainsi répandu dans tous les quartiers de Paris : il alla jusqu'aux oreilles de mon infidèle. Elle ne le reconnut pas avec certitude sous le titre d'abbé ; mais un reste de curiosité, ou peut-être quelque repentir de m'avoir trahi (je n'ai jamais pu démêler lequel de ces deux sentiments) lui fit prendre intérêt à un nom si semblable au mien ; elle vint en Sorbonne avec quelques autres dames. Elle fut présente à mon exercice, et sans doute qu'elle eut peu de peine à me remettre[8].

Je n'eus pas la moindre connaissance de cette visite. On sait qu'il y a, dans ces lieux, des cabinets particuliers pour les dames, où elles sont cachées derrière une jalousie[9]. Je retournai à Saint-Sulpice, couvert de gloire et chargé de compliments.

Il était six heures du soir. On vint m'avertir, un moment après mon retour, qu'une dame demandait à me voir. J'allai au parloir

La Sorbonne

La Sorbonne est la plus ancienne université parisienne, située dans le Quartier latin. Fondée dès le XIIIe siècle (d'abord comme collège de théologie), elle acquit très tôt une réputation d'excellence au niveau européen.

---

7. Exercice oral que les candidats bacheliers faisaient devant un public, avant les examens.

8. Reconnaître.

9. Fenêtre munie d'un treillis fait de croisillons de bois, qui permettaient de voir l'extérieur sans être vu. Les personnes qui occupent des sortes de loges privées peuvent ainsi assister aux exercices sans être vus des autres.

sur-le-champ. Dieux ! quelle apparition surprenante ! j'y trouvai Manon. C'était elle, mais plus aimable et plus brillante que je ne l'avais jamais vue. Elle était dans sa dix-huitième année. Ses charmes surpassaient tout ce qu'on peut décrire. C'était un air si fin, si doux, si engageant, l'air de l'Amour même. Toute sa figure me parut un enchantement.

Je demeurai interdit à sa vue, et ne pouvant conjecturer[1] quel était le dessein[2] de cette visite, j'attendais, les yeux baissés et avec tremblement, qu'elle s'expliquât. Son embarras fut, pendant quelque temps, égal au mien, mais, voyant que mon silence continuait, elle mit la main devant ses yeux, pour cacher quelques larmes. Elle me dit, d'un ton timide, qu'elle confessait que son infidélité méritait ma haine ; mais que, s'il était vrai que j'eusse jamais eu quelque tendresse pour elle, il y avait eu, aussi, bien de la dureté à laisser passer deux ans sans prendre soin de m'informer de son sort, et qu'il y en avait beaucoup encore à la voir dans l'état où elle était en ma présence, sans lui dire une parole. Le désordre de mon âme, en l'écoutant, ne saurait être exprimé.

Elle s'assit. Je demeurai debout, le corps à demi tourné, n'osant l'envisager[3] directement. Je commençai plusieurs fois une réponse, que je n'eus pas la force d'achever. Enfin, je fis un effort pour m'écrier douloureusement :

– Perfide Manon ! Ah ! perfide[4] ! perfide !

Elle me répéta, en pleurant à chaudes larmes, qu'elle ne prétendait point justifier sa perfidie.

– Que prétendez-vous donc ? m'écriai-je encore.

– Je prétends mourir, répondit-elle, si vous ne me rendez votre cœur, sans lequel il est impossible que je vive.

– Demande donc ma vie, infidèle ! repris-je en versant moi-même des pleurs, que je m'efforçai en vain de retenir. Demande ma vie, qui est l'unique chose qui me reste à te sacrifier ; car mon cœur n'a jamais cessé d'être à toi.

---

1. Deviner, supposer.
2. L'objet.
3. Regarder en face, jeter les yeux sur le visage.
4. Traître, méchante.

À peine eus-je achevé ces derniers mots, qu'elle se leva avec transport pour venir m'embrasser. Elle m'accabla de mille caresses passionnées. Elle m'appela par tous les noms que l'amour invente pour exprimer ses plus vives tendresses. Je n'y répondais encore qu'avec langueur[5]. Quel passage, en effet, de la situation tranquille où j'avais été, aux mouvements tumultueux que je sentais renaître ! J'en étais épouvanté. Je frémissais, comme il arrive lorsqu'on se trouve la nuit dans une campagne écartée : on se croit transporté dans un nouvel ordre de choses ; on y est saisi d'une horreur secrète, dont on ne se remet qu'après avoir considéré longtemps tous les environs.

Nous nous assîmes l'un près de l'autre. Je pris ses mains dans les miennes.

– Ah ! Manon, lui dis-je en la regardant d'un œil triste, je ne m'étais pas attendu à la noire trahison dont vous avez payé mon amour. Il vous était bien facile de tromper un cœur dont vous étiez la souveraine absolue, et qui mettait toute sa félicité à vous plaire et à vous obéir. Dites-moi maintenant si vous en avez trouvé d'aussi tendres et d'aussi soumis. Non, non, la nature n'en fait guère de la même trempe que le mien. Dites-moi, du moins, si vous l'avez quelquefois regretté. Quel fond dois-je faire[6] sur ce retour de bonté qui vous ramène aujourd'hui pour le consoler ? Je ne vois que trop que vous êtes plus charmante que jamais ; mais au nom de toutes les peines que j'ai souffertes pour vous, belle Manon, dites-moi si vous serez plus fidèle.

Elle me répondit des choses si touchantes sur son repentir et elle s'engagea à la fidélité par tant de protestations et de serments, qu'elle m'attendrit à un degré inexprimable.

– Chère Manon ! lui dis-je, avec un mélange profane[7] d'expressions amoureuses et théologiques, tu es trop adorable pour une créature. Je me sens le cœur emporté par une délectation[8] victorieuse.

---

5. Mollesse, indolence.

6. Quelle confiance dois-je avoir.

7. Qui s'oppose au sacré.

8. Plaisir, délice (mais le terme est employé en théologie chrétienne pour dire le plaisir ressenti quand la grâce divine agit sur quelque chose).

Tout ce qu'on dit de la liberté à Saint-Sulpice est une chimère[1]. Je vais perdre ma fortune et ma réputation pour toi, je le prévois bien ; je lis ma destinée dans tes beaux yeux ; mais de quelles pertes ne serai-je pas consolé par ton amour ! Les faveurs de la fortune ne me touchent point ; la gloire me paraît une fumée ; tous mes projets de vie ecclésiastique étaient de folles imaginations ; enfin tous les biens différents de ceux que j'espère avec toi sont des biens méprisables, puisqu'ils ne sauraient tenir un moment, dans mon cœur contre un seul de tes regards. En lui promettant néanmoins un oubli général de ses fautes, je voulus être informé de quelle manière elle s'était laissé séduire par B… Elle m'apprit que, l'ayant vue à sa fenêtre, il était devenu passionné pour elle ; qu'il avait fait sa déclaration en fermier général, c'est-à-dire en lui marquant dans une lettre que le paiement serait proportionné aux faveurs ; qu'elle avait capitulé[2] d'abord[3], mais sans autre dessein[4] que de tirer de lui quelque somme considérable qui pût servir à nous faire vivre commodément ; qu'il l'avait éblouie par de si magnifiques promesses, qu'elle s'était laissé ébranler par degrés[5] ; que je devais juger pourtant de ses remords par la douleur dont elle m'avait laissé voir des témoignages, la veille de notre séparation ; que, malgré l'opulence[6] dans laquelle il l'avait entretenue, elle n'avait jamais goûté de bonheur avec lui, non seulement parce qu'elle n'y trouvait point, me dit-elle, la délicatesse de mes sentiments et l'agrément de mes manières, mais parce qu'au milieu même des plaisirs qu'il lui procurait sans cesse, elle portait, au fond du cœur le souvenir de mon amour et le remords de son infidélité. Elle me parla de Tiberge et de la confusion extrême que sa visite lui avait causée.

– Un coup d'épée dans le cœur, ajouta-t-elle, m'aurait moins ému[7] le sang. Je lui tournai le dos, sans pouvoir soutenir[8] un moment sa présence.

---

1. Vision, illusion.
2. Cédé.
3. Aussitôt.
4. But.
5. Peu à peu, par étapes.
6. Luxe, abondance.
7. Agité.
8. Supporter.

Explication de texte 2

➔ p. 54-56, de « Elle s'assit » à « contre un seul de tes regards » (l. 914 à 967)

Quelle évolution de la relation du couple cette première scène de réconciliation met-elle en évidence ?

SITUER

1 Rappelez brièvement dans quelles circonstances et pour quelles raisons Manon et Des Grieux se sont quittés puis perdus de vue. Quel temps s'est écoulé entre cette rupture et les retrouvailles évoquées ici ? Qui a pris l'initiative de retrouver l'autre ?

2 Quel est l'état d'esprit de Des Grieux avant qu'il revoie Manon au parloir de Saint-Sulpice ?

3 Comparez les phrases des lignes 918 et 956 : comment le narrateur souligne-t-il l'opposition entre deux moments des retrouvailles ?

EXPLIQUER

Un premier tableau : des retrouvailles maladroites ➔ l. 914 à 938

4 Lignes 914 à 915 : que révèlent les postures physiques de chacun des deux personnages ?

5 Quel ton Des Grieux adopte-t-il dans ses premières paroles adressées à Manon ? Justifiez votre réponse.

6 Comment les difficultés de communication entre les deux amants se manifestent-elles au début du passage ? Commentez en particulier l'incompréhension mutuelle que souligne la répétition du verbe *prétendre* (l. 922 à 926).

7 En quoi la réplique de Des Grieux aux lignes 924 à 927 peut-elle paraître hors de propos, sans pertinence ?

8 Commentez précisément l'enchaînement rapide des réactions et des émotions des deux personnages.

9 Quel sentiment de Des Grieux transparaît dans le paysage nocturne évoqué aux lignes 934 à 938 ?

Un second tableau : un couple réuni ➔ l. 939 à 967

10 Montrez que les postures et la gestuelle des personnages manifestent désormais un rapprochement des amants.

11 Relevez, dans la première tirade de Des Grieux, le vocabulaire du discours amoureux conventionnel. Montrez que ce vocabulaire ne suffit pas à cacher l'amertume et l'inquiétude du personnage envers Manon.

12 Comment les paroles de Manon sont-elles rapportées par le narrateur ? En quoi cela contraste-t-il avec les paroles de Des Grieux ? Que révèle ce contraste ?

13 Relevez le vocabulaire religieux dans la seconde tirade de Des Grieux. Pourquoi peut-on dire que le discours du personnage va jusqu'au blasphème ?

14 Comment Des Grieux justifie-t-il finalement sa faiblesse face à Manon ?

CONCLURE

15 Dans quelle mesure peut-on dire que ce passage est théâtral ?

ÉTUDE DE LA LANGUE

Dans l'énoncé suivant : « on y est saisi d'une horreur secrète, dont on ne se remet qu'après avoir considéré longtemps tous les environs » (l. 936-937), repérez et identifiez la proposition subordonnée. Indiquez la nature et la fonction du mot subordonnant.

ÉCRIRE

Rédigez une introduction pour le commentaire linéaire de ce passage.

Elle continua de me raconter par quels moyens elle avait été instruite de mon séjour à Paris, du changement de ma condition, et de mes exercices de Sorbonne. Elle m'assura qu'elle avait été si agitée, pendant la dispute, qu'elle avait eu beaucoup de peine, non seulement à retenir ses larmes, mais ses gémissements mêmes et ses cris, qui avaient été plus d'une fois sur le point d'éclater. Enfin, elle me dit qu'elle était sortie de ce lieu la dernière, pour cacher son désordre, et que, ne suivant que le mouvement de son cœur et l'impétuosité[1] de ses désirs, elle était venue droit au séminaire, avec la résolution d'y mourir si elle ne me trouvait pas disposé à lui pardonner.

Où trouver un barbare qu'un repentir si vif et si tendre n'eût pas touché ? Pour moi, je sentis, dans ce moment, que j'aurais sacrifié pour Manon tous les évêchés du monde chrétien. Je lui demandai quel nouvel ordre elle jugeait à propos de mettre dans nos affaires. Elle me dit qu'il fallait sur-le-champ sortir du séminaire, et remettre à nous arranger[2] dans un lieu plus sûr. Je consentis à toutes ses volontés sans réplique. Elle entra dans son carrosse, pour aller m'attendre au coin de la rue. Je m'échappai un moment après, sans être aperçu du portier. Je montai avec elle. Nous passâmes à la friperie[3]. Je repris les galons[4] et l'épée. Manon fournit aux frais[5], car j'étais sans un sou ; et dans la crainte que je ne trouvasse de l'obstacle à ma sortie de Saint-Sulpice, elle n'avait pas voulu que je retournasse un moment à ma chambre pour y prendre mon argent. Mon trésor d'ailleurs, était médiocre, et elle assez riche des libéralités de B... pour mépriser ce qu'elle me faisait abandonner. Nous conférâmes[6], chez le fripier même, sur le parti que nous allions prendre. Pour me faire valoir davantage le sacrifice qu'elle me faisait de B..., elle résolut de ne pas garder avec lui le moindre ménagement.

– Je veux lui laisser ses meubles, me dit-elle, ils sont à lui ; mais j'emporterai, comme de justice, les bijoux et près de soixante mille francs que j'ai tirés de lui depuis deux ans. Je ne lui ai donné nul

---

1. Violence, emportement.

2. Installer.

3. Commerce où l'on vend de vieux habits raccommodés et de vieux meubles.

4. Ornements vestimentaires, ici probablement liés au statut de chevalier de Des Grieux.

5. Paya la note.

6. Discutâmes.

pouvoir sur moi, ajouta-t-elle ; ainsi nous pouvons demeurer sans crainte à Paris, en prenant une maison commode[1] où nous vivrons heureusement.

Je lui représentai que, s'il n'y avait point de péril pour elle, il y en avait beaucoup pour moi, qui ne manquerais point tôt ou tard d'être reconnu, et qui serais continuellement exposé au malheur que j'avais déjà essuyé. Elle me fit entendre qu'elle aurait du regret à quitter Paris. Je craignais tant de la chagriner, qu'il n'y avait point de hasards que je ne méprisasse pour lui plaire ; cependant, nous trouvâmes un tempérament[2] raisonnable, qui fut de louer une maison dans quelque village voisin de Paris, d'où il nous serait aisé d'aller à la ville lorsque le plaisir ou le besoin nous y appellerait. Nous choisîmes Chaillot, qui n'en est pas éloigné. Manon retourna sur-le-champ chez elle. J'allai l'attendre à la petite porte du jardin des Tuileries[3]. Elle revint une heure après, dans un carrosse de louage[4], avec une fille qui la servait, et quelques malles où ses habits et tout ce qu'elle avait de précieux était renfermé.

Nous ne tardâmes point à gagner Chaillot. Nous logeâmes la première nuit à l'auberge, pour nous donner le temps de chercher une maison, ou du moins un appartement commode. Nous en trouvâmes, dès le lendemain, un de notre goût.

Mon bonheur me parut d'abord établi d'une manière inébranlable. Manon était la douceur et la complaisance même. Elle avait pour moi des attentions si délicates, que je me crus trop parfaitement dédommagé de toutes mes peines. Comme nous avions acquis tous deux un peu d'expérience, nous raisonnâmes sur la solidité de notre fortune. Soixante mille francs, qui faisaient le fond de nos richesses, n'étaient pas une somme qui pût s'étendre autant que le cours d'une longue vie. Nous n'étions pas disposés d'ailleurs à resserrer[5] trop notre dépense. La première vertu de Manon, non plus que la mienne, n'était pas l'économie. Voici le plan que je me proposai :

1. Confortable.
2. Accord.
3. Cette porte donne sur le quai de la Seine.
4. On pouvait louer ces carrosses à la journée, à la semaine ou au mois.
5. Réduire.

Chaillot

Le village de Chaillot, situé sur la colline où se situe aujourd'hui le palais de Chaillot, est à l'époque un village encore distinct de Paris ; son incorporation à la ville ne date que de 1786.

– Soixante mille francs, lui dis-je, peuvent nous soutenir pendant dix ans. Deux mille écus[6] nous suffiront chaque année, si nous continuons de vivre à Chaillot. Nous y mènerons une vie honnête, mais simple. Notre unique dépense sera pour l'entretien d'un carrosse, et pour les spectacles. Nous nous réglerons[7]. Vous aimez l'Opéra : nous irons deux fois la semaine. Pour le jeu, nous nous bornerons tellement que nos pertes ne passeront jamais deux pistoles. Il est impossible que, dans l'espace de dix ans, il n'arrive point de changement dans ma famille ; mon père est âgé, il peut mourir. Je me trouverai du bien, et nous serons alors au-dessus de toutes nos autres craintes.

Cet arrangement n'eût pas été la plus folle action de ma vie, si nous eussions été assez sages pour nous y assujettir constamment. Mais nos résolutions ne durèrent guère plus d'un mois. Manon était passionnée pour le plaisir ; je l'étais pour elle. Il nous naissait, à tous moments, de nouvelles occasions de dépense ; et loin de regretter les sommes qu'elle employait quelquefois avec profusion, je fus le premier à lui procurer tout ce que je croyais propre à lui plaire. Notre demeure de Chaillot commença même à lui devenir à charge. L'hiver approchait ; tout le monde retournait à la ville, et la campagne devenait déserte. Elle me proposa de reprendre une maison à Paris. Je n'y consentis point ; mais, pour la satisfaire en quelque chose, je lui dis que nous pouvions y louer un appartement meublé, et que nous y passerions la nuit lorsqu'il nous arriverait de quitter trop tard l'assemblée[8] où nous allions plusieurs fois la semaine, car l'incommodité de revenir si tard à Chaillot était le prétexte qu'elle apportait pour le vouloir quitter. Nous nous donnâmes ainsi deux logements, l'un à la ville, et l'autre à la campagne. Ce changement mit bientôt le dernier désordre dans nos affaires, en faisant naître deux aventures qui causèrent notre ruine.

Manon avait un frère, qui était garde du corps. Il se trouva malheureusement logé, à Paris, dans la même rue que nous. Il reconnut sa sœur, en la voyant le matin à sa fenêtre. Il accourut aussitôt

6. Deux mille écus équivalent à l'époque à six mille francs, soit environ 142 000 euros actuels...

7. Nous nous imposerons des règles.

8. Réunion de personnes participant à un divertissement (jeu, par exemple).

chez nous. C'était un homme brutal et sans principes d'honneur. Il entra dans notre chambre en jurant horriblement, et comme il savait une partie des aventures de sa sœur, il l'accabla d'injures et de reproches. J'étais sorti un moment auparavant, ce qui fut sans doute un bonheur pour lui ou pour moi, qui n'étais rien moins que disposé à souffrir[1] une insulte. Je ne retournai au logis qu'après son départ. La tristesse de Manon me fit juger qu'il s'était passé quelque chose d'extraordinaire. Elle me raconta la scène fâcheuse qu'elle venait d'essuyer et les menaces brutales de son frère. J'en eus tant de ressentiment, que j'eusse couru sur-le-champ à la vengeance si elle ne m'eût arrêté par ses larmes. Pendant que je m'entretenais avec elle de cette aventure, le garde du corps rentra dans la chambre où nous étions, sans s'être fait annoncer. Je ne l'aurais pas reçu aussi civilement que je fis si je l'eusse connu ; mais, nous ayant salués d'un air riant, il eut le temps de dire à Manon qu'il venait lui faire des excuses de son comportement ; qu'il l'avait crue dans le désordre, et que cette opinion avait allumé sa colère ; mais que, s'étant informé qui j'étais, d'un de nos domestiques, il avait appris de moi des choses si avantageuses, qu'elles lui faisaient désirer de bien vivre avec[2] nous. Quoique cette information, qui lui venait d'un de mes laquais, eût quelque chose de bizarre et de choquant, je reçus son compliment avec honnêteté. Je crus faire plaisir à Manon. Elle paraissait charmée de le voir porté à se réconcilier. Nous le retînmes à dîner. Il se rendit, en peu de moments, si familier que nous ayant entendus parler de notre retour à Chaillot, il voulut absolument nous tenir compagnie. Il fallut lui donner une place dans notre carrosse. Ce fut une prise de possession, car il s'accoutuma bientôt à nous voir avec tant de plaisir qu'il fit sa maison de la nôtre et qu'il se rendit le maître, en quelque sorte, de tout ce qui nous appartenait. Il m'appelait son frère, et sous prétexte de la liberté fraternelle, il se mit sur le pied[3] d'amener tous ses amis dans notre maison de Chaillot, et de les y traiter[4] à nos dépens. Il se fit habiller magnifiquement à nos frais. Il nous engagea même à payer toutes ses dettes. Je fermais les yeux sur cette tyrannie, pour ne pas déplaire à Manon, jusqu'à feindre de ne

1. Supporter.
2. Entretenir de bonnes relations avec.
3. Se prépara à.
4. Recevoir pour des repas, inviter à manger.

pas m'apercevoir qu'il tirait d'elle, de temps en temps, des sommes considérables. Il est vrai qu'étant grand joueur, il avait la fidélité[5] de lui en remettre une partie lorsque la fortune le favorisait ; mais la nôtre était trop médiocre pour fournir longtemps à des dépenses si peu modérées. J'étais sur le point de m'expliquer fortement avec lui, pour nous délivrer de ses importunités, lorsqu'un funeste accident m'épargna cette peine, en nous en causant une autre qui nous abîma[6] sans ressource. Nous étions demeurés un jour à Paris, pour y coucher comme il nous arrivait fort souvent. La servante, qui restait seule à Chaillot dans ces occasions, vint m'avertir, le matin, que le feu avait pris, pendant la nuit, dans ma maison, et qu'on avait eu beaucoup de difficulté à l'éteindre. Je lui demandai si nos meubles avaient souffert quelque dommage ; elle me répondit qu'il y avait eu une si grande confusion, causée par la multitude d'étrangers qui étaient venus au secours, qu'elle ne pouvait être assurée de rien. Je tremblai pour notre argent, qui était renfermé dans une petite caisse[7]. Je me rendis promptement à Chaillot. Diligence[8] inutile ; la caisse avait déjà disparu. J'éprouvai alors qu'on peut aimer l'argent sans être avare. Cette perte me pénétra d'une si vive douleur que j'en pensai perdre la raison. Je compris tout d'un coup à quels nouveaux malheurs j'allais me trouver exposé ; l'indigence était le moindre. Je connaissais Manon ; je n'avais déjà que trop éprouvé que, quelque fidèle et quelque attachée qu'elle me fût dans la bonne fortune, il ne fallait pas compter sur elle dans la misère. Elle aimait trop l'abondance et les plaisirs pour me les sacrifier :

Je la perdrai, m'écriai-je. Malheureux chevalier, tu vas donc perdre encore tout ce que tu aimes !

Cette pensée me jeta dans un trouble si affreux, que je balançai[9], pendant quelques moments, si je ne ferais pas mieux de finir tous mes maux par la mort. Cependant, je conservai assez de présence d'esprit pour vouloir examiner auparavant s'il ne me restait nulle ressource. Le Ciel me fit naître une idée, qui arrêta mon désespoir. Je crus qu'il ne me serait pas impossible de cacher notre perte à

5. La loyauté.
6. Plongea dans la misère, perdit totalement.
7. Coffre.
8. Rapidité, promptitude.
9. Je me demandais.

Manon, et que, par industrie ou par quelque faveur du hasard, je pourrais fournir assez honnêtement à son entretien pour l'empêcher de sentir la nécessité.

J'ai compté, disais-je pour me consoler, que vingt mille écus nous suffiraient pendant dix ans. Supposons que les dix ans soient écoulés, et que nul des changements que j'espérais ne soit arrivé dans ma famille. Quel parti prendrais-je ? Je ne le sais pas trop bien, mais, ce que je ferais alors, qui m'empêche de le faire aujourd'hui ? Combien de personnes vivent à Paris, qui n'ont ni mon esprit, ni mes qualités naturelles, et qui doivent néanmoins leur entretien à leurs talents[1], tels qu'ils les ont ! La Providence[2], ajoutais-je, en réfléchissant sur les différents états de la vie, n'a-t-elle pas arrangé les choses fort sagement ? La plupart des grands et des riches sont des sots : cela est clair à qui connaît un peu le monde[3]. Or il y a là-dedans une justice admirable : s'ils joignaient l'esprit aux richesses, ils seraient trop heureux, et le reste des hommes trop misérable. Les qualités du corps et de l'âme sont accordées à ceux-ci, comme des moyens pour se tirer de la misère et de la pauvreté. Les uns prennent part aux richesses des grands en servant à leurs plaisirs : ils en font des dupes[4] ; d'autres servent à leur instruction : ils tâchent d'en faire d'honnêtes gens ; il est rare, à la vérité, qu'ils y réussissent, mais ce n'est pas là le but de la divine Sagesse : ils tirent toujours un fruit[5] de leurs besoins, qui est de vivre aux dépens de ceux qu'ils instruisent, et de quelque façon qu'on le prenne, c'est un fond[6] excellent de revenu pour les petits, que la sottise des riches et des grands.

Ces pensées me remirent un peu le cœur et la tête. Je résolus d'abord d'aller consulter M. Lescaut, frère de Manon. Il connaissait parfaitement Paris, et je n'avais eu que trop d'occasions de reconnaître que ce n'était ni de son bien ni de la paie du roi qu'il tirait son plus clair revenu. Il me restait à peine vingt pistoles qui s'étaient trouvées heureusement dans ma poche. Je lui montrai ma bourse, en lui expliquant mon malheur et mes craintes, et je lui demandai

1. Capacités que l'on possède dès la naissance.
2. Chez les chrétiens, le fait que Dieu gouverne le monde et y intervient.
3. Ici, société mondaine, que fréquentent les personnes ayant un certain rang social.
4. Personnes crédules, faciles à tromper.
5. Avantage.
6. Source, origine.

s'il y avait pour moi un parti à choisir entre celui de mourir de faim, ou de me casser la tête de désespoir. Il me répondit que se casser la tête était la ressource des sots ; pour mourir de faim, qu'il y avait quantité de gens d'esprit qui s'y voyaient réduits, quand ils ne voulaient pas faire usage de leurs talents ; que c'était à moi d'examiner de quoi j'étais capable ; qu'il m'assurait de son secours[7] et de ses conseils dans toutes mes entreprises.

– Cela est bien vague, monsieur Lescaut, lui dis-je ; mes besoins demanderaient un remède plus présent, car que voulez-vous que je dise à Manon ?

– À propos de Manon, reprit-il, qu'est-ce qui vous embarrasse ? N'avez-vous pas toujours, avec elle, de quoi finir vos inquiétudes quand vous le voudrez ? Une fille comme elle devrait nous entretenir, vous, elle et moi.

Il me coupa la réponse que cette impertinence méritait, pour continuer de me dire qu'il me garantissait avant le soir mille écus à partager entre nous, si je voulais suivre son conseil ; qu'il connaissait un seigneur si libéral[8] sur le chapitre des plaisirs, qu'il était sûr que mille écus ne lui coûteraient rien pour obtenir les faveurs d'une fille telle que Manon. Je l'arrêtai.

– J'avais meilleure opinion de vous, lui répondis-je ; je m'étais figuré que le motif que vous aviez eu, pour m'accorder votre amitié, était un sentiment tout opposé à celui où vous êtes maintenant.

Il me confessa impudemment[9] qu'il avait toujours pensé de même, et que, sa sœur ayant une fois violé les lois de son sexe[10], quoique en faveur de l'homme qu'il aimait le plus, il ne s'était réconcilié avec elle que dans l'espérance de tirer parti de sa mauvaise conduite. Il me fut aisé de juger que jusqu'alors nous avions été ses dupes. Quelque émotion néanmoins que ce discours m'eût causée, le besoin que j'avais de lui m'obligea de répondre, en riant, que son conseil était une dernière ressource qu'il fallait remettre à l'extrémité[11]. Je le priai de m'ouvrir quelque autre voie. Il me proposa de

7. Aide.
8. Enclin à dépenser généreusement.
9. Avec effronterie, avec insolence.
10. C'est-à-dire, selon l'esprit de l'époque, la pudeur : elle se serait mal conduite en ayant des relations avec un homme.
11. Réserver comme ultime solution.

profiter de ma jeunesse et de la figure avantageuse que j'avais reçue de la nature, pour me mettre en liaison avec quelque dame vieille et libérale. Je ne goûtai pas non plus ce parti, qui m'aurait rendu infidèle à Manon. Je lui parlai du jeu, comme du moyen le plus facile, et le plus convenable à ma situation. Il me dit que le jeu, à la vérité, était une ressource, mais que cela demandait d'être expliqué ; qu'entreprendre de jouer simplement, avec les espérances communes, c'était le vrai moyen d'achever ma perte ; que de prétendre exercer seul, et sans être soutenu, les petits moyens qu'un habile homme emploie pour corriger la fortune, était un métier trop dangereux ; qu'il y avait une troisième voie, qui était celle de l'association, mais que ma jeunesse lui faisait craindre que messieurs les Confédérés ne me jugeassent point encore les qualités propres à la Ligue[1]. Il me promit néanmoins ses bons offices[2] auprès d'eux ; et ce que je n'aurais pas attendu de lui, il m'offrit quelque argent, lorsque je me trouverais pressé du besoin. L'unique grâce que je lui demandai, dans les circonstances, fut de ne rien apprendre à Manon de la perte que j'avais faite, et du sujet de notre conversation.

Je sortis de chez lui, moins satisfait encore que je n'y étais entré ; je me repentis même de lui avoir confié mon secret. Il n'avait rien fait, pour moi, que je n'eusse pu obtenir de même sans cette ouverture[3], et je craignais mortellement qu'il ne manquât à la promesse qu'il m'avait faite de ne rien découvrir à Manon. J'avais lieu d'appréhender aussi, par la déclaration de ses sentiments, qu'il ne formât le dessein de tirer parti d'elle, suivant ses propres termes, en l'enlevant de mes mains, ou, du moins, en lui conseillant de me quitter pour s'attacher à quelque amant plus riche et plus heureux. Je fis là-dessus mille réflexions, qui n'aboutirent qu'à me tourmenter et à renouveler le désespoir où j'avais été le matin. Il me vint plusieurs fois à l'esprit d'écrire à mon père, et de feindre une nouvelle conversion, pour obtenir de lui quelque secours d'argent ;

1. Le frère de Manon propose à Des Grieux de s'associer à une bande de malfaiteurs qui trichent aux jeux d'argent, et qu'il appelle, par ironie, les « confédérés » de « La Ligue », comme la Ligue d'Augsbourg, alliance politique et militaire formée en 1686 entre de nombreux pays européens contre le roi de France Louis XIV.

2. Proposa de jouer les intermédiaires pour se mettre d'accord.

3. Confidence.

mais je me rappelai aussitôt que, malgré toute sa bonté, il m'avait resserré[4] six mois dans une étroite prison, pour ma première faute ; j'étais bien sûr qu'après un éclat tel que l'avait dû causer ma fuite de Saint-Sulpice, il me traiterait beaucoup plus rigoureusement. Enfin, cette confusion de pensées en produisit une qui remit le calme tout d'un coup dans mon esprit, et que je m'étonnai de n'avoir pas eue plus tôt, ce fut de recourir à mon ami Tiberge, dans lequel j'étais bien certain de retrouver toujours le même fond de zèle[5] et d'amitié.

Rien n'est plus admirable, et ne fait plus d'honneur à la vertu, que la confiance avec laquelle on s'adresse aux personnes dont on connaît parfaitement la probité[6]. On sent qu'il n'y a point de risque à courir. Si elles ne sont pas toujours en état d'offrir du secours, on est sûr qu'on en obtiendra du moins de la bonté et de la compassion. Le cœur, qui se ferme avec tant de soin au reste des hommes, s'ouvre naturellement en leur présence, comme une fleur s'épanouit à la lumière du soleil, dont elle n'attend qu'une douce influence.

Je regardai comme un effet de la protection du Ciel de m'être souvenu si à propos de Tiberge et je résolus de chercher les moyens de le voir avant la fin du jour. Je retournai sur-le-champ au logis, pour lui écrire un mot, et lui marquer[7] un lieu propre à notre entretien. Je lui recommandais le silence et la discrétion, comme un des plus importants services qu'il pût me rendre dans la situation de mes affaires. La joie que l'espérance de le voir m'inspirait effaça les traces du chagrin que Manon n'aurait pas manqué d'apercevoir sur mon visage. Je lui parlai de notre malheur de Chaillot comme d'une bagatelle qui ne devait pas l'alarmer ; et Paris étant le lieu du monde où elle se voyait avec le plus de plaisir, elle ne fut pas fâchée de m'entendre dire qu'il était à propos d'y demeurer jusqu'à ce qu'on eût réparé à Chaillot quelques légers effets de l'incendie. Une heure après, je reçus la réponse de Tiberge, qui me promettait de se rendre au lieu de l'assignation[8]. J'y courus avec impatience. Je sentais néanmoins quelque honte d'aller paraître aux yeux d'un ami, dont la seule présence devait être un reproche de mes désordres,

---

4. Retenu.
5. Dévouement.
6. Intégrité, honnêteté scrupuleuse.
7. Indiquer, spécifier.
8. Rendez-vous.

mais l'opinion que j'avais de la bonté de son cœur et l'intérêt de Manon soutinrent ma hardiesse.

Je l'avais prié de se trouver au jardin du Palais-Royal. Il y était avant moi. Il vint m'embrasser, aussitôt qu'il m'eut aperçu. Il me tint serré longtemps entre ses bras, et je sentis mon visage mouillé de ses larmes. Je lui dis que je ne me présentais à lui qu'avec confusion, et que je portais dans le cœur un vif sentiment de mon ingratitude ; que la première chose dont je le conjurais[1] était de m'apprendre s'il m'était encore permis de le regarder comme mon ami, après avoir mérité si justement de perdre son estime et son affection. Il me répondit, du ton le plus tendre, que rien n'était capable de le faire renoncer à cette qualité ; que mes malheurs mêmes, et si je lui permettais de le dire, mes fautes et mes désordres, avaient redoublé sa tendresse pour moi ; mais que c'était une tendresse mêlée de la plus vive douleur, telle qu'on la sent pour une personne chère, qu'on voit toucher à sa perte sans pouvoir la secourir.

Nous nous assîmes sur un banc.

– Hélas ! lui dis-je, avec un soupir parti du fond du cœur, votre compassion doit être excessive, mon cher Tiberge ; si vous m'assurez qu'elle est égale à mes peines. J'ai honte de vous les laisser voir, car je confesse que la cause n'en est pas glorieuse, mais l'effet en est si triste qu'il n'est pas besoin de m'aimer autant que vous faites pour en être attendri.

Il me demanda, comme une marque d'amitié, de lui raconter sans déguisement ce qui m'était arrivé depuis mon départ de Saint-Sulpice. Je le satisfis ; et loin d'altérer quelque chose à la vérité, ou de diminuer mes fautes pour les faire trouver plus excusables, je lui parlai de ma passion avec toute la force qu'elle m'inspirait. Je la lui représentai comme un de ces coups particuliers du destin qui s'attache à la ruine d'un misérable, et dont il est aussi impossible à la vertu de se défendre qu'il l'a été à la sagesse de les prévoir. Je lui fis

Le Palais-Royal

Le Palais-Royal, construit à Paris sur l'ordre de Richelieu en 1626, possède un jardin public qui deviendra très à la mode après la mort de Louis XIV (1715). Philippe d'Orléans en est le propriétaire depuis 1692 et y réside ; devenu Régent (1715-1723), il y organise des fêtes. Mais on peut estimer qu'à ce moment de l'intrigue on se situe encore en 1714.

1. Suppliais.

une vive peinture[2] de mes agitations, de mes craintes, du désespoir où j'étais deux heures avant que de le voir et de celui dans lequel j'allais retomber, si j'étais abandonné par mes amis aussi impitoyablement que par la fortune[3] ; enfin, j'attendris tellement le bon Tiberge, que je le vis aussi affligé par la compassion que je l'étais par le sentiment de mes peines. Il ne se lassait point de m'embrasser et de m'exhorter à[4] prendre du courage et de la consolation, mais, comme il supposait toujours qu'il fallait me séparer de Manon, je lui fis entendre nettement que c'était cette séparation même que je regardais comme la plus grande de mes infortunes, et que j'étais disposé à souffrir, non seulement le dernier excès de la misère, mais la mort la plus cruelle, avant que de recevoir un remède plus insupportable que tous mes maux ensemble.

– Expliquez-vous donc, me dit-il : quelle espèce de secours suis-je capable de vous donner si vous vous révoltez contre toutes mes propositions ?

Je n'osais lui déclarer que c'était de sa bourse que j'avais besoin. Il le comprit pourtant à la fin, et m'ayant confessé qu'il croyait m'entendre, il demeura quelque temps suspendu[5], avec l'air d'une personne qui balance[6].

– Ne croyez pas, reprit-il bientôt, que ma rêverie vienne d'un refroidissement de zèle et d'amitié. Mais à quelle alternative me réduisez-vous, s'il faut que je vous refuse le seul secours que vous voulez accepter ou que je blesse mon devoir en vous l'accordant ? car n'est-ce pas prendre part à votre désordre, que de vous y faire persévérer ? Cependant, continua-t-il après avoir réfléchi un moment, je m'imagine que c'est peut-être l'état violent où l'indigence[7] vous jette, qui ne vous laisse pas assez de liberté pour choisir le meilleur parti ; il faut un esprit tranquille pour goûter la sagesse et la vérité. Je trouverai le moyen de vous faire avoir quelque argent. Permettez-moi, mon cher Chevalier, ajouta-t-il en m'embrassant[8],

2. Description.

3. Destin (mais Prévost joue sur l'ambiguïté du terme, qui renvoie aussi à la ruine de Des Grieux).

4. Inciter à.

5. Qui semble différer ce qu'il a à dire.

6. Hésite.

7. Pauvreté, dénuement.

8. En me prenant dans ses bras.

d'y mettre seulement une condition : c'est que vous m'apprendrez le lieu de votre demeure, et que vous souffrirez[1] que je fasse du moins mes efforts pour vous ramener à la vertu, que je sais que vous aimez, et dont il n'y a que la violence de vos passions qui vous écarte.

Je lui accordai sincèrement tout ce qu'il souhaitait, et je le priai de plaindre la malignité[2] de mon sort, qui me faisait profiter si mal des conseils d'un ami si vertueux. Il me mena aussitôt chez un banquier de sa connaissance, qui m'avança cent pistoles sur son billet[3], car il n'était rien moins qu'en argent comptant. J'ai déjà dit qu'il n'était pas riche. Son bénéfice[4] valait mille écus, mais, comme c'était la première année qu'il le possédait, il n'avait encore rien touché du revenu : c'était sur les fruits[5] futurs qu'il me faisait cette avance.

Je sentis tout le prix de sa générosité. J'en fus touché, jusqu'au point de déplorer l'aveuglement d'un amour fatal, qui me faisait violer tous les devoirs. La vertu eut assez de force pendant quelques moments pour s'élever dans mon cœur contre ma passion, et j'aperçus du moins, dans cet instant de lumière, la honte et l'indignité de mes chaînes. Mais ce combat fut léger et dura peu. La vue de Manon m'aurait fait précipiter du ciel, et je m'étonnai, en me retrouvant près d'elle, que j'eusse pu traiter un moment de honteuse une tendresse si juste pour un objet si charmant.

Manon était une créature d'un caractère extraordinaire. Jamais fille n'eut moins d'attachement qu'elle pour l'argent, mais elle ne pouvait être tranquille un moment, avec la crainte d'en manquer. C'était du plaisir et des passe-temps qu'il lui fallait. Elle n'eût jamais voulu toucher un sou, si l'on pouvait se divertir sans qu'il en coûte. Elle ne s'informait pas même quel était le fonds de nos richesses, pourvu qu'elle pût passer agréablement la journée, de sorte que, n'étant ni excessivement livrée au jeu ni capable d'être éblouie par le faste[6] des grandes dépenses, rien n'était plus facile que de la satisfaire, en lui faisant naître tous les jours des amusements de son goût. Mais c'était une chose si nécessaire pour elle, d'être ainsi

1. Permettrez.
2. Caractère de ce qui cause du mal.
3. Promesse écrite par laquelle on s'engage à payer une somme d'argent.
4. Revenu versé par l'Église à celui qui assume une charge spirituelle.
5. Revenus, bénéfices financiers.
6. Luxe apparent, ostentatoire.

occupée par le plaisir qu'il n'y avait pas le moindre fond à faire[7], sans cela, sur son humeur et sur ses inclinations. Quoiqu'elle m'aimât tendrement, et que je fusse le seul, comme elle en convenait volontiers, qui pût lui faire goûter parfaitement les douceurs de l'amour, j'étais presque certain que sa tendresse ne tiendrait point contre de certaines craintes. Elle m'aurait préféré à toute la terre avec une fortune médiocre ; mais je ne doutais nullement qu'elle ne m'abandonnât pour quelque nouveau B… lorsqu'il ne me resterait que de la constance et de la fidélité à lui offrir. Je résolus donc de régler si bien ma dépense particulière que je fusse toujours en état de fournir aux siennes, et de me priver plutôt de mille choses nécessaires que de la borner même pour le superflu. Le carrosse m'effrayait plus que tout le reste ; car il n'y avait point d'apparence[8] de pouvoir entretenir des chevaux et un cocher. Je découvris ma peine à M. Lescaut. Je ne lui avais point caché que j'eusse reçu cent pistoles d'un ami. Il me répéta que, si je voulais tenter le hasard du jeu, il ne désespérait point qu'en sacrifiant de bonne grâce une centaine de francs pour traiter ses associés, je ne pusse être admis, à sa recommandation, dans la Ligue de l'Industrie. Quelque répugnance que j'eusse à tromper, je me laissai entraîner par une cruelle nécessité.

M. Lescaut me présenta, le soir même, comme un de ses parents ; il ajouta que j'étais d'autant mieux disposé à réussir que j'avais besoin des plus grandes faveurs de la fortune. Cependant, pour faire connaître que ma misère n'était pas celle d'un homme de néant[9], il leur dit que j'étais dans le dessein de leur donner à souper. L'offre fut acceptée. Je les traitai[10] magnifiquement. On s'entretint longtemps de la gentillesse[11] de ma figure et de mes heureuses dispositions. On prétendit qu'il y avait beaucoup à espérer de moi, parce qu'ayant quelque chose dans la physionomie qui sentait l'honnête homme, personne ne se défierait de mes artifices. Enfin, on rendit grâce à M. Lescaut d'avoir procuré à l'Ordre un novice de mon mérite, et l'on chargea un des chevaliers de me donner, pendant quelques jours, les instructions nécessaires. Le principal théâtre de mes

7. La moindre confiance à avoir.
8. Vraisemblance.
9. Homme de rien, méprisable.
10. Offris un repas, reçus à manger.
11. Délicatesse.

exploits devait être l'hôtel de Transylvanie, où il y avait une table de pharaon[1] dans une salle et divers autres jeux de cartes et de dés dans la galerie. Cette académie[2] se tenait au profit de M. le prince de R…, qui demeurait alors à Clagny[3], et la plupart de ses officiers étaient de notre société. Le dirai-je à ma honte ? Je profitai en peu de temps des leçons de mon maître. J'acquis surtout beaucoup d'habileté à faire une volte-face, à filer la carte[4], et m'aidant fort bien d'une longue paire de manchettes, j'escamotais[5] assez légèrement pour tromper les yeux des plus habiles, et ruiner sans affectation[6] quantité d'honnêtes joueurs. Cette adresse extraordinaire hâta si fort les progrès de ma fortune, que je me trouvai en peu de semaines des sommes considérables, outre celles que je partageais de bonne foi avec mes associés. Je ne craignis plus, alors, de découvrir à Manon notre perte de Chaillot, et, pour la consoler en lui apprenant cette fâcheuse nouvelle, je louai une maison garnie, où nous nous établîmes avec un air d'opulence[7] et de sécurité.

Tiberge n'avait pas manqué, pendant ce temps-là, de me rendre de fréquentes visites. Sa morale ne finissait point. Il recommençait sans cesse à me représenter le tort que je faisais à ma conscience, à mon honneur et à ma fortune. Je recevais ses avis avec amitié, et quoique je n'eusse pas la moindre disposition à les suivre, je lui savais bon gré de son zèle, parce que j'en connaissais la source. Quelquefois je le raillais agréablement, dans la présence[8] même de Manon, et je l'exhortais à n'être pas plus scrupuleux qu'un grand nombre d'évêques et d'autres prêtres, qui savent accorder fort bien une maîtresse avec un bénéfice.

---

1. Jeu de cartes et d'argent, très en vogue à la cour de Louis XIV et qui, malgré son interdiction officielle en 1719, continua à être à la mode tout au long du XVIIIe siècle.
2. Lieu où l'on joue publiquement.
3. François Rakoczy, en effet, s'était installé dans le village de Clagny, près de Versailles, pour être près de la cour de Louis XIV.
4. Repérer des cartes au toucher grâce à des marques qu'elles portent, au moment de les distribuer.
5. Trichais grâce à des tours de main.
6. Sans le faire paraître.
7. Richesse, luxe.
8. En présence de.

L'hôtel de Transylvanie

Le mot « hôtel » désigne une grande maison, ou « hôtel particulier ». Situé sur le quai Malaquais, celui-ci était habité depuis 1713 par l'aristocrate hongrois François II Rakoczy, en exil. Manquant d'argent, il accepta que ses hommes y ouvrent une maison de jeu clandestine.

– Voyez, lui disais-je, en lui montrant les yeux de la mienne, et dites-moi s'il y a des fautes qui ne soient pas justifiées par une si belle cause.

Il prenait patience. Il la poussa même assez loin ; mais lorsqu'il vit que mes richesses augmentaient, et que non seulement je lui avais restitué ses cent pistoles, mais qu'ayant loué une nouvelle maison et doublé ma dépense, j'allais me replonger plus que jamais dans les plaisirs, il changea entièrement de ton et de manières. Il se plaignit de mon endurcissement ; il me menaça des châtiments du Ciel, et il me prédit une partie des malheurs qui ne tardèrent guère à m'arriver.

– Il est impossible, me dit-il, que les richesses qui servent à l'entretien de vos désordres vous soient venues par des voies légitimes. Vous les avez acquises injustement ; elles vous seront ravies de même. La plus terrible punition de Dieu serait de vous en laisser jouir tranquillement. Tous mes conseils, ajouta-t-il, vous ont été inutiles ; je ne prévois que trop qu'ils vous seraient bientôt importuns[9]. Adieu, ingrat et faible ami. Puissent vos criminels plaisirs s'évanouir comme une ombre ! Puissent votre fortune et votre argent périr sans ressource, et vous rester seul et nu, pour sentir la vanité des biens qui vous ont follement enivré ! C'est alors que vous me trouverez disposé à vous aimer et à vous servir mais je romps aujourd'hui tout commerce[10] avec vous, et je déteste la vie que vous menez.

Ce fut dans ma chambre, aux yeux de Manon, qu'il me fit cette harangue[11] apostolique[12]. Il se leva pour se retirer. Je voulus le retenir mais je fus arrêté par Manon, qui me dit que c'était un fou qu'il fallait laisser sortir.

Son discours ne laissa pas de faire quelque impression sur moi. Je remarque ainsi les diverses occasions où mon cœur sentit un retour vers le bien, parce que c'est à ce souvenir que j'ai dû ensuite une partie de ma force dans les plus malheureuses circonstances

---

9. Qui gênent, qui dérangent.

10. Relation amicale.

11. Discours long et ennuyeux.

12. Ici, par ironie, digne d'un apôtre, d'une personne qui veut propager la doctrine religieuse. Tel un prêtre, Tiberge veut ramener son ami à une vie plus conforme à la morale.

de ma vie. Les caresses de Manon dissipèrent, en un moment, le chagrin que cette scène m'avait causé. Nous continuâmes de mener une vie toute composée de plaisir et d'amour. L'augmentation de nos richesses redoubla notre affection ; Vénus et la Fortune n'avaient point d'esclaves plus heureux et plus tendres. Dieux ! pourquoi nommer le monde un lieu de misères, puisqu'on y peut goûter de si charmantes délices[1] ? Mais, hélas ! leur faible[2] est de passer trop vite. Quelle autre félicité voudrait-on se proposer si elles étaient de nature à durer toujours ? Les nôtres eurent le sort commun, c'est-à-dire de durer peu, et d'être suivies par des regrets amers. J'avais fait, au jeu, des gains si considérables, que je pensais à placer une partie de mon argent. Mes domestiques n'ignoraient pas mes succès, surtout mon valet de chambre et la suivante[3] de Manon, devant lesquels nous nous entretenions souvent sans défiance. Cette fille était jolie ; mon valet en était amoureux. Ils avaient affaire à des maîtres jeunes et faciles[4], qu'ils s'imaginèrent pouvoir tromper aisément. Ils en conçurent le dessein, et ils l'exécutèrent si malheureusement pour nous, qu'ils nous mirent dans un état dont il ne nous a jamais été possible de nous relever.

M. Lescaut nous ayant un jour donné à souper, il était environ minuit lorsque nous retournâmes au logis. J'appelai mon valet, et Manon sa femme de chambre ; ni l'un ni l'autre ne parurent. On nous dit qu'ils n'avaient point été vus dans la maison depuis huit heures, et qu'ils étaient sortis après avoir fait transporter quelques caisses, suivant les ordres qu'ils disaient avoir reçus de moi. Je pressentis une partie de la vérité, mais je ne formai point de soupçons qui ne fussent surpassés par ce que j'aperçus en entrant dans ma chambre. La serrure de mon cabinet[5] avait été forcée, et mon argent enlevé, avec tous mes habits. Dans le temps que je réfléchissais, seul, sur cet accident, Manon vint, tout effrayée, m'apprendre qu'on avait fait le

1. Au féminin pluriel, plaisirs qui exaltent, transportent.
2. Faiblesse.
3. Servante.
4. Complaisants, qu'il est aisé de diriger ou de convaincre.
5. Ici, cabinet de travail : petite pièce qui sert de bureau.

Vénus et Fortuna

Dans la mythologie romaine, Vénus est la déesse de l'amour et de la beauté féminine (elle est assimilée à la déesse grecque Aphrodite). Fortuna est la divinité italique de la chance, elle représente ce qui, dans le destin, demeure inconnu des êtres humains. Elle a pour attribut le plus fréquent une roue.

même ravage dans son appartement[6]. Le coup me parut si cruel qu'il n'y eut qu'un effort extraordinaire de raison qui m'empêcha de me livrer aux cris et aux pleurs. La crainte de communiquer mon désespoir à Manon me fit affecter[7] de prendre un visage tranquille. Je lui dis, en badinant[8], que je me vengerais sur quelque dupe à l'hôtel de Transylvanie. Cependant, elle me sembla si sensible à notre malheur que sa tristesse eut bien plus de force pour m'affliger, que ma joie feinte n'en avait eu pour l'empêcher d'être trop abattue.

– Nous sommes perdus ! me dit-elle, les larmes aux yeux.

Je m'efforçai en vain de la consoler par mes caresses ; mes propres pleurs trahissaient mon désespoir et ma consternation. En effet, nous étions ruinés si absolument, qu'il ne nous restait pas une chemise. Je pris le parti d'envoyer chercher sur-le-champ M. Lescaut. Il me conseilla d'aller à l'heure même, chez M. le Lieutenant de Police et M. le Grand Prévôt de Paris[9]. J'y allai, mais ce fut pour mon plus grand malheur ; car outre que cette démarche et celles que je fis faire à ces deux officiers de justice ne produisirent rien, je donnai le temps à Lescaut d'entretenir sa sœur, et de lui inspirer, pendant mon absence, une horrible résolution. Il lui parla de M. de G… M…, vieux voluptueux[10], qui payait prodiguement[11] les plaisirs, et il lui fit envisager tant d'avantages à se mettre à sa solde[12], que, troublée comme elle était par notre disgrâce, elle entra dans tout ce qu'il entreprit de lui persuader. Cet honorable marché fut conclu avant mon retour, et l'exécution remise au lendemain, après que Lescaut aurait prévenu M. de G… M… Je le trouvai qui m'attendait au logis ; mais Manon s'était couchée dans son appartement, et elle avait donné ordre à son laquais de me dire qu'ayant besoin d'un peu de repos, elle me priait de la laisser seule pendant cette nuit. Lescaut me quitta, après m'avoir offert quelques pistoles que j'acceptai.

---

6. Ensemble de pièces destinées à un usage privé (chambre, cabinet, antichambre…).

7. Adopter ostentatoirement une attitude différente de ce qui est ressenti.

8. En plaisantant avec légèreté.

9. Le Lieutenant de Police, depuis 1667, est celui qui dirige la police, garantit la sécurité d'une ville et gère les prisons d'État (telle la Bastille) ; le Grand Prévôt de Paris est une autorité qui représente la justice royale dans la capitale.

10. Personne qui aime et recherche les plaisirs charnels.

11. Largement, sans compter.

12. À son service en échange d'une rémunération.

Il était près de quatre heures, lorsque je me mis au lit, et m'y étant encore occupé longtemps des moyens de rétablir ma fortune, je m'endormis si tard, que je ne pus me réveiller que vers onze heures ou midi. Je me levai promptement pour aller m'informer de la santé de Manon ; on me dit qu'elle était sortie, une heure auparavant, avec son frère, qui l'était venu prendre dans un carrosse de louage. Quoiqu'une telle partie, faite avec Lescaut, me parût mystérieuse, je me fis violence pour suspendre mes soupçons. Je laissai couler quelques heures, que je passai à lire. Enfin, n'étant plus le maître de mon inquiétude, je me promenai à grands pas dans nos appartements. J'aperçus, dans celui de Manon, une lettre cachetée qui était sur sa table. L'adresse était à moi[1], et l'écriture de sa main. Je l'ouvris avec un frisson mortel ; elle était dans ces termes :

Je te jure, mon cher Chevalier, que tu es l'idole de mon cœur et qu'il n'y a que toi au monde que je puisse aimer de la façon dont je t'aime ; mais ne vois-tu pas, ma pauvre chère âme, que, dans l'état où nous sommes réduits, c'est une sotte vertu que la fidélité ? Crois-tu qu'on puisse être bien tendre lorsqu'on manque de pain ? La faim me causerait quelque méprise fatale ; je rendrais quelque jour le dernier soupir, en croyant en pousser un d'amour. Je t'adore, compte là-dessus ; mais laisse-moi, pour quelque temps, le ménagement[2] de notre fortune. Malheur à qui va tomber dans mes filets ! Je travaille pour rendre mon chevalier riche et heureux. Mon frère t'apprendra des nouvelles de ta Manon, et qu'elle a pleuré de la nécessité de te quitter.

Je demeurai, après cette lecture, dans un état qui me serait difficile à décrire car j'ignore encore aujourd'hui par quelle espèce de sentiments je fus alors agité. Ce fut une de ces situations uniques auxquelles on n'a rien éprouvé qui soit semblable. On ne saurait les expliquer aux autres, parce qu'ils n'en ont pas l'idée ; et l'on a peine à se les bien démêler à soi-même, parce qu'étant seules de leur espèce, cela ne se lie à rien dans la mémoire, et ne peut même être rapproché d'aucun sentiment connu. Cependant, de quelque nature que fussent les miens, il est certain qu'il devait y entrer de la douleur, du dépit, de la jalousie et de la honte. Heureux s'il n'y fût pas entré encore plus d'amour !

---

1. La mienne.

2. Soin d'administrer, d'acquérir et de gérer.

Elle m'aime, je le veux croire ; mais ne faudrait-il pas, m'écriai-je, qu'elle fût un monstre pour me haïr ? Quels droits eut-on jamais sur un cœur que je n'aie pas sur le sien ? Que me reste-t-il à faire pour elle, après tout ce que je lui ai sacrifié ? Cependant elle m'abandonne ! et l'ingrate se croit à couvert de mes reproches en me disant qu'elle ne cesse pas de m'aimer ! Elle appréhende la faim. Dieu d'amour ! quelle grossièreté de sentiments ! et que c'est répondre mal à ma délicatesse ! Je ne l'ai pas appréhendée, moi qui m'y expose si volontiers pour elle en renonçant à ma fortune et aux douceurs de la maison de mon père ; moi qui me suis retranché[3] jusqu'au nécessaire pour satisfaire ses petites humeurs et ses caprices. Elle m'adore, dit-elle. Si tu m'adorais, ingrate, je sais bien de qui tu aurais pris des conseils ; tu ne m'aurais pas quitté, du moins, sans me dire adieu. C'est à moi qu'il faut demander quelles peines cruelles on sent à se séparer de ce qu'on adore. Il faudrait avoir perdu l'esprit pour s'y exposer volontairement.

Mes plaintes furent interrompues par une visite à laquelle je ne m'attendais pas. Ce fut celle de Lescaut.

– Bourreau ! lui dis-je en mettant l'épée à la main, où est Manon ? qu'en as-tu fait ?

Ce mouvement[4] l'effraya ; il me répondit que, si c'était ainsi que je le recevais lorsqu'il venait me rendre compte du service le plus considérable qu'il eût pu me rendre, il allait se retirer et ne remettrait jamais le pied chez moi. Je courus à la porte de la chambre, que je fermai soigneusement.

– Ne t'imagine pas, lui dis-je en me tournant vers lui, que tu puisses me prendre encore une fois pour dupe et me tromper par des fables[5]. Il faut défendre ta vie, ou me faire retrouver Manon.

– Là ! que vous êtes vif ! repartit-il ; c'est l'unique sujet qui m'amène. Je viens vous annoncer un bonheur auquel vous ne pensez pas, et pour lequel vous reconnaîtrez peut-être que vous m'avez quelque obligation.

Je voulus être éclairci sur-le-champ. Il me raconta que Manon, ne pouvant soutenir la crainte de la misère, et surtout l'idée d'être

3. Privé de.
4. Brusque agitation.
5. Histoires inventées, mensonges.

obligée tout d'un coup à la réforme de notre équipage[1], l'avait prié de lui procurer la connaissance de M. de G… M…, qui passait pour un homme généreux. Il n'eut garde de me dire que le conseil était venu de lui, ni qu'il eût préparé les voies, avant que de l'y conduire.

Je l'y ai menée ce matin, continua-t-il, et cet honnête homme a été si charmé de son mérite, qu'il l'a invitée d'abord à lui tenir compagnie à sa maison de campagne, où il est allé passer quelques jours. Moi, ajouta Lescaut, qui ai pénétré[2] tout d'un coup de quel avantage cela pouvait être pour vous, je lui ai fait entendre adroitement que Manon avait essuyé des pertes considérables, et j'ai tellement piqué sa générosité, qu'il a commencé par lui faire un présent de deux cents pistoles. Je lui ai dit que cela était honnête pour le présent, mais que l'avenir amènerait à ma sœur de grands besoins ; qu'elle s'était chargée, d'ailleurs, du soin d'un jeune frère, qui nous était resté sur les bras après la mort de nos père et mère, et que, s'il la croyait digne de son estime, il ne la laisserait pas souffrir dans ce pauvre enfant qu'elle regardait comme la moitié d'elle-même. Ce récit n'a pas manqué de l'attendrir. Il s'est engagé à louer une maison commode, pour vous et pour Manon, car c'est vous-même qui êtes ce pauvre petit frère orphelin. Il a promis de vous meubler[3] proprement, et de vous fournir, tous les mois, quatre cents bonnes livres, qui en feront, si je compte bien, quatre mille huit cents à la fin de chaque année. Il a laissé ordre à son intendant, avant que de partir pour sa campagne, de chercher une maison, et de la tenir prête pour son retour. Vous reverrez alors Manon, qui m'a chargé de vous embrasser mille fois pour elle, et de vous assurer qu'elle vous aime plus que jamais.

Je m'assis, en rêvant à cette bizarre disposition de mon sort. Je me trouvai dans un partage de sentiments, et par conséquent dans une incertitude si difficile à terminer que je demeurai longtemps sans répondre à quantité de questions que Lescaut me faisait l'une sur l'autre. Ce fut, dans ce moment, que l'honneur et la vertu me

1. Renoncement à la possession d'un carrosse.
2. Perçu, deviné.
3. Fournir tout ce qui rend confortable une habitation, y compris le linge de maison et parfois des vêtements.

Usages de la maison de campagne

L'aristocratie du début du XVIIIe siècle développe le goût des maisons de campagne, aux environs de Paris, dans lesquelles on peut organiser des réceptions, mais aussi se retirer pour des moments intimes avec un amant ou une maîtresse.

firent sentir encore les pointes du remords, et que je jetai les yeux, en soupirant, vers Amiens, vers la maison de mon père, vers Saint-Sulpice et vers tous les lieux où j'avais vécu dans l'innocence. Par quel immense espace n'étais-je pas séparé de cet heureux état ! Je ne le voyais plus que de loin, comme une ombre qui s'attirait encore mes regrets et mes désirs, mais trop faible pour exciter mes efforts.

Par quelle fatalité, disais-je, suis-je devenu si criminel ? L'amour est une passion innocente ; comment s'est-il changé, pour moi, en une source de misères et de désordres ? Qui m'empêchait de vivre tranquille et vertueux avec Manon ? Pourquoi ne l'épousais-je point, avant que d'obtenir rien de son amour ? Mon père, qui m'aimait si tendrement, n'y aurait-il pas consenti si je l'en eusse pressé avec des instances[4] légitimes ? Ah ! mon père l'aurait chérie lui-même, comme une fille charmante, trop digne d'être la femme de son fils ; je serais heureux avec l'amour de Manon, avec l'affection de mon père, avec l'estime des honnêtes gens, avec les biens de la fortune et la tranquillité de la vertu. Revers funeste ! Quel est l'infâme personnage qu'on vient ici me proposer ? Quoi ! j'irai partager… Mais y a-t-il à balancer si c'est Manon qui l'a réglé, et si je la perds sans cette complaisance ?

– Monsieur Lescaut, m'écriai-je en fermant les yeux, comme pour écarter de si chagrinantes réflexions, si vous avez eu dessein de me servir, je vous rends grâces. Vous auriez pu prendre une voie plus honnête ; mais c'est une chose finie, n'est-ce pas ? Ne pensons donc plus qu'à profiter de vos soins et à remplir votre projet.

Lescaut, à qui ma colère, suivie d'un fort long silence, avait causé de l'embarras, fut ravi de me voir prendre un parti tout différent de celui qu'il avait appréhendé sans doute ; il n'était rien moins que brave[5], et j'en eus de meilleures preuves dans la suite.

Un greluchon

Ce terme, attesté dès 1725, désignait l'amant de cœur d'une femme qu'un autre homme paye et entretient pour obtenir ses faveurs sexuelles. Comme son dérivé féminin « greluche », qui désigne une jeune femme de mœurs légères, le terme est familier et péjoratif. Le mot vient de saint Greluchon, un saint imaginaire de la région du Berry censé guérir la stérilité…

4. Requêtes, sollicitations pressantes.

5. Courageux.

– Oui, oui, se hâta-t-il de me répondre, c'est un fort bon service que je vous ai rendu, et vous verrez que nous en tirerons plus d'avantages que vous ne vous y attendez.

Nous concertâmes de quelle manière nous pourrions prévenir les défiances que M. de G… M… pouvait concevoir de notre fraternité, en me voyant plus grand et un peu plus âgé peut-être qu'il ne se l'imaginait. Nous ne trouvâmes point d'autre moyen, que de prendre devant lui un air simple et provincial, et de lui faire croire que j'étais dans le dessein d'entrer dans l'état ecclésiastique, et que j'allais pour cela tous les jours au collège. Nous résolûmes aussi que je me mettrais fort mal, la première fois que je serais admis à l'honneur de le saluer. Il revint à la ville trois ou quatre jours après ; il conduisit lui-même Manon dans la maison que son intendant avait eu soin de préparer. Elle fit avertir aussitôt Lescaut de son retour ; et celui-ci m'en ayant donné avis, nous nous rendîmes tous deux chez elle. Le vieil amant en était déjà sorti.

Malgré la résignation avec laquelle je m'étais soumis à ses volontés, je ne pus réprimer le murmure de mon cœur en la revoyant. Je lui parus triste et languissant. La joie de la retrouver ne l'emportait pas tout à fait sur le chagrin de son infidélité. Elle, au contraire, paraissait transportée du plaisir de me revoir. Elle me fit des reproches de ma froideur. Je ne pus m'empêcher de laisser échapper les noms de perfide et d'infidèle, que j'accompagnai d'autant de soupirs. Elle me railla d'abord de ma simplicité[1] ; mais, lorsqu'elle vit mes regards s'attacher toujours tristement sur elle, et la peine que j'avais à digérer un changement si contraire à mon humeur et à mes désirs, elle passa seule dans son cabinet. Je la suivis un moment après. Je l'y trouvai tout en pleurs ; je lui demandai ce qui les causait.

– Il t'est bien aisé de le voir, me dit-elle, comment veux-tu que je vive, si ma vue n'est plus propre qu'à te causer un air sombre et chagrin ? Tu ne m'as pas fait une seule caresse, depuis une heure que

1. Innocence, naïveté.

tu es ici, et tu as reçu les miennes avec la majesté du Grand Turc au sérail.

– Écoutez, Manon, lui répondis-je en l'embrassant, je ne puis vous cacher que j'ai le cœur mortellement affligé. Je ne parle point à présent des alarmes[2] où votre fuite imprévue m'a jeté, ni de la cruauté que vous avez eue de m'abandonner sans un mot de consolation, après avoir passé la nuit dans un autre lit que moi. Le charme de votre présence m'en ferait bien oublier davantage. Mais croyez-vous que je puisse penser sans soupirs, et même sans larmes, continuai-je en en versant quelques-unes, à la triste et malheureuse vie que vous voulez que je mène dans cette maison ? Laissons ma naissance[3] et mon honneur à part : ce ne sont plus des raisons si faibles qui doivent entrer en concurrence avec un amour tel que le mien ; mais cet amour même, ne vous imaginez-vous pas qu'il gémit de se voir si mal récompensé, ou plutôt traité si cruellement par une ingrate et dure maîtresse ?...

Elle m'interrompit :

– ... Tenez, dit-elle, mon chevalier, il est inutile de me tourmenter par des reproches qui me percent le cœur lorsqu'ils viennent de vous. Je vois ce qui vous blesse. J'avais espéré que vous consentiriez au projet que j'avais fait pour rétablir un peu notre fortune, et c'était pour ménager votre délicatesse que j'avais commencé à l'exécuter sans votre participation ; mais j'y renonce, puisque vous ne l'approuvez pas.

Elle ajouta qu'elle ne me demandait qu'un peu de complaisance[4], pour le reste du jour ; qu'elle avait déjà reçu deux cents pistoles de son vieil amant, et qu'il lui avait promis de lui apporter le soir un beau collier de perles avec d'autres bijoux, et par-dessus cela, la moitié de la pension annuelle qu'il lui avait promise.

Le sérail

L'imaginaire européen, au tournant des XVIIe et XVIIIe siècle, est fasciné par l'Orient, notamment par le sérail ou le harem, dans lequel on projette des fantasmes sexuels, mais aussi politiques (autoritarisme et indifférence du maître envers ses femmes soumises). Les récits de voyageurs et d'orientalistes (B. d'Herbelot, J. Chardin) et la traduction des contes des *Mille et Une Nuits* (1704-1717) par A. Galland nourrissent une rêverie littéraire, qui transparaît par exemple dans le roman des *Lettres persanes* (1721) de Montesquieu.

2. Fortes inquiétudes.
3. Mon rang dans la noblesse.
4. Déférence à la volonté d'autrui pour lui plaire, acceptation de ses sentiments.

– Laissez-moi seulement le temps, me dit-elle, de recevoir ses présents[1] ; je vous jure qu'il ne pourra se vanter des avantages que je lui ai donnés sur moi, car je l'ai remis jusqu'à présent à la ville[2]. Il est vrai qu'il m'a baisé plus d'un million de fois les mains ; il est juste qu'il paie ce plaisir, et ce ne sera point trop que cinq ou six mille francs, en proportionnant le prix à ses richesses et à son âge.

Sa résolution me fut beaucoup plus agréable que l'espérance des cinq mille livres. J'eus lieu de reconnaître que mon cœur n'avait point encore perdu tout sentiment d'honneur puisqu'il était si satisfait d'échapper à l'infamie[3]. Mais j'étais né pour les courtes joies et les longues douleurs. La Fortune ne me délivrera d'un précipice que pour me faire tomber dans un autre. Lorsque j'eus marqué à Manon, par mille caresses, combien je me croyais heureux de son changement, je lui dis qu'il fallait en instruire M. Lescaut, afin que nos mesures se prissent de concert. Il en murmura[4] d'abord ; mais les quatre ou cinq mille livres d'argent comptant le firent entrer gaiement dans nos vues. Il fut donc réglé que nous nous trouverions tous à souper avec M. de G… M…, et cela pour deux raisons : l'une, pour nous donner le plaisir d'une scène agréable en me faisant passer pour un écolier[5], frère de Manon ; l'autre, pour empêcher ce vieux libertin de s'émanciper[6] trop avec ma maîtresse, par le droit qu'il croirait s'être acquis en payant si libéralement[7] d'avance. Nous devions nous retirer, Lescaut et moi, lorsqu'il monterait à la chambre où il comptait de passer la nuit ; et Manon, au lieu de le suivre, nous promit de sortir et de la venir passer avec moi. Lescaut se chargea du soin d'avoir exactement un carrosse à la porte.

L'heure du souper étant venue, M. de G… M… ne se fit pas attendre longtemps. Lescaut était avec sa sœur dans la salle. Le

1. Cadeaux.
2. J'ai différé mes faveurs jusqu'au moment de revenir à Paris.
3. Situation où l'on est injurié, où l'on subit un affront, un déshonneur.
4. Il s'en plaignit timidement.
5. Étudiant de l'université.
6. Ici, prendre des libertés, se croire autorisé à des gestes déplacés.
7. Généreusement, largement.

Les libertins au XVIIIe siècle

Au XVIIe siècle, le terme « libertin » désigne d'abord un libre penseur, qui défie les autorités morales et religieuses. Mais dès le début du XVIIIe siècle, le mot désigne principalement une personne aux mœurs dissolues, un débauché qui recherche les plaisirs charnels. Le libertinage devient un mode de vie, décrit dans de nombreux romans (*Les Égarements du cœur et de l'esprit* de Crébillon fils, paru en 1736-1738, ou, plus tard, *Les Liaisons dangereuses* de P. Choderlos de Laclos, paru en 1782).

premier compliment du vieillard fut d'offrir à sa belle un collier des bracelets et des pendants de perles[8], qui valaient au moins mille écus. Il lui compta ensuite, en beaux louis d'or la somme de deux mille quatre cents livres, qui faisaient la moitié de la pension. Il assaisonna son présent de quantité de douceurs dans le goût de la vieille Cour[9]. Manon ne put lui refuser quelques baisers ; c'était autant de droits qu'elle acquérait sur l'argent qu'il lui mettait entre les mains. J'étais à la porte, où je prêtais l'oreille, en attendant que Lescaut m'avertît d'entrer. Il vint me prendre par la main, lorsque Manon eut serré l'argent et les bijoux, et me conduisant vers M. de G… M…, il m'ordonna de lui faire la révérence. J'en fis deux ou trois des plus profondes.

– Excusez, monsieur, lui dit Lescaut, c'est un enfant fort neuf[10]. Il est bien éloigné, comme vous voyez, d'avoir les airs de Paris ; mais nous espérons qu'un peu d'usage le façonnera. Vous aurez l'honneur de voir ici souvent monsieur, ajouta-t-il en se tournant vers moi ; faites bien votre profit d'un si bon modèle.

Le vieil amant parut prendre plaisir à me voir. Il me donna deux ou trois petits coups sur la joue, en me disant que j'étais un joli garçon, mais qu'il fallait être sur mes gardes à Paris, où les jeunes gens se laissent aller facilement à la débauche. Lescaut l'assura que j'étais naturellement si sage, que je ne parlais que de me faire prêtre, et que tout mon plaisir était à faire de petites chapelles[11].

– Je lui trouve l'air de Manon, reprit le vieillard en me haussant le menton avec la main.

Je répondis d'un air niais :

– Monsieur, c'est que nos deux chairs se touchent de bien proche ; aussi, j'aime ma sœur Manon comme un autre moi-même.

– L'entendez-vous ? dit-il à Lescaut, il a de l'esprit. C'est dommage que cet enfant-là n'ait pas un peu plus de monde[12].

– Ho ! monsieur, repris-je, j'en ai vu beaucoup chez nous dans les églises, et je crois bien que j'en trouverai, à Paris, de plus sots que moi.

---

8. Boucles d'oreille ornées de perles.
9. Marques de politesse démodées.
10. Simple, nigaud.
11. Fabriquer de petits autels pour la prière.
12. Qu'il n'ait pas plus d'expérience des manières de la bonne société.

– Voyez, ajouta-t-il, cela est admirable pour un enfant de province.

Toute notre conversation fut à peu près du même goût, pendant le souper Manon, qui était badine[1], fut sur le point, plusieurs fois, de gâter tout par ses éclats de rire. Je trouvai l'occasion, en soupant, de lui raconter sa propre histoire, et le mauvais sort lui le menaçait. Lescaut et Manon tremblaient pendant mon récit, surtout lorsque je faisais son portrait au naturel ; mais l'amour-propre l'empêcha de s'y reconnaître, et je l'achevai si adroitement, qu'il fut le premier à le trouver fort risible. Vous verrez que ce n'est pas sans raison que je me suis étendu sur cette ridicule[2] scène. Enfin, l'heure du sommeil étant arrivée, il parla d'amour et d'impatience. Nous nous retirâmes, Lescaut et moi ; on le conduisit à sa chambre, et Manon, étant sortie sous prétexte d'un besoin, nous vint joindre à la porte. Le carrosse, qui nous attendait trois ou quatre maisons plus bas, s'avança pour nous recevoir. Nous nous éloignâmes en un instant du quartier.

Quoiqu'à mes propres yeux cette action fût une véritable friponnerie[3], ce n'était pas la plus injuste que je crusse avoir à me reprocher. J'avais plus de scrupule sur l'argent que j'avais acquis au jeu. Cependant nous profitâmes aussi peu de l'un que de l'autre, et le Ciel permit que la plus légère de ces deux injustices fût la plus rigoureusement punie.

M. de G… M… ne tarda pas longtemps à s'apercevoir qu'il était dupé. Je ne sais s'il fit, dès le soir même, quelques démarches pour nous découvrir, mais il eut assez de crédit pour n'en pas faire longtemps d'inutiles, et nous assez d'imprudence pour compter trop sur la grandeur de Paris et sur l'éloignement qu'il y avait de notre quartier au sien. Non seulement il fut informé de notre demeure et de nos affaires présentes, mais il apprit aussi qui j'étais, la vie que j'avais menée à Paris, l'ancienne liaison de Manon avec B…, la tromperie qu'elle lui avait faite, en un mot, toutes les parties scandaleuses de notre histoire. Il prit là-dessus la résolution de nous faire arrêter et de nous traiter moins comme des criminels que comme de fieffés[4] libertins.

1. D'humeur à plaisanter, à s'amuser.
2. Plaisante, propre à faire rire.
3. Action malhonnête.
4. Accomplis, parfaits.

Explication de texte 3

➔ p. 83-84, de « J'étais à la porte » à « Nous nous éloignâmes en un instant du quartier. » (l. 1749 à 1790)

Dans quelle mesure cet épisode est-il comique ?

SITUER

1 Rappelez brièvement la situation : qu'ont manigancé les amants et le frère de Manon pour voler M. de G... M... et se moquer de lui ?

2 Que sait-on de M. de G... M... ? En quoi les trois complices peuvent-ils croire tenir en lui une victime facile à tromper et sans défense ?

EXPLIQUER

La présentation de Des Grieux ➔ l. 1749 à 1764

3 Montrez, en analysant le premier paragraphe du passage, comment est orchestré le mauvais tour joué à M. de G... M...

4 Expliquez en quoi la présentation de Des Grieux par Lescaut est très habile.

5 Quelle attitude M. de G... M... adopte-t-il face à Des Grieux ? Pourquoi cela rend-il le personnage antipathique ?

Le plaisir du double sens ➔ l. 1765 à 1784

6 Quel est le double sens des réponses que Des Grieux fait aux questions de M. de G... M... ? Pourquoi celui-ci n'est-il pas en mesure de comprendre les sous-entendus du chevalier ?

7 Quel plaisir ou quelle satisfaction Des Grieux cherche-t-il en jouant ainsi avec le langage ?

Un épisode dramatique ou comique ? ➔ l. 1784 à 1790

8 Des Grieux déclare : « Vous verrez que ce n'est pas sans raison que je me suis étendu sur cette ridicule scène » (l. 1784-1785) ? Rappelez quelles conséquences ce mauvais tour joué au vieux débauché aura sur l'avenir de Manon et de son amant.

9 Montrez que le passage s'achève sur une véritable scène de farce, au comique plutôt grossier.

CONCLURE

10 Montrez que la plaisanterie orchestrée par les trois complices aux dépens de M. de G... M... est un épisode divertissant.

11 Dans quelle mesure ce passage montre-t-il également que Des Grieux est sur le chemin du vice et de la friponnerie ?

ÉTUDE DE LA LANGUE

« [...] et je l'achevai si adroitement, qu'il fut le premier à le trouver fort risible » (l. 1783-1784) : quelle est la valeur de la proposition subordonnée ?

ENQUÊTER

Recherchez des informations sur le roman libertin du XVIIIe siècle, chez des auteurs comme Crébillon, Vivant Denon ou Choderlos de Laclos. Quels éléments permettent d'apparenter le passage étudié à ce genre romanesque ?

Nous étions encore au lit, lorsqu'un exempt[1] de police entra dans notre chambre avec une demi-douzaine de gardes. Ils se saisirent d'abord de notre argent, ou plutôt de celui de M. de G… M…, et nous ayant fait lever brusquement, ils nous conduisirent à la porte, où nous trouvâmes deux carrosses, dans l'un desquels la pauvre Manon fut enlevée sans explication, et moi traîné dans l'autre à Saint-Lazare. Il faut avoir éprouvé de tels revers, pour juger du désespoir qu'ils peuvent causer. Nos gardes eurent la dureté de ne me pas permettre d'embrasser Manon, ni de lui dire une parole. J'ignorai longtemps ce qu'elle était devenue. Ce fut sans doute un bonheur pour moi de ne l'avoir pas su d'abord, car une catastrophe si terrible m'aurait fait perdre le sens[2] et, peut-être, la vie.

Ma malheureuse maîtresse fut donc enlevée, à mes yeux, et menée dans une retraite[3] que j'ai horreur de nommer. Quel sort pour une créature toute charmante, qui eût occupé le premier trône du monde, si tous les hommes eussent eu mes yeux et mon cœur ! On ne l'y traita pas barbarement ; mais elle fut resserrée dans une étroite prison, seule, et condamnée à remplir tous les jours une certaine tâche de travail, comme une condition nécessaire pour obtenir quelque dégoûtante nourriture. Je n'appris ce triste détail que longtemps après, lorsque j'eus essuyé moi-même plusieurs mois d'une rude et ennuyeuse pénitence[4]. Mes gardes ne m'ayant point averti non plus du lieu où ils avaient ordre de me conduire, je ne connus mon destin qu'à la porte de Saint-Lazare. J'aurais préféré la mort, dans ce moment, à l'état où je me crus prêt[5] de tomber. J'avais de terribles idées de cette maison. Ma frayeur augmenta lorsqu'en

1. Agent placé sous les ordres du prévôt, l'officier de gendarmerie.
2. Perdre la raison, devenir fou.
3. Lieu où l'on s'isole. Ici, il s'agit de l'hôpital de la Salpêtrière (voir p. 23).
4. Châtiment, punition.
5. Curieusement, l'auteur écrit de nouveau « prêt » là où l'on attendrait plutôt « près ».

Saint-Lazare

Il s'agit d'une ancienne léproserie (un lieu où les lépreux étaient isolés), située hors de Paris sur la route de Saint-Denis ; cédée au XVIIe siècle à la congrégation religieuse de saint Vincent de Paul, elle devient un lieu d'internement des jeunes gens nobles dont les parents voulaient faire cesser les désordres (dettes de jeu, débauche, etc.) ou des prêtres au comportement condamnable. Pendant la Révolution française, elle deviendra une prison.

entrant les gardes visitèrent une seconde fois mes poches, pour s'assurer qu'il ne me restait ni armes, ni moyen de défense. Le supérieur parut à l'instant ; il était prévenu sur mon arrivée ; il me salua avec beaucoup de douceur.

– Mon Père, lui dis-je, point d'indignités[1]. Je perdrai mille vies avant que d'en souffrir une.

– Non, non, monsieur, me répondit-il ; vous prendrez une conduite sage, et nous serons contents l'un de l'autre.

Il me pria de monter dans une chambre haute[2]. Je le suivis sans résistance. Les archers nous accompagnèrent jusqu'à la porte, et le supérieur y étant entré avec moi, leur fit signe de se retirer.

– Je suis donc votre prisonnier ! lui dis-je. Eh bien, mon Père, que prétendez-vous faire de moi ?

Il me dit qu'il était charmé de me voir prendre un ton raisonnable ; que son devoir serait de travailler à m'inspirer le goût de la vertu et de la religion, et le mien, de profiter de ses exhortations et de ses conseils ; que, pour peu que je voulusse répondre aux attentions qu'il aurait pour moi, je ne trouverais que du plaisir dans ma solitude.

– Ah ! du plaisir ! repris-je ; vous ne savez pas, mon père, l'unique chose qui est capable de m'en faire goûter !

– Je le sais, reprit-il ; mais j'espère que votre inclination changera.

Sa réponse me fit comprendre qu'il était instruit de mes aventures, et peut-être de mon nom. Je le priai de m'éclaircir[3]. Il me dit naturellement qu'on l'avait informé de tout.

Cette connaissance fut le plus rude de tous mes châtiments. Je me mis à verser un ruisseau de larmes, avec toutes les marques d'un affreux désespoir. Je ne pouvais me consoler d'une humiliation qui allait me rendre la fable[4] de toutes les personnes de ma connaissance, et la honte de ma famille. Je passai ainsi huit jours dans le plus profond abattement sans être capable de rien entendre, ni de

---

1. Des Grieux pense à des châtiments corporels tels que le fouet qui ne seraient pas dignes d'un jeune homme noble.
2. Située au plus haut étage.
3. M'expliquer la vérité, lever mes doutes.
4. Risée, sujet de moquerie.

m'occuper d'autre chose que de mon opprobre[5]. Le souvenir même de Manon n'ajoutait rien à ma douleur. Il n'y entrait, du moins, que comme un sentiment qui avait précédé cette nouvelle peine, et la passion dominante de mon âme était la honte et la confusion.

Il y a peu de personnes qui connaissent la force de ces mouvements particuliers du cœur. Le commun des hommes n'est sensible qu'à cinq ou six passions, dans le cercle desquelles leur vie se passe, et où toutes leurs agitations se réduisent. Ôtez-leur l'amour et la haine, le plaisir et la douleur, l'espérance et la crainte, ils ne sentent plus rien. Mais les personnes d'un caractère plus noble peuvent être remuées de mille façons différentes ; il semble qu'elles aient plus de cinq sens, et qu'elles puissent recevoir des idées et des sensations qui passent les bornes ordinaires de la nature ; et comme elles ont un sentiment de cette grandeur qui les élève au-dessus du vulgaire[6], il n'y a rien dont elles soient plus jalouses. De là vient qu'elles souffrent si impatiemment le mépris et la risée, et que la honte est une de leurs plus violentes passions.

J'avais ce triste avantage à Saint-Lazare. Ma tristesse parut si excessive au supérieur qu'en appréhendant les suites[7], il crut devoir me traiter avec beaucoup de douceur et d'indulgence. Il me visitait deux ou trois fois le jour. Il me prenait souvent avec lui, pour faire un tour de jardin, et son zèle s'épuisait en exhortations et en avis salutaires[8]. Je les recevais avec douceur ; je lui marquais même de la reconnaissance. Il en tirait l'espoir de ma conversion.

– Vous êtes d'un naturel si doux et si aimable, me dit-il un jour, que je ne puis comprendre les désordres dont on vous accuse. Deux choses m'étonnent : l'une, comment, avec de si bonnes qualités, vous avez pu vous livrer à l'excès du libertinage[9] ; et l'autre que j'admire encore plus, comment vous recevez si volontiers mes conseils et mes instructions, après avoir vécu plusieurs années dans l'habitude du désordre. Si c'est repentir, vous êtes un exemple

---

5. Humiliation, honte.

6. Commun des mortels, ensemble des gens sans élévation.

7. Conséquences (ici par exemple les envies de suicide).

8. Qui visent à sauver une âme.

9. Débauche sexuelle.

signalé[1] des miséricordes[2] du Ciel ; si c'est bonté naturelle, vous avez du moins un excellent fond de caractère, qui me fait espérer que nous n'aurons pas besoin de vous retenir ici longtemps, pour vous ramener à une vie honnête et réglée.

Je fus ravi de lui voir cette opinion de moi. Je résolus de l'augmenter par une conduite qui pût le satisfaire entièrement, persuadé que c'était le plus sûr moyen d'abréger ma prison. Je lui demandai des livres. Il fut surpris que, m'ayant laissé le choix de ceux que je voulais lire, je me déterminai pour quelques auteurs sérieux. Je feignis de m'appliquer à l'étude avec le dernier attachement[3], et je lui donnai ainsi, dans toutes les occasions, des preuves du changement qu'il désirait.

Cependant il n'était qu'extérieur. Je dois le confesser à ma honte, je jouai, à Saint-Lazare, un personnage d'hypocrite. Au lieu d'étudier, quand j'étais seul, je ne m'occupais qu'à gémir de ma destinée ; je maudissais ma prison et la tyrannie qui m'y retenait. Je n'eus pas plutôt quelque relâche du côté de cet accablement où m'avait jeté la confusion, que je retombai dans les tourments de l'amour. L'absence de Manon, l'incertitude de son sort, la crainte de ne la revoir jamais étaient l'unique objet de mes tristes méditations. Je me la figurais dans les bras de G… M…, car c'était la pensée que j'avais eue d'abord ; et, loin de m'imaginer qu'il lui eût fait le même traitement qu'à moi, j'étais persuadé qu'il ne m'avait fait éloigner que pour la posséder tranquillement. Je passais ainsi des jours et des nuits dont la longueur me paraissait éternelle. Je n'avais d'espérance que dans le succès de mon hypocrisie. J'observais soigneusement le visage et les discours du supérieur pour m'assurer de ce qu'il pensait de moi, et je me faisais une étude de lui plaire, comme à l'arbitre[4] de ma destinée. Il me fut aisé de reconnaître que j'étais parfaitement dans ses bonnes grâces. Je ne doutai plus qu'il ne fût disposé à me rendre service.

1. Notable, remarquable.
2. Bontés, indulgences.
3. Avec la plus grande concentration, le soin le plus extrême.
4. Juge, maître.

Un personnage d'hypocrite

Ce mot qui vient du bas latin *hypocrita*, « mime », issu du grec ancien *hupokritês*, « acteur, personne qui donne la réplique ». Cependant, dès le grec, le mot avait le sens moral de « personne fourbe, trompeuse ».

Je pris un jour la hardiesse de lui demander si c'était de lui que mon élargissement[5] dépendait. Il me dit qu'il n'en était pas absolument le maître, mais que, sur son témoignage, il espérait que M. de G… M…, à la sollicitation duquel M. le lieutenant général de police m'avait fait renfermer, consentirait à me rendre la liberté.

– Puis-je me flatter, repris-je doucement, que deux mois de prison, que j'ai déjà essuyés, lui paraîtront une expiation[6] suffisante ? Il me promit de lui en parler si je le souhaitais. Je le priai instamment de me rendre ce bon office. Il m'apprit, deux jours après, que G… M… avait été si touché du bien qu'il avait entendu de moi, que non seulement il paraissait être dans le dessein de me laisser voir le jour, mais qu'il avait même marqué beaucoup d'envie de me connaître plus particulièrement, et qu'il se proposait de me rendre une visite dans ma prison. Quoique sa présence ne pût m'être agréable, je la regardais comme un acheminement[7] prochain à ma liberté.

Il vint effectivement à Saint-Lazare. Je lui trouvai l'air plus grave et moins sot qu'il ne l'avait eu dans la maison de Manon. Il me tint quelques discours de bon sens sur ma mauvaise conduite. Il ajouta, pour justifier apparemment ses propres désordres, qu'il était permis à la faiblesse des hommes de se procurer certains plaisirs que la nature exige, mais que la friponnerie et les artifices honteux méritaient d'être punis. Je l'écoutai avec un air de soumission dont il parut satisfait. Je ne m'offensai pas même de lui entendre lâcher quelques railleries sur ma fraternité avec Lescaut et Manon, et sur les petites chapelles dont il supposait, me dit-il, que j'avais dû faire un grand nombre à Saint-Lazare, puisque je trouvais tant de plaisir à cette pieuse[8] occupation. Mais il lui échappa, malheureusement pour lui et pour moi-même, de me dire que Manon en aurait fait aussi, sans doute, de fort jolies à l'hôpital. Malgré le frémissement

5. Libération.

6. Punition qui permet de se racheter.

7. Préalable, préparation.

8. Inspirée par un sentiment de piété, de ferveur religieuse.

Les lettres de cachet

On comprend que Des Grieux et Manon ont été arrêtés à la demande d'un plaignant, sans jugement ; après une enquête, le lieutenant général de Police pouvait signer la lettre de cachet, c'est-à-dire un ordre d'internement ou d'incarcération placé sous l'autorité royale, par procuration. Cet ordre, cacheté pour être tenu secret, permettait souvent des arrestations arbitraires de personnes gênantes.

que le nom d'hôpital me causa, j'eus encore le pouvoir de le prier, avec douceur de s'expliquer.

– Hé oui ! reprit-il, il y a deux mois qu'elle apprend la sagesse à l'Hôpital général, et je souhaite qu'elle en ait tiré autant de profit que vous à Saint-Lazare.

Quand j'aurais eu une prison éternelle[1], ou la mort même présente à mes yeux, je n'aurais pas été le maître de mon transport[2], à cette affreuse nouvelle. Je me jetai sur lui avec une si affreuse rage que j'en perdis la moitié de mes forces. J'en eus assez néanmoins pour le renverser par terre, et pour le prendre à la gorge. Je l'étranglais, lorsque le bruit de sa chute, et quelques cris aigus, que je lui laissais à peine la liberté de pousser attirèrent le supérieur et plusieurs religieux dans ma chambre. On le délivra de mes mains. J'avais presque perdu moi-même la force et la respiration.

– Ô Dieu ! m'écriai-je, en poussant mille soupirs ; justice du Ciel ! faut-il que je vive un moment, après une telle infamie ?

Je voulus me jeter encore sur le barbare qui venait de m'assassiner. On m'arrêta. Mon désespoir, mes cris et mes larmes passaient toute imagination. Je fis des choses si étonnantes, que tous les assistants, qui en ignoraient la cause, se regardaient les uns les autres avec autant de frayeur que de surprise. M. de G… M… rajustait pendant ce temps-là sa perruque et sa cravate[3], et dans le dépit[4] d'avoir été si maltraité, il ordonnait au supérieur de me resserrer plus étroitement que jamais, et de me punir par tous les châtiments qu'on sait être propres à Saint-Lazare.

– Non, monsieur, lui dit le supérieur ; ce n'est point avec une personne de la naissance de M. le chevalier que nous en usons de cette manière. Il est si doux, d'ailleurs, et si honnête, que j'ai peine à comprendre qu'il se soit porté à cet excès sans de fortes raisons.

Cette réponse acheva de déconcerter M. de G… M… Il sortit en disant qu'il saurait faire plier et le supérieur, et moi, et tous ceux qui oseraient lui résister.

---

1. Même si j'avais été condamné à la prison à perpétuité…
2. Émotion.
3. À cette époque, sorte de foulard noué autour du cou.
4. Chagrin mêlé de colère, amertume.

Le supérieur, ayant ordonné à ses religieux de le conduire, demeura seul avec moi. Il me conjura de lui apprendre promptement d'où venait ce désordre.

– Ô mon Père, lui dis-je, en continuant de pleurer comme un enfant, figurez-vous la plus horrible cruauté, imaginez-vous la plus détestable de toutes les barbaries, c'est l'action que l'indigne G… M… a eu la lâcheté de commettre. Oh ! il m'a percé le cœur Je n'en reviendrai jamais. Je veux vous raconter tout, ajoutai-je en sanglotant. Vous êtes bon, vous aurez pitié de moi.

Je lui fis un récit abrégé de la longue et insurmontable passion que j'avais pour Manon, de la situation florissante de notre fortune avant que nous eussions été dépouillés par nos propres domestiques, des offres que G… M… avait faites à ma maîtresse, de la conclusion de leur marché, et de la manière dont il avait été rompu. Je lui représentai les choses, à la vérité, du côté le plus favorable pour nous :

– Voilà, continuai-je, de quelle source est venu le zèle de M. de G… M… pour ma conversion. Il a eu le crédit[5] de me faire ici renfermer par un pur motif de vengeance. Je lui pardonne, mais, mon Père, ce n'est pas tout : il a fait enlever cruellement la plus chère moitié de moi-même, il l'a fait mettre honteusement à l'Hôpital, il a eu l'impudence[6] de me l'annoncer aujourd'hui de sa propre bouche. À l'Hôpital, mon Père ! Ô Ciel ! ma charmante maîtresse, ma chère reine à l'Hôpital, comme la plus infâme de toutes les créatures ! Où trouverai-je assez de force pour ne pas mourir de douleur et de honte ?

Le bon père, me voyant dans cet excès d'affliction[7], entreprit de me consoler. Il me dit qu'il n'avait jamais compris mon aventure de la manière dont je la racontais ; qu'il avait su, à la vérité, que je vivais dans le désordre, mais qu'il s'était figuré que ce qui avait obligé M. de G… M… d'y prendre intérêt, était quelque liaison d'estime et d'amitié avec ma famille ; qu'il ne s'en était expliqué à lui-même que sur ce pied[8] ; que ce que je venais de lui apprendre mettrait beaucoup de changement dans mes affaires, et qu'il ne doutait point

---

5. Pouvoir, influence que l'on a grâce à la confiance que l'on inspire à autrui.

6. Effronterie qui choque par son manque d'honnêteté, de pudeur.

7. Détresse, abattement.

8. De cette manière, en se fondant sur ces suppositions.

que le récit qu'il avait dessein d'en faire à M. le lieutenant général de police ne pût contribuer à ma liberté. Il me demanda ensuite pourquoi je n'avais pas encore pensé à donner de mes nouvelles à ma famille, puisqu'elle n'avait point eu de part à ma captivité. Je satisfis à cette objection par quelques raisons prises de la douleur que j'avais appréhendé de causer à mon père, et de la honte que j'en aurais ressentie moi-même. Enfin il me promit d'aller de ce pas chez le lieutenant de police, ne fût-ce, ajouta-t-il, que pour prévenir[1] quelque chose de pis[2], de la part de M. de G… M… qui est sorti de cette maison fort mal satisfait, et qui est assez considéré pour se faire redouter.

J'attendis le retour du père avec toutes les agitations d'un malheureux qui touche au moment de sa sentence. C'était pour moi un supplice inexprimable de me représenter Manon à l'Hôpital. Outre l'infamie de cette demeure, j'ignorais de quelle manière elle y était traitée, et le souvenir de quelques particularités que j'avais entendues de cette maison d'horreur renouvelait à tous moments mes transports. J'étais tellement résolu de la secourir à quelque prix et par quelque moyen que ce pût être, que j'aurais mis le feu à Saint-Lazare, s'il m'eût été impossible d'en sortir autrement. Je réfléchis donc sur les voies que j'avais à prendre, s'il arrivait que le lieutenant général de police continuât de m'y retenir malgré moi. Je mis mon industrie[3] à toutes les épreuves ; je parcourus toutes les possibilités. Je ne vis rien qui pût m'assurer d'une évasion certaine, et je craignis d'être renfermé plus étroitement si je faisais une tentative malheureuse. Je me rappelai le nom de quelques amis, de qui je pouvais espérer du secours ; mais quel moyen de leur faire savoir ma situation ? Enfin, je crus avoir formé un plan si adroit qu'il pourrait réussir et je remis à l'arranger encore mieux après le retour du père supérieur, si l'inutilité de sa démarche me le rendait nécessaire. Il ne tarda point à revenir. Je ne vis pas, sur son visage, les marques de joie qui accompagnent une bonne nouvelle.

– J'ai parlé, me dit-il, à M. le lieutenant général de police, mais je lui ai parlé trop tard. M. de G… M… l'est allé voir en sortant d'ici, et

1. Empêcher par avance, prendre des précautions pour éviter quelque chose.
2. De pire, de plus mauvais.
3. Ingéniosité, habileté à imaginer.

l'a si fort prévenu[4] contre vous, qu'il était sur le point de m'envoyer de nouveaux ordres pour vous resserrer davantage. Cependant, lorsque je lui ai appris le fond de vos affaires, il a paru s'adoucir beaucoup, et riant un peu de l'incontinence[5] du vieux M. de G... M..., il m'a dit qu'il fallait vous laisser ici six mois pour le satisfaire ; d'autant mieux, a-t-il dit, que cette demeure ne saurait vous être inutile. Il m'a recommandé de vous traiter honnêtement, et je vous réponds que vous ne vous plaindrez point de mes manières.

Cette explication du bon supérieur fut assez longue pour me donner le temps de faire une sage réflexion. Je conçus que je m'exposerais à renverser[6] mes desseins si je lui marquais trop d'empressement pour ma liberté. Je lui témoignai, au contraire, que dans la nécessité de demeurer, c'était une douce consolation pour moi d'avoir quelque part à son estime. Je le priai ensuite, sans affectation, de m'accorder une grâce, qui n'était de nulle importance pour personne, et qui servirait beaucoup à ma tranquillité ; c'était de faire avertir un de mes amis, un saint ecclésiastique qui demeurait à Saint-Sulpice, que j'étais à Saint-Lazare, et de permettre que je reçusse quelquefois sa visite. Cette faveur me fut accordée sans délibérer. C'était mon ami Tiberge dont il était question ; non que j'espérasse de lui les secours nécessaires pour ma liberté, mais je voulais l'y faire servir comme un instrument éloigné, sans qu'il en eût même connaissance. En un mot, voici mon projet : je voulais écrire à Lescaut et le charger, lui et nos amis communs, du soin de me délivrer. La première difficulté était de lui faire tenir ma lettre ; ce devait être l'office[7] de Tiberge. Cependant, comme il le connaissait pour le frère de ma maîtresse, je craignais qu'il n'eût peine à se charger de cette commission. Mon dessein était de renfermer ma lettre à Lescaut dans une autre lettre que je devais adresser à un honnête homme de ma connaissance, en le priant de rendre promptement la première à son adresse, et comme il était nécessaire que je visse Lescaut pour nous accorder dans nos mesures[8], je voulais lui

---

4. Mis dans une disposition d'esprit défavorable.
5. Absence de retenue (ici, sexuelle).
6. Faire échouer.
7. Fonction, charge.
8. Nous entendre sur les mesures à prendre, le plan à établir.

marquer de venir à Saint-Lazare, et de demander à me voir sous le nom de mon frère aîné, qui était venu exprès à Paris pour prendre connaissance de mes affaires. Je remettais à convenir avec lui des moyens qui nous paraîtraient les plus expéditifs et les plus sûrs. Le père supérieur fit avertir Tiberge du désir que j'avais de l'entretenir. Ce fidèle ami ne m'avait pas tellement perdu de vue qu'il ignorât mon aventure ; il savait que j'étais à Saint-Lazare, et peut-être n'avait-il pas été fâché de cette disgrâce qu'il croyait capable de me ramener au devoir. Il accourut aussitôt à ma chambre.

Notre entretien fut plein d'amitié. Il voulut être informé de mes dispositions. Je lui ouvris mon cœur sans réserve, excepté sur le dessein de ma fuite.

Ce n'est pas à vos yeux, cher ami, lui dis-je, que je veux paraître ce que je ne suis point. Si vous avez cru trouver ici un ami sage et réglé dans ses désirs, un libertin réveillé par les châtiments du Ciel, en un mot un cœur dégagé de l'amour et revenu[1] des charmes de sa Manon, vous avez jugé trop favorablement de moi. Vous me revoyez tel que vous me laissâtes il y a quatre mois : toujours tendre, et toujours malheureux par cette fatale tendresse dans laquelle je ne me lasse point de chercher mon bonheur.

Il me répondit que l'aveu que je faisais me rendait inexcusable ; qu'on voyait bien des pécheurs qui s'enivraient du faux bonheur du vice jusqu'à le préférer hautement à celui de la vertu ; mais que c'était, du moins, à des images de bonheur qu'ils s'attachaient, et qu'ils étaient les dupes de l'apparence ; mais que, de reconnaître, comme je le faisais, que l'objet de mes attachements n'était propre qu'à me rendre coupable et malheureux, et de continuer à me précipiter volontairement dans l'infortune et dans le crime, c'était une contradiction d'idées et de conduite qui ne faisait pas honneur à ma raison.

– Tiberge ! repris-je, qu'il vous est aisé de vaincre, lorsqu'on n'oppose rien à vos armes ! Laissez-moi raisonner à mon tour. Pouvez-vous prétendre que ce que vous appelez le bonheur de la vertu soit exempt de[2] peines, de traverses[3] et d'inquiétudes ? Quel

1. Détaché, désabusé.
2. Préservé de, dénué de.
3. Obstacles.

nom donnerez-vous à la prison, aux croix, aux supplices et aux tortures des tyrans ? Direz-vous, comme font les mystiques[4], que ce qui tourmente le corps est un bonheur pour l'âme ? Vous n'oseriez le dire ; c'est un paradoxe insoutenable. Ce bonheur, que vous relevez tant, est donc mêlé de mille peines, ou pour parler plus juste, ce n'est qu'un tissu de malheurs au travers desquels on tend à la félicité. Or si la force de l'imagination fait trouver du plaisir dans ces maux mêmes, parce qu'ils peuvent conduire à un terme heureux qu'on espère, pourquoi traitez-vous de contradictoire et d'insensée, dans ma conduite, une disposition toute semblable ? J'aime Manon ; je tends au travers de mille douleurs à vivre heureux et tranquille auprès d'elle. La voie par où je marche est malheureuse ; mais l'espérance d'arriver à mon terme[5] y répand toujours de la douceur et je me croirai trop bien payé, par un moment passé avec elle, de tous les chagrins que j'essuie pour l'obtenir. Toutes choses me paraissent donc égales de votre côté et du mien ; ou s'il y a quelque différence, elle est encore à mon avantage, car le bonheur que j'espère est proche, et l'autre est éloigné ; le mien est de la nature des peines, c'est-à-dire sensible au corps, et l'autre est d'une nature inconnue, qui n'est certaine que par la foi.

Tiberge parut effrayé de ce raisonnement. Il recula de deux pas, en me disant, de l'air le plus sérieux, que, non seulement ce que je venais de dire blessait le bon sens, mais que c'était un malheureux sophisme[6] d'impiété et d'irréligion, « car cette comparaison, ajouta-t-il, du terme de vos peines avec celui qui est proposé par la religion, est une idée des plus libertines et des plus monstrueuses ».

– J'avoue, repris-je, qu'elle n'est pas juste ; mais prenez-y garde, ce n'est pas sur elle que porte mon raisonnement. J'ai eu dessein d'expliquer ce que vous regardez comme une contradiction, dans la persévérance d'un amour malheureux, et je crois avoir fort bien prouvé que, si c'en est une, vous ne sauriez vous en sauver[7] plus que moi. C'est à cet égard seulement que j'ai traité les choses d'égales, et je soutiens encore qu'elles le sont. Répondrez-vous que le terme

4. Personnes qui visent une union intime avec une divinité.

5. À mon but.

6. Raisonnement faux malgré une apparence de vérité.

7. Échapper (à la contradiction).

de la vertu est infiniment supérieur à celui de l'amour ? Qui refuse d'en convenir ? Mais est-ce de quoi il est question ? Ne s'agit-il pas de la force qu'ils ont, l'un et l'autre, pour faire supporter les peines ? Jugeons-en par l'effet. Combien trouve-t-on de déserteurs[1] de la sévère vertu, et combien en trouverez-vous peu de l'amour ? Répondrez-vous encore que, s'il y a des peines dans l'exercice du bien, elles ne sont pas infaillibles et nécessaires ; qu'on ne trouve plus de tyrans ni de croix, et qu'on voit quantité de personnes vertueuses mener une vie douce et tranquille ? Je vous dirai de même qu'il y a des amours paisibles et fortunées, et, ce qui fait encore une différence qui m'est extrêmement avantageuse, j'ajouterai que l'amour, quoiqu'il trompe assez souvent, ne promet du moins que des satisfactions et des joies, au lieu que la religion veut qu'on s'attende à une pratique triste et mortifiante[2].

– Ne vous alarmez pas, ajoutai-je en voyant son zèle prêt à se chagriner. L'unique chose que je veux conclure ici, c'est qu'il n'y a point de plus mauvaise méthode pour dégoûter un cœur de l'amour, que de lui en décrier les douceurs et de lui promettre plus de bonheur dans l'exercice de la vertu. De la manière dont nous sommes faits, il est certain que notre félicité consiste dans le plaisir ; je défie qu'on s'en forme une autre idée ; or le cœur n'a pas besoin de se consulter longtemps pour sentir que, de tous les plaisirs, les plus doux sont ceux de l'amour. Il s'aperçoit bientôt qu'on le trompe lorsqu'on lui en promet ailleurs de plus charmants, et cette tromperie le dispose à se défier des promesses les plus solides. Prédicateurs[3], qui voulez me ramener à la vertu, dites-moi qu'elle est indispensablement nécessaire, mais ne me déguisez[4] pas qu'elle est sévère et pénible. Établissez bien que les délices de l'amour sont passagères, qu'elles sont défendues, qu'elles seront suivies par d'éternelles peines, et ce qui fera peut-être encore plus d'impression sur moi, que, plus elles sont douces et charmantes, plus le Ciel sera magnifique à récompenser un si grand sacrifice, mais confessez qu'avec des cœurs tels que nous les avons, elles sont ici-bas nos plus parfaites félicités.

---

1. Traîtres, renégats.
2. Humiliante, qui fait souffrir dans son amour-propre.
3. Ceux qui prêchent, font des sermons religieux.
4. Cachez.

Cette fin de mon discours rendit sa bonne humeur à Tiberge. Il convint qu'il y avait quelque chose de raisonnable dans mes pensées. La seule objection qu'il ajouta fut de me demander pourquoi je n'entrais pas du moins dans mes propres principes, en sacrifiant mo amour à l'espérance de cette rémunération[5] dont je me faisais une si grande idée.

– Ô cher ami ! lui répondis-je, c'est ici que je reconnais ma misère et ma faiblesse. Hélas ! oui, c'est mon devoir d'agir comme je raisonne ! mais l'action est-elle en mon pouvoir ? De quels secours n'aurais-je pas besoin pour oublier les charmes de Manon ?

– Dieu me pardonne, reprit Tiberge, je pense que voici encore un de nos jansénistes.

– Je ne sais ce que je suis, répliquai-je, et je ne vois pas trop clairement ce qu'il faut être ; mais je n'éprouve que trop la vérité de ce qu'ils disent. Cette conversation servit du moins à renouveler la pitié de mon ami.

Il comprit qu'il y avait plus de faiblesse que de malignité[6] dans mes désordres. Son amitié en fut plus disposée, dans la suite, à me donner des secours, sans lesquels j'aurais péri infailliblement de misère.

Cependant, je ne lui fis pas la moindre ouverture[7] du dessein que j'avais de m'échapper de Saint-Lazare. Je le priai seulement de se charger de ma lettre. Je l'avais préparée, avant qu'il fût venu, et je ne manquai point de prétextes pour colorer[8] la nécessité où j'étais d'écrire. Il eut la fidélité de la porter exactement, et Lescaut reçut, avant la fin du jour, celle qui était pour lui.

Il me vint voir le lendemain, et il passa heureusement[9] sous le nom de mon frère. Ma joie fut extrême en l'apercevant dans ma chambre. J'en fermai la porte avec soin.

Les jansénistes

Le jansénisme est une doctrine et un mouvement religieux qui eut une grande influence sur les catholiques des XVIIe et XVIIIe siècles. Il trouve son origine dans l'*Augustinus*, livre publié en 1640 par Jansen, évêque d'Ypres. L'idée majeure est que la grâce de Dieu est accordée ou refusée par avance à certains croyants, sans que les actions de ceux-ci puissent changer le sort de leur âme après la mort. Les jansénistes prônent une morale austère et rigoureuse.

5. Récompense.
6. Méchanceté.
7. Confidence.
8. Donner un prétexte à.
9. Sans difficulté.

– Ne perdons pas un seul moment, lui dis-je ; apprenez-moi d'abord des nouvelles de Manon, et donnez-moi ensuite un bon conseil pour rompre mes fers.

Il m'assura qu'il n'avait pas vu sa sœur depuis le jour qui avait précédé mon emprisonnement, qu'il n'avait appris son sort et le mien qu'à force d'informations et de soins ; que, s'étant présenté deux ou trois fois à l'Hôpital, on lui avait refusé la liberté de lui parler.

– Malheureux G… M… ! m'écriai-je, que tu me le paieras cher !

– Pour ce qui regarde votre délivrance, continua Lescaut, c'est une entreprise moins facile que vous ne pensez. Nous passâmes hier la soirée, deux de mes amis et moi, à observer toutes les parties extérieures de cette maison, et nous jugeâmes que, vos fenêtres étant sur une cour entourée de bâtiments, comme vous nous l'aviez marqué, il y aurait bien de la difficulté à vous tirer de là. Vous êtes d'ailleurs au troisième étage, et nous ne pouvons introduire ici ni cordes ni échelles. Je ne vois donc nulle ressource du côté du dehors. C'est dans la maison même qu'il faudrait imaginer quelque artifice[1].

– Non, repris-je ; j'ai tout examiné, surtout depuis que ma clôture est un peu moins rigoureuse, par l'indulgence du supérieur. La porte de ma chambre ne se ferme plus avec la clef, j'ai la liberté de me promener dans les galeries des religieux ; mais tous les escaliers sont bouchés par des portes épaisses, qu'on a soin de tenir fermées la nuit et le jour de sorte qu'il est impossible que la seule adresse puisse me sauver. Attendez, repris-je, après avoir un peu réfléchi sur une idée qui me parut excellente, pourriez-vous m'apporter un pistolet ?

– Aisément, me dit Lescaut ; mais voulez-vous tuer quelqu'un ?

Je l'assurai que j'avais si peu dessein de tuer qu'il n'était pas même nécessaire que le pistolet fût chargé.

– Apportez-le-moi demain, ajoutai-je, et ne manquez pas de vous trouver le soir, à onze heures, vis-à-vis de la porte de cette maison, avec deux ou trois de nos amis. J'espère que je pourrai vous y rejoindre.

Il me pressa en vain de lui en apprendre davantage. Je lui dis qu'une entreprise, telle que je la méditais, ne pouvait paraître

1. Procédé ingénieux.

raisonnable qu'après avoir réussi. Je le priai d'abréger sa visite, afin qu'il trouvât plus de facilité à me revoir le lendemain. Il fut admis avec aussi peu de peine que la première fois. Son air était grave, il n'y a personne qui ne l'eût pris pour un homme d'honneur.

Lorsque je me trouvai muni de l'instrument de ma liberté, je ne doutai presque plus du succès de mon projet. Il était bizarre et hardi ; mais de quoi n'étais-je pas capable, avec les motifs qui m'animaient ? J'avais remarqué, depuis qu'il m'était permis de sortir de ma chambre et de me promener dans les galeries, que le portier apportait chaque jour au soir les clefs de toutes les portes au supérieur et qu'il régnait ensuite un profond silence dans la maison, qui marquait[2] que tout le monde était retiré. Je pouvais aller sans obstacle, par une galerie de communication, de ma chambre à celle de ce père. Ma résolution était de lui prendre ses clefs, en l'épouvantant avec mon pistolet s'il faisait difficulté de me les donner et de m'en servir pour gagner la rue. J'en attendis le temps avec impatience. Le portier vint à l'heure ordinaire, c'est-à-dire un peu après neuf heures. J'en laissai passer encore une, pour m'assurer que tous les religieux et les domestiques étaient endormis. Je partis enfin, avec mon arme et une chandelle allumée. Je frappai d'abord doucement à la porte du père, pour l'éveiller sans bruit. Il m'entendit au second coup, et s'imaginant, sans doute, que c'était quelque religieux qui se trouvait mal et qui avait besoin de secours, il se leva pour m'ouvrir. Il eut, néanmoins, la précaution de demander au travers de la porte, qui c'était et ce qu'on voulait de lui. Je fus obligé de me nommer ; mais j'affectai un ton plaintif, pour lui faire comprendre que je ne me trouvais pas bien.

– Ah ! c'est vous, mon cher fils, me dit-il, en ouvrant la porte ; qu'est-ce donc qui vous amène si tard ?

J'entrai dans sa chambre, et l'ayant tiré à l'autre bout opposé à la porte, je lui déclarai qu'il m'était impossible de demeurer plus longtemps à Saint-Lazare ; que la nuit était un temps commode pour sortir sans être aperçu, et que j'attendais de son amitié qu'il consentirait à m'ouvrir les portes, ou à me prêter ses clefs pour les ouvrir moi-même.

---

2. Signalait, indiquait.

Ce compliment devait le surprendre. Il demeura quelque temps à me considérer sans me répondre. Comme je n'en avais pas à perdre, je repris la parole pour lui dire que j'étais fort touché de toutes ses bontés, mais que, la liberté étant le plus cher de tous les biens, surtout pour moi à qui on la ravissait injustement, j'étais résolu de me la procurer cette nuit même, à quelque prix que ce fût ; et de peur qu'il ne lui prît envie d'élever la voix pour appeler du secours, je lui fis voir une honnête raison[1] de silence, que je tenais sous mon juste-au-corps[2].

– Un pistolet ! me dit-il. Quoi ! mon fils, vous voulez m'ôter la vie, pour reconnaître[3] la considération que j'ai eue pour vous ?

– À Dieu ne plaise, lui répondis-je. Vous avez trop d'esprit et de raison pour me mettre dans cette nécessité ; mais je veux être libre, et j'y suis si résolu que, si mon projet manque par votre faute, c'est fait de vous absolument.

– Mais, mon cher fils, reprit-il d'un air pâle et effrayé, que vous ai-je fait ? quelle raison avez-vous de vouloir ma mort ?

– Eh non ! répliquai-je avec impatience. Je n'ai pas dessein de vous tuer si vous voulez vivre. Ouvrez-moi la porte, et je suis le meilleur de vos amis.

J'aperçus les clefs qui étaient sur sa table. Je les pris et je le priai de me suivre, en faisant le moins de bruit qu'il pourrait. Il fut obligé de s'y résoudre. À mesure que nous avancions et qu'il ouvrait une porte, il me répétait avec un soupir :

– Ah ! mon fils, ah ! qui l'aurait cru ?

– Point de bruit, mon père, répétais-je de mon côté à tout moment.

Enfin nous arrivâmes à une espèce de barrière, qui est avant la grande porte de la rue. Je me croyais déjà libre, et j'étais derrière le père, avec ma chandelle dans une main et mon pistolet dans l'autre. Pendant qu'il s'empressait d'ouvrir, un domestique, qui couchait dans une petite chambre voisine, entendant le bruit de quelques verrous, se lève et met la tête à sa porte. Le bon père le crut apparemment capable de m'arrêter. Il lui ordonna, avec beaucoup

---

1. Une bonne raison (ironique).
2. Veste qui descend aux genoux et serre le corps.
3. Exprimer de la reconnaissance.

d'imprudence, de venir à son secours. C'était un puissant coquin[4], qui s'élança sur moi sans balancer[5]. Je ne le marchandai[6] point ; je lui lâchai le coup au milieu de la poitrine.

– Voilà de quoi vous êtes cause, mon père, dis-je assez fièrement à mon guide. Mais que cela ne vous empêche point d'achever, ajoutai-je en le poussant vers la dernière porte.

Il n'osa refuser de l'ouvrir. Je sortis heureusement et je trouvai, à quatre pas, Lescaut qui m'attendait avec deux amis, suivant sa promesse. Nous nous éloignâmes. Lescaut me demanda s'il n'avait pas entendu tirer un pistolet.

– C'est votre faute, lui dis-je ; pourquoi me l'apportiez-vous chargé ? Cependant je le remerciai d'avoir eu cette précaution, sans laquelle j'étais sans doute à Saint-Lazare pour longtemps. Nous allâmes passer la nuit chez un traiteur[7] où je me remis un peu de la mauvaise chère que j'avais faite depuis près de trois mois. Je ne pus néanmoins m'y livrer au plaisir. Je souffrais mortellement sans Manon.

– Il faut la délivrer, dis-je à mes trois amis. Je n'ai souhaité la liberté que dans cette vue. Je vous demande le secours de votre adresse ; pour moi, j'y emploierai jusqu'à ma vie.

Lescaut, qui ne manquait pas d'esprit et de prudence, me représenta qu'il fallait aller bride en main[8] ; que mon évasion de Saint-Lazare, et le malheur qui m'était arrivé en sortant, causeraient infailliblement du bruit ; que le lieutenant général de police me ferait chercher, et qu'il avait les bras longs[9] ; enfin, que si je ne voulais pas être exposé à quelque chose de pis que Saint-Lazare, il était à propos de me tenir couvert[10] et renfermé pendant quelques jours, pour laisser au premier feu de mes ennemis le temps de s'éteindre. Son conseil était sage, mais il aurait fallu l'être aussi pour le suivre. Tant de lenteur et de ménagement ne s'accordait pas avec ma passion. Toute ma complaisance se réduisit à lui promettre que je passerais le jour suivant à dormir. Il m'enferma dans sa chambre, où je demeurai jusqu'au soir.

---

4. Personne vile, misérable.
5. Hésiter.
6. Épargnai.
7. Cuisinier.
8. À une allure modérée (équitation).
9. Il a du pouvoir, des relations.
10. Caché.

Explication de texte 4

→ p. 102-103, de « Il demeura quelque temps » à « à Saint-Lazare pour longtemps » (l. 2287 à 2333)

Comment cet épisode hautement romanesque montre-t-il que le chevalier des Grieux se met en marge de la société ?

SITUER

1 Quel événement a mené Des Grieux à l'enfermement en maison de correction ?

2 Quel plan échafaude-t-il pour s'évader de Saint-Lazare ? Sur quel(s) complice(s) peut-il compter ?

3 Quelles étaient jusqu'ici les relations du chevalier avec le directeur du lieu, le Père supérieur ?

EXPLIQUER

La prise en otage du Père supérieur → l. 2287 à 2313

4 Relevez les indices de la tension qui règne dans cet épisode : expressions qui soulignent le sentiment d'urgence, notations sur la nécessité de ne pas faire de bruit...

5 Quelle réaction le Père supérieur a-t-il face aux menaces de Des Grieux ? Justifiez votre réponse.

6 Comment Des Grieux se justifie-t-il face au Père supérieur ? Vous paraît-il convaincant ?

7 Par quels procédés le romancier donne-t-il de la vivacité, du dynamisme au récit ?

Le crime → l. 2314 à 2333

8 Montrez que le rythme du récit s'accélère encore dans ce second mouvement du passage.

9 Comment le crime se déroule-t-il ? Comment le narrateur cherche-t-il à l'expliquer et à le justifier ? Quelle(s) autre(s) raison(s) le lecteur peut-il donner à ce coup de feu ?

10 Relevez deux éléments qui montrent que Des Grieux rejette la culpabilité du crime sur les autres. Qu'est-ce que cela révèle de son caractère ?

11 Dans quelle mesure cet épisode montre-t-il que Des Grieux sombre peu à peu dans la marginalité et rompt avec la société ?

CONCLURE

12 Dites en quoi ce passage du récit relève pleinement du « romanesque ».

ÉTUDE DE LA LANGUE

Quelle est la valeur du présent de l'indicatif dans : « un domestique [...] se lève et met la tête à la porte » (l. 2317) ? Justifiez votre réponse.

COMPARER

Le XVIIIe siècle apprécie les récits d'évasion, en particulier autobiographiques (Abbé Bucquoy, *Histoire de mon évasion*, 1719 ; Casanova, *Histoire de ma fuite des prisons de la République de Venise*, 1787). Cherchez et lisez des récits d'évasion célèbres dans le domaine du roman. Vous pourrez par exemple commencer par l'évasion de Fabrice del Dongo dans *La Chartreuse de Parme* (1839) de Stendhal, l'évasion d'Edmond Dantès dans *Le Comte de Monte-Cristo* (1844-1845) d'Alexandre Dumas ou celle qui ouvre *L'Astragale* (1965) d'Albertine Sarrazin. Quelle évasion vous semble la plus romanesque ? Vous lirez l'extrait choisi à voix haute et argumenterez votre choix devant la classe.

J'employai une partie de ce temps à former des projets et des expédients[1] pour secourir Manon. J'étais bien persuadé que sa prison était encore plus impénétrable que n'avait été la mienne. Il n'était pas question de force et de violence, il fallait de l'artifice ; mais la déesse même de l'invention n'aurait pas su par où commencer. J'y vis si peu de jour[2] que je remis à considérer mieux les choses lorsque j'aurais pris quelques informations sur l'arrangement intérieur de l'Hôpital.

Aussitôt que la nuit m'eut rendu la liberté, je priai Lescaut de m'accompagner. Nous liâmes conversation avec un des portiers, qui nous parut homme de bon sens. Je feignis d'être un étranger qui avait entendu parler avec admiration de l'Hôpital général, et de l'ordre qui s'y observe. Je l'interrogeai sur les plus minces détails, et de circonstances en circonstances, nous tombâmes sur les administrateurs, dont je le priai de m'apprendre les noms et les qualités[3]. Les réponses qu'il me fit sur ce dernier article me firent naître une pensée dont je m'applaudis[4] aussitôt, et que je ne tardai point à mettre en œuvre. Je lui demandai, comme une chose essentielle à mon dessein, si ces messieurs avaient des enfants. Il me dit qu'il ne pouvait m'en rendre un compte certain, mais que, pour M. de T., qui était un des principaux, il lui connaissait un fils en âge d'être marié, qui était venu plusieurs fois à l'Hôpital avec son père. Cette assurance me suffisait. Je rompis presque aussitôt notre entretien, et je fis part à Lescaut, en retournant chez lui, du dessein que j'avais conçu.

– Je m'imagine, lui dis-je, que M. de T… le fils, qui est riche et de bonne famille, est dans un certain goût de plaisirs, comme la plupart des jeunes gens de son âge. Il ne saurait être ennemi des femmes, ni ridicule au point de refuser ses services pour une affaire d'amour. J'ai formé le dessein de l'intéresser à la liberté de Manon. S'il est honnête homme, et qu'il ait des sentiments[5], il nous accordera son secours[6] par générosité. S'il n'est point capable d'être conduit par

1. Moyens pour se tirer d'une difficulté.
2. Possibilité, solution.
3. Statuts, conditions sociales.
4. Me félicitai, me réjouis.
5. Ici, sens de l'honneur et noblesse d'âme.
6. Aide.

ce motif, il fera du moins quelque chose pour une fille aimable, ne fût-ce que par l'espérance d'avoir part à ses faveurs. Je ne veux pas différer de le voir, ajoutai-je, plus longtemps que jusqu'à demain. Je me sens si consolé par ce projet, que j'en tire un bon augure[7].

Lescaut convint lui-même qu'il y avait de la vraisemblance dans mes idées, et que nous pouvions espérer quelque chose par cette voie. J'en passai la nuit moins tristement.

Le matin étant venu, je m'habillai le plus proprement qu'il me fut possible, dans l'état d'indigence[8] où j'étais, et je me fis conduire dans un fiacre à la maison de M. de T… Il fut surpris de recevoir la visite d'un inconnu. J'augurai bien de sa physionomie et de ses civilités[9]. Je m'expliquai naturellement[10] avec lui, et pour échauffer ses sentiments naturels, je lui parlai de ma passion et du mérite de ma maîtresse comme de deux choses qui ne pouvaient être égalées que l'une par l'autre. Il me dit que, quoiqu'il n'eût jamais vu Manon, il avait entendu parler d'elle, du moins s'il s'agissait de celle qui avait été la maîtresse du vieux G… M… Je ne doutai point qu'il ne fût informé de la part que j'avais eue à cette aventure, et pour le gagner[11] de plus en plus, en me faisant un mérite de ma confiance, je lui racontai le détail de tout ce qui était arrivé à Manon et à moi.

– Vous voyez, monsieur continuai-je, que l'intérêt de ma vie et celui de mon cœur sont maintenant entre vos mains. L'un ne m'est pas plus cher que l'autre. Je n'ai point de réserve avec vous, parce que je suis informé de votre générosité, et que la ressemblance de nos âges me fait espérer qu'il s'en trouvera quelqu'une dans nos inclinations.

Il parut fort sensible à cette marque d'ouverture et de candeur. Sa réponse fut celle d'un homme qui a du monde[12] et des sentiments ; ce que le monde ne donne pas toujours et qu'il fait perdre souvent. Il me dit qu'il mettait ma visite au rang de ses bonnes fortunes, qu'il regarderait mon amitié comme une de ses plus heureuses acquisitions, et qu'il s'efforcerait de la mériter par l'ardeur de ses services.

---

7. J'y vois un bon signe, un bon présage.
8. Dénuement, pauvreté.
9. Marques de politesse, de savoir-vivre.
10. Avec franchise.
11. L'amadouer, le persuader.
12. Qui connaît les usages de la bonne société.

Il ne promit pas de me rendre Manon, parce qu'il n'avait, me dit-il, qu'un crédit médiocre et mal assuré ; mais il m'offrit de me procurer le plaisir de la voir, et de faire tout ce qui serait en sa puissance pour la remettre entre mes bras. Je fus plus satisfait de cette incertitude de son crédit que je ne l'aurais été d'une pleine assurance de remplir tous mes désirs. Je trouvai, dans la modération de ses offres, une marque de franchise dont je fus charmé. En un mot, je me promis tout de ses bons offices. La seule promesse de me faire voir Manon m'aurait fait tout entreprendre pour lui.

Je lui marquai[1] quelque chose de ces sentiments, d'une manière qui le persuada aussi que je n'étais pas d'un mauvais naturel. Nous nous embrassâmes[2] avec tendresse, et nous devînmes amis, sans autre raison que la bonté de nos cœurs et une simple disposition qui porte un homme tendre et généreux à aimer un autre homme qui lui ressemble. Il poussa les marques de son estime bien plus loin, car, ayant combiné[3] mes aventures, et jugeant qu'en sortant de Saint-Lazare je ne devais pas me trouver à mon aise, il m'offrit sa bourse, et il me pressa de l'accepter. Je ne l'acceptai point ; mais je lui dis :

– C'est trop, mon cher monsieur. Si, avec tant de bonté et d'amitié, vous me faites revoir ma chère Manon, je vous suis attaché pour toute ma vie. Si vous me rendez tout à fait cette chère créature, je ne croirai pas être quitte en versant tout mon sang pour vous servir.

Nous ne nous séparâmes qu'après être convenus du temps et du lieu où nous devions nous retrouver. Il eut la complaisance de ne pas me remettre plus loin que l'après-midi du même jour. Je l'attendis dans un café, où il vint me rejoindre vers les quatre heures, et nous prîmes ensemble le chemin de l'Hôpital. Mes genoux étaient tremblants en traversant les cours.

– Puissance d'amour ! disais-je, je reverrai donc l'idole de mon cœur, l'objet de tant de pleurs et d'inquiétudes ! Ciel ! conservez-moi assez de vie pour aller jusqu'à elle, et disposez après cela de ma fortune[4] et de mes jours ; je n'ai plus d'autre grâce à vous demander.

---

1. Exprimai, fis comprendre.

2. Nous nous prîmes dans les bras l'un de l'autre.

3. Réfléchi à l'agencement, la disposition de.

4. Destinée.

M. de T… parla à quelques concierges[5] de la maison qui s'empressèrent de lui offrir tout ce qui dépendait d'eux pour sa satisfaction. Il se fit montrer le quartier où Manon avait sa chambre, et l'on nous y conduisit avec une clef d'une grandeur effroyable, qui servit à ouvrir sa porte. Je demandai au valet qui nous menait, et qui était celui qu'on avait chargé du soin de la servir, de quelle manière elle avait passé le temps dans cette demeure. Il nous dit que c'était une douceur angélique ; qu'il n'avait jamais reçu d'elle un mot de dureté ; qu'elle avait versé continuellement des larmes pendant les six premières semaines après son arrivée, mais que, depuis quelque temps, elle paraissait prendre son malheur avec plus de patience, et qu'elle était occupée à coudre du matin jusqu'au soir à la réserve de quelques heures qu'elle employait à la lecture. Je lui demandai encore si elle avait été entretenue proprement[6]. Il m'assura que le nécessaire, du moins, ne lui avait jamais manqué.

Nous approchâmes de sa porte. Mon cœur battait violemment. Je dis à M. de T… :

– Entrez seul et prévenez-la sur ma visite, car j'appréhende qu'elle ne soit trop saisie[7] en me voyant tout d'un coup.

La porte nous fut ouverte. Je demeurai dans la galerie. J'entendis néanmoins leurs discours. Il lui dit qu'il venait lui apporter un peu de consolation, qu'il était de mes amis, et qu'il prenait beaucoup d'intérêt à notre bonheur. Elle lui demanda, avec le plus vif empressement, si elle apprendrait de lui ce que j'étais devenu. Il lui promit de m'amener à ses pieds, aussi tendre, aussi fidèle qu'elle pouvait le désirer.

– Quand ? reprit-elle.

– Aujourd'hui même, lui dit-il ; ce bienheureux moment ne tardera point ; il va paraître à l'instant si vous le souhaitez.

Elle comprit que j'étais à la porte. J'entrai, lorsqu'elle y accourait avec précipitation. Nous nous embrassâmes avec cette effusion de tendresse qu'une absence de trois mois fait trouver si charmante à de parfaits amants. Nos soupirs, nos exclamations interrompues, mille noms d'amour répétés languissamment de part et d'autre,

5. Geôliers, gardiens de prison.
6. Si on lui avait fourni tout ce qu'il fallait pour vivre correctement.
7. Frappée, surprise.

formèrent, pendant un quart d'heure, une scène qui attendrissait M. de T…

– Je vous porte envie[1], me dit-il, en nous faisant asseoir ; il n'y a point de sort glorieux auquel je ne préférasse une maîtresse si belle et si passionnée.

– Aussi mépriserais-je tous les empires du monde, lui répondis-je, pour m'assurer le bonheur d'être aimé d'elle.

Tout le reste d'une conversation si désirée ne pouvait manquer d'être infiniment tendre. La pauvre Manon me raconta ses aventures, et je lui appris les miennes. Nous pleurâmes amèrement en nous entretenant de l'état où elle était, et de celui d'où je ne faisais que sortir. M. de T… nous consola par de nouvelles promesses de s'employer ardemment pour finir nos misères. Il nous conseilla de ne pas rendre cette première entrevue trop longue, pour lui donner plus de facilité à nous en procurer d'autres. Il eut beaucoup de peine à nous faire goûter ce conseil ; Manon, surtout, ne pouvait se résoudre à me laisser partir. Elle me fit remettre cent fois sur ma chaise ; elle me retenait par les habits et par les mains.

– Hélas ! dans quel lieu me laissez-vous ! disait-elle. Qui peut m'assurer de vous revoir ?

M. de T… lui promit de la venir voir souvent avec moi.

– Pour le lieu, ajouta-t-il agréablement, il ne faut plus l'appeler l'Hôpital ; c'est Versailles, depuis qu'une personne qui mérite l'empire de tous les cœurs[2] y est renfermée.

Je fis, en sortant, quelques libéralités[3] au valet qui la servait, pour l'engager à lui rendre ses soins avec zèle. Ce garçon avait l'âme moins basse et moins dure que ses pareils. Il avait été témoin de notre entrevue ; ce tendre spectacle l'avait touché. Un louis d'or, dont je lui fis présent, acheva de me l'attacher. Il me prit à l'écart, en descendant dans les cours.

– Monsieur, me dit-il, si vous me voulez prendre à votre service, ou me donner une honnête récompense pour me dédommager de la perte de l'emploi que j'occupe ici, je crois qu'il me sera facile de délivrer mademoiselle Manon.

---

1. J'espère connaître le même bonheur que vous (sans nuance de jalousie).

2. Qui mérite de régner sur tous les cœurs.

3. Dons d'argent.

J'ouvris l'oreille à cette proposition, et quoique je fusse dépourvu de tout, je lui fis des promesses fort au-dessus de ses désirs. Je comptais bien qu'il me serait toujours aisé de récompenser un homme de cette étoffe[4].

– Sois persuadé, lui dis-je, mon ami, qu'il n'y a rien que je ne fasse pour toi, et que ta fortune est aussi assurée que la mienne.

Je voulus savoir quels moyens il avait dessein d'employer.

– Nul autre, me dit-il, que de lui ouvrir le soir la porte de sa chambre, et de vous la conduire jusqu'à celle de la rue, où il faudra que vous soyez prêt à la recevoir.

Je lui demandai s'il n'était point à craindre qu'elle ne fût reconnue en traversant les galeries et les cours. Il confessa qu'il y avait quelque danger mais il me dit qu'il fallait bien risquer quelque chose. Quoique je fusse ravi de le voir si résolu, j'appelai M. de T… pour lui communiquer ce projet, et la seule raison qui semblait pouvoir le rendre douteux. Il y trouva plus de difficulté que moi. Il convint qu'elle pouvait absolument s'échapper de cette manière ; « mais, si elle est reconnue, continua-t-il, si elle est arrêtée en fuyant, c'est peut-être fait d'elle pour toujours. D'ailleurs, il vous faudrait donc quitter Paris sur-le-champ, car vous ne seriez jamais assez caché aux recherches. On les redoublerait, autant par rapport à vous qu'à elle. Un homme s'échappe aisément, quand il est seul, mais il est presque impossible de demeurer inconnu avec une jolie femme. »

Quelque solide que me parût ce raisonnement, il ne put l'emporter, dans mon esprit, sur un espoir si proche de mettre Manon en liberté. Je le dis à M. de T…, et je le priai de pardonner un peu d'imprudence et de témérité[5] à l'amour. J'ajoutai que mon dessein était, en effet, de quitter Paris, pour m'arrêter, comme j'avais déjà fait, dans quelque village voisin. Nous convînmes donc, avec le valet, de ne pas remettre son entreprise plus loin qu'au jour suivant, et pour la rendre aussi certaine qu'il était en notre pouvoir, nous résolûmes d'apporter des habits d'homme, dans la vue de faciliter notre sortie. Il n'était pas aisé de les faire entrer, mais je ne manquai pas d'invention pour en trouver le moyen. Je priai seulement de

4. De cette condition (à l'époque, un « homme de petite étoffe » est un homme du peuple, un homme de peu de mérite).

5. Audace qui va jusqu'à l'imprudence.

T… de mettre le lendemain deux vestes légères l'une sur l'autre, et je me chargeai de tout le reste. Nous retournâmes le matin à l'Hôpital. J'avais avec moi, pour Manon, du linge, des bas, etc., et par-dessus mon juste-au-corps, un surtout[1] qui ne laissait rien voir de trop enflé dans mes poches. Nous ne fûmes qu'un moment dans sa chambre. M. de T… lui laissa une de ses deux vestes ; je lui donnai mon juste-au-corps, le surtout me suffisant pour sortir. Il ne se trouva rien de manque à son ajustement, excepté la culotte[2] que j'avais malheureusement oubliée. L'oubli de cette pièce nécessaire nous eût, sans doute, apprêtés à[3] rire si l'embarras où il nous mettait eût été moins sérieux. J'étais au désespoir qu'une bagatelle de cette nature fût capable de nous arrêter. Cependant, je pris mon parti, qui fut de sortir moi-même sans culotte. Je laissai la mienne à Manon. Mon surtout était long, et je me mis, à l'aide de quelques épingles, en état de passer décemment la porte.

Le reste du jour me parut d'une longueur insupportable. Enfin, la nuit étant venue, nous nous rendîmes un peu au-dessous de la porte de l'Hôpital, dans un carrosse. Nous n'y fûmes pas longtemps sans voir Manon paraître avec son conducteur. Notre portière étant ouverte, ils montèrent tous deux à l'instant. Je reçus ma chère maîtresse dans mes bras. Elle tremblait comme une feuille. Le cocher me demanda où il fallait toucher[4].

– Touche au bout du monde, lui dis-je, et mène-moi quelque part où je ne puisse jamais être séparé de Manon.

Ce transport, dont je ne fus pas le maître, faillit de m'attirer un fâcheux embarras. Le cocher fit réflexion à mon langage, et lorsque je lui dis ensuite le nom de la rue où nous voulions être conduits, il me répondit qu'il craignait que je ne l'engageasse dans une mauvaise affaire, qu'il voyait bien que ce beau jeune homme, qui s'appelait Manon, était une fille que j'enlevais de l'Hôpital, et qu'il n'était pas d'humeur à se perdre pour l'amour de moi. La délicatesse[5] de ce

1. Veste large que l'on met par-dessus les autres habits, en hiver.

2. Vêtement masculin qui couvre de la ceinture aux genoux.

3. Portés à, disposés à.

4. Aller (*toucher* signifie proprement « frapper les chevaux pour les faire avancer »).

5. Scrupule.

coquin n'était qu'une envie de me faire payer la voiture plus cher. Nous étions trop près de l'Hôpital pour ne pas filer doux.

– Tais-toi, lui dis-je, il y a un louis d'or à gagner pour toi.

Il m'aurait aidé, après cela, à brûler l'Hôpital même. Nous gagnâmes la maison où demeurait Lescaut. Comme il était tard, M. de T… nous quitta en chemin, avec promesse de nous revoir le lendemain. Le valet demeura seul avec nous. Je tenais Manon si étroitement serrée entre mes bras que nous n'occupions qu'une place dans le carrosse. Elle pleurait de joie, et je sentais ses larmes qui mouillaient mon visage mais, lorsqu'il fallut descendre pour entrer chez Lescaut, j'eus avec le cocher un nouveau démêlé[6], dont les suites furent funestes. Je me repentis de lui avoir promis un louis, non seulement parce que le présent était excessif, mais par une autre raison bien plus forte, qui était l'impuissance de le payer. Je fis appeler Lescaut. Il descendit de sa chambre pour venir à la porte. Je lui dis à l'oreille dans quel embarras je me trouvais. Comme il était d'une humeur brusque, et nullement accoutumé à ménager un fiacre[7], il me répondit que je me moquais.

– Un louis d'or ! ajouta-t-il. Vingt coups de canne à ce coquin-là ! J'eus beau lui représenter doucement qu'il allait nous perdre, il m'arracha ma canne, avec l'air d'en vouloir maltraiter le cocher. Celui-ci, à qui il était peut-être arrivé de tomber quelquefois sous la main d'un garde du corps[8] ou d'un mousquetaire[9], s'enfuit de peur, avec son carrosse, en criant que je l'avais trompé, mais que j'aurais de ses nouvelles. Je lui répétai inutilement d'arrêter. Sa fuite me causa une extrême inquiétude. Je ne doutai point qu'il n'avertît le commissaire.

– Vous me perdez, dis-je à Lescaut. Je ne serais pas en sûreté chez vous ; il faut nous éloigner pour le moment.

Je prêtai le bras à Manon pour marcher et nous sortîmes promptement de cette dangereuse rue. Lescaut nous tint compagnie. C'est quelque chose d'admirable[10] que la manière dont la Providence enchaîne les événements. À peine avions-nous marché

6. Différend, conflit.
7. Ici, cocher qui conduit un fiacre.
8. Garde du roi.
9. Soldat qui porte un mousquet (arme à feu).
10. Digne d'étonnement.

cinq ou six minutes, qu'un homme, dont je ne découvris point le visage, reconnut Lescaut. Il le cherchait sans doute aux environs de chez lui, avec le malheureux dessein qu'il exécuta.

C'est Lescaut, dit-il, en lui lâchant un coup de pistolet ; il ira souper ce soir avec les anges.

Il se déroba aussitôt. Lescaut tomba, sans le moindre mouvement de vie. Je pressai Manon de fuir, car nos secours étaient inutiles à un cadavre, et je craignais d'être arrêté par le guet[1], qui ne pouvait tarder à paraître. J'enfilai, avec elle et le valet, la première petite rue qui croisait. Elle était si éperdue que j'avais de la peine à la soutenir. Enfin j'aperçus un fiacre au bout de la rue. Nous y montâmes, mais lorsque le cocher me demanda où il fallait nous conduire, je fus embarrassé à lui répondre. Je n'avais point d'asile assuré ni d'ami de confiance à qui j'osasse avoir recours. J'étais sans argent, n'ayant guère plus d'une demi-pistole dans ma bourse. La frayeur et la fatigue avaient tellement incommodé Manon qu'elle était à demi pâmée[2] près de moi. J'avais, d'ailleurs, l'imagination remplie du meurtre de Lescaut, et je n'étais pas encore sans appréhension de la part du guet. Quel parti prendre ? Je me souvins heureusement de l'auberge de Chaillot, où j'avais passé quelques jours avec Manon, lorsque nous étions allés dans ce village pour y demeurer. J'espérai non seulement d'y être en sûreté, mais d'y pouvoir vivre quelque temps sans être pressé de payer.

– Mène-nous à Chaillot, dis-je au cocher.

Il refusa d'y aller si tard, à moins d'une pistole : autre sujet d'embarras. Enfin nous convînmes de six francs ; c'était toute la somme qui restait dans ma bourse.

Je consolais Manon, en avançant ; mais, au fond, j'avais le désespoir dans le cœur. Je me serais donné mille fois la mort, si je n'eusse pas eu, dans mes bras, le seul bien qui m'attachait à la vie. Cette seule pensée me remettait. Je la tiens du moins, disais-je ; elle m'aime, elle est à moi. Tiberge a beau dire, ce n'est pas là un fantôme de bonheur. Je verrais périr tout l'univers sans y prendre intérêt. Pourquoi ? Parce que je n'ai plus d'affection de reste.

1. Patrouille chargée de la sécurité de la ville, la nuit.

2. Évanouie.

Ce sentiment était vrai ; cependant, dans le temps que je faisais si peu de cas des biens du monde, je sentais que j'aurais eu besoin d'en avoir du moins une petite partie, pour mépriser encore plus souverainement tout le reste. L'amour est plus fort que l'abondance[3], plus fort que les trésors et les richesses, mais il a besoin de leur secours ; et rien n'est plus désespérant, pour un amant délicat, que de se voir ramené par là, malgré lui, à la grossièreté des âmes les plus basses.

Il était onze heures quand nous arrivâmes à Chaillot. Nous fûmes reçus à l'auberge comme des personnes de connaissance ; on ne fut pas surpris de voir Manon en habit d'homme, parce qu'on est accoutumé, à Paris et aux environs, de voir prendre aux femmes toutes sortes de formes. Je la fis servir aussi proprement[4] que si j'eusse été dans la meilleure fortune. Elle ignorait que je fusse mal en argent ; je me gardai bien de lui en rien apprendre, étant résolu de retourner seul à Paris, le lendemain, pour chercher quelque remède à cette fâcheuse[5] espèce de maladie.

Elle me parut pâle et maigrie, en soupant. Je ne m'en étais point aperçu à l'Hôpital, parce que la chambre où je l'avais vue n'était pas des plus claires. Je lui demandai si ce n'était point encore un effet de la frayeur qu'elle avait eue en voyant assassiner son frère. Elle m'assura que, quelque touchée qu'elle fût de cet accident, sa pâleur ne venait que d'avoir essuyé pendant trois mois mon absence.

– Tu m'aimes donc extrêmement ? lui répondis-je.

– Mille fois plus que je ne puis dire, reprit-elle.

– Tu ne me quitteras donc plus jamais ? ajoutai-je.

– Non, jamais, répliqua-t-elle ; et cette assurance fut confirmée par tant de caresses et de serments, qu'il me parut impossible, en effet, qu'elle pût jamais les oublier.

J'ai toujours été persuadé qu'elle était sincère ; quelle raison aurait-elle eue de se contrefaire[6] jusqu'à ce point ? Mais elle était encore plus volage[7], ou plutôt elle n'était plus rien, et elle ne se reconnaissait pas elle-même, lorsque, ayant devant les yeux des femmes

3. Quantité de biens, de richesses.
4. Convenablement.
5. Gênante, difficile à supporter.
6. Se masquer, dissimuler ce que l'on est vraiment.
7. Inconstante, changeante.

qui vivaient dans l'abondance, elle se trouvait dans la pauvreté et dans le besoin. J'étais à la veille d'en avoir une dernière preuve qui a surpassé toutes les autres, et qui a produit la plus étrange aventure qui soit jamais arrivée à un homme de ma naissance et de ma fortune.

Comme je la connaissais de cette humeur, je me hâtai le lendemain d'aller à Paris. La mort de son frère et la nécessité d'avoir du linge et des habits pour elle et pour moi étaient de si bonnes raisons que je n'eus pas besoin de prétextes. Je sortis de l'auberge, avec le dessein, dis-je à Manon et à mon hôte, de prendre un carrosse de louage ; mais c'était une gasconnade[1]. La nécessité m'obligeant d'aller à pied, je marchai fort vite jusqu'au Cours-la-Reine, où j'avais dessein de m'arrêter. Il fallait bien prendre un moment de solitude et de tranquillité pour m'arranger et prévoir ce que j'allais faire à Paris.

Je m'assis sur l'herbe. J'entrai dans une mer de raisonnements et de réflexions, qui se réduisirent peu à peu à trois principaux articles[2].

J'avais besoin d'un secours[3] présent, pour un nombre infini de nécessités présentes. J'avais à chercher quelque voie qui pût, du moins, m'ouvrir des espérances pour l'avenir et ce qui n'était pas de moindre importance, j'avais des informations et des mesures à prendre pour la sûreté de Manon et pour la mienne. Après m'être épuisé en projets et en combinaisons sur ces trois chefs[4], je jugeai encore à propos d'en retrancher les deux derniers. Nous n'étions pas mal à couvert, dans une chambre de Chaillot, et pour les besoins futurs, je crus qu'il serait temps d'y penser lorsque j'aurais satisfait aux présents.

Il était donc question de remplir actuellement ma bourse. M. de T… m'avait offert généreusement la sienne, mais j'avais une extrême répugnance à le remettre moi-même sur cette matière. Quel personnage, que d'aller exposer sa misère à un étranger et de le prier de nous faire part[5] de son bien ! Il n'y a qu'une âme lâche qui en soit capable, par une bassesse qui l'empêche d'en sentir l'indignité, ou un

1. Fanfaronnade, attitude qui consiste à faire le brave ostentatoirement.
2. Points, sujets.
3. Aide.
4. Points, sujets.
5. Ici, donner une part.

Le Cours-la-Reine

Cette longue promenade, tracée sur ordre de la reine Marie de Médicis en 1618, longe la Seine en aval des Tuileries, en direction de Chaillot. Elle pouvait être fermée à ses deux extrémités par des grilles. C'était une promenade très à la mode au XVIIIe siècle, et les voitures à cheval y passaient, jusqu'à ce qu'en 1724 le duc d'Antin la fît replanter d'arbres.

chrétien humble, par un excès de générosité qui le rend supérieur à cette honte. Je n'étais ni un homme lâche, ni un bon chrétien ; j'aurais donné la moitié de mon sang pour éviter cette humiliation.

« Tiberge, disais-je, le bon Tiberge, me refusera-t-il ce qu'il aura le pouvoir de me donner ? Non, il sera touché de ma misère ; mais il m'assassinera par sa morale. Il faudra essuyer ses reproches, ses exhortations, ses menaces ; il me fera acheter ses secours si cher, que je donnerais encore une partie de mon sang plutôt que de m'exposer à cette scène fâcheuse qui me laissera du trouble et des remords. Bon ! reprenais-je, il faut donc renoncer à tout espoir puisqu'il ne me reste point d'autre voie, et que je suis si éloigné de m'arrêter à ces deux-là, que je verserais plus volontiers la moitié de mon sang que d'en prendre une, c'est-à-dire tout mon sang plutôt que de les prendre toutes deux ? Oui, mon sang tout entier, ajoutai-je, après une réflexion d'un moment ; je le donnerais plus volontiers, sans doute, que de me réduire à de basses supplications. Mais il s'agit bien ici de mon sang ! Il s'agit de la vie et de l'entretien de Manon, il s'agit de son amour et de sa fidélité. Qu'ai-je à mettre en balance avec elle ? Je n'y ai rien mis jusqu'à présent. Elle me tient lieu de gloire, de bonheur et de fortune. Il y a bien des choses, sans doute, que je donnerais ma vie pour obtenir ou pour éviter mais estimer une chose plus que ma vie n'est pas une raison pour l'estimer autant que Manon. »

Je ne fus pas longtemps à me déterminer, après ce raisonnement. Je continuai mon chemin, résolu d'aller d'abord chez Tiberge, et de là chez M. de T…

En entrant à Paris, je pris un fiacre, quoique je n'eusse pas de quoi le payer ; je comptais sur les secours que j'allais solliciter. Je me fis conduire au Luxembourg[6], d'où j'envoyai avertir Tiberge que j'étais à l'attendre. Il satisfit mon impatience par sa promptitude[7]. Je lui appris l'extrémité de mes besoins, sans nul détour. Il me demanda si les cent pistoles que je lui avais rendues me suffiraient, et, sans m'opposer un seul mot de difficulté, il me les alla chercher dans le moment, avec cet air ouvert[8] et ce plaisir à donner qui n'est connu que de l'amour et de la véritable amitié.

---

6. Jardin créé en 1612 à la demande de Marie de Médicis, autour du palais du Luxembourg.

7. Rapidité.

8. Franc.

Quoique je n'eusse pas eu le moindre doute du succès de ma demande, je fus surpris de l'avoir obtenue à si bon marché, c'est-à-dire sans qu'il m'eût querellé sur mon impénitence[1]. Mais je me trompais, en me croyant tout à fait quitte de ses reproches, car lorsqu'il eut achevé de me compter son argent et que je me préparais à le quitter, il me pria de faire avec lui un tour d'allée. Je ne lui avais point parlé de Manon ; il ignorait qu'elle fût en liberté ; ainsi sa morale ne tomba que sur la fuite téméraire de Saint-Lazare et sur la crainte où il était qu'au lieu de profiter des leçons de sagesse que j'y avais reçues, je ne reprisse le train du désordre. Il me dit qu'étant allé pour me visiter à Saint-Lazare, le lendemain de mon évasion, il avait été frappé au-delà de toute expression en apprenant la manière dont j'en étais sorti ; qu'il avait eu là-dessus un entretien avec le Supérieur ; que ce bon père n'était pas encore remis de son effroi ; qu'il avait eu néanmoins la générosité de déguiser à M. le lieutenant général de police les circonstances de mon départ, et qu'il avait empêché que la mort du portier ne fût connue au dehors ; que je n'avais donc, de ce côté-là, nul sujet d'alarme, mais que, s'il me restait le moindre sentiment de sagesse, je profiterais de cet heureux tour que le Ciel donnait à mes affaires ; que je devais commencer par écrire à mon père, et me remettre bien avec lui ; et que, si je voulais suivre une fois son conseil, il était d'avis que je quittasse Paris, pour retourner dans le sein de ma famille.

J'écoutai son discours jusqu'à la fin. Il y avait là bien des choses satisfaisantes. Je fus ravi, premièrement, de n'avoir rien à craindre du côté de Saint-Lazare. Les rues de Paris me redevenaient un pays libre. En second lieu, je m'applaudis de ce que Tiberge n'avait pas la moindre idée de la délivrance de Manon et de son retour avec moi. Je remarquais même qu'il avait évité de me parler d'elle, dans l'opinion, apparemment, qu'elle me tenait moins au cœur puisque je paraissais si tranquille sur son sujet. Je résolus, sinon de retourner dans ma famille, du moins d'écrire à mon père, comme il me le conseillait, et de lui témoigner que j'étais disposé à rentrer dans l'ordre de mes devoirs et de ses volontés. Mon espérance était de l'engager à m'envoyer de l'argent, sous prétexte de faire mes exercices

1. Obstination, endurcissement dans le péché, la faute.

à l'Académie[2], car j'aurais eu peine à lui persuader que je fusse dans la disposition de retourner à l'état ecclésiastique. Et dans le fond, je n'avais nul éloignement[3] pour ce que je voulais lui promettre. J'étais bien aise, au contraire, de m'appliquer à quelque chose d'honnête et de raisonnable, autant que ce dessein pourrait s'accorder avec mon amour. Je faisais mon compte de[4] vivre avec ma maîtresse et de faire en même temps mes exercices ; cela était fort compatible. Je fus si satisfait de toutes ces idées que je promis à Tiberge de faire partir le jour même, une lettre pour mon père. J'entrai effectivement dans un bureau d'écriture, en le quittant, et j'écrivis d'une manière si tendre et si soumise, qu'en relisant ma lettre, je me flattai d'obtenir quelque chose du cœur paternel.

Quoique je fusse en état de prendre et de payer un fiacre après avoir quitté Tiberge, je me fis un plaisir de marcher fièrement en allant chez M. de T… Je trouvais de la joie dans cet exercice de ma liberté, pour laquelle mon ami m'avait assuré qu'il ne me restait rien à craindre. Cependant il me revint tout d'un coup à l'esprit que ses assurances ne regardaient que Saint-Lazare, et que j'avais, outre cela, l'affaire de l'Hôpital sur les bras, sans compter la mort de Lescaut, dans laquelle j'étais mêlé, du moins comme témoin. Ce souvenir m'effraya si vivement que je me retirai dans la première allée[5], d'où je fis appeler un carrosse. J'allai droit chez M. de T…, que je fis rire de ma frayeur. Elle me parut risible à moi-même, lorsqu'il m'eut appris que je n'avais rien à craindre du côté de l'Hôpital, ni de celui de Lescaut. Il me dit que, dans la pensée qu'on pourrait le soupçonner d'avoir eu part à l'enlèvement de Manon, il était allé le matin à l'Hôpital, et qu'il avait demandé à la voir en feignant d'ignorer ce qui était arrivé ; qu'on était si éloigné de nous accuser, ou lui, ou moi, qu'on s'était empressé, au contraire, de lui apprendre cette aventure comme une étrange nouvelle, et qu'on

---

2. Il a déjà été question de ce lieu où l'on apprenait notamment à manier les armes et à monter à cheval.

3. Répugnance.

4. Je me proposais de, je projetais de.

5. Ici, petit passage qui permet d'entrer dans un corps de bâtiments.

Bureau d'écriture

Le bureau d'écriture est un lieu public où l'on trouvait de quoi écrire (encre, papier, plumes) et où l'on pouvait même, quand on était illettré, payer un écrivain public qui rédigeait des lettres ou remplissait des papiers.

admirait[1] qu'une fille aussi jolie que Manon eût pris le parti de fuir avec un valet : qu'il s'était contenté de répondre froidement qu'il n'en était pas surpris, et qu'on fait tout pour la liberté. Il continua de me raconter qu'il était allé de là chez Lescaut, dans l'espérance de m'y trouver avec ma charmante maîtresse ; que l'hôte de la maison, qui était un carrossier[2], lui avait protesté qu'il n'avait vu ni elle ni moi ; mais qu'il n'était pas étonnant que nous n'eussions point paru chez lui, si c'était pour Lescaut que nous devions y venir, parce que nous aurions sans doute appris qu'il venait d'être tué à peu près dans le même temps. Sur quoi, il n'avait pas refusé d'expliquer ce qu'il savait de la cause et des circonstances de cette mort.

Environ deux heures auparavant, un garde du corps[3], des amis de Lescaut, l'était venu voir et lui avait proposé de jouer. Lescaut avait gagné si rapidement que l'autre s'était trouvé cent écus de moins en une heure, c'est-à-dire tout son argent. Ce malheureux, qui se voyait sans un sou, avait prié Lescaut de lui prêter la moitié de la somme qu'il avait perdue ; et sur quelques difficultés nées à cette occasion, ils s'étaient querellés avec une animosité[4] extrême. Lescaut avait refusé de sortir pour mettre l'épée à la main, et l'autre avait juré, en le quittant, de lui casser la tête : ce qu'il avait exécuté le soir même. M. de T… eut l'honnêteté d'ajouter qu'il avait été fort inquiet par rapport à nous et qu'il continuait de m'offrir ses services. Je ne balançai point à lui apprendre le lieu de notre retraite. Il me pria de trouver bon qu'il allât souper avec nous.

Comme il ne me restait qu'à prendre du linge et des habits pour Manon, je lui dis que nous pouvions partir à l'heure même, s'il voulait avoir la complaisance de s'arrêter un moment avec moi chez quelques marchands. Je ne sais s'il crut que je lui faisais cette proposition dans la vue d'intéresser sa générosité, ou si ce fut par le simple mouvement d'une belle âme, mais ayant consenti à partir aussitôt, il me mena chez les marchands qui fournissaient sa maison ; il me fit choisir plusieurs étoffes d'un prix plus considérable que je ne me l'étais proposé, et lorsque je me disposais à les

---

1. S'étonnait.
2. Fabricant et vendeur (ou loueur) de carrosses.
3. Garde du roi.
4. Attitude malveillante et agressive.

payer il défendit absolument aux marchands de recevoir un sou de moi. Cette galanterie[5] se fit de si bonne grâce que je crus pouvoir en profiter sans honte. Nous prîmes ensemble le chemin de Chaillot, où j'arrivai avec moins d'inquiétude que je n'en étais parti.

Le chevalier des Grieux ayant employé plus d'une heure à ce récit, je le priai de prendre un peu de relâche[6], et de nous tenir compagnie à souper. Notre attention lui fit juger que nous l'avions écouté avec plaisir. Il nous assura que nous trouverions quelque chose encore de plus intéressant dans la suite de son histoire, et lorsque nous eûmes fini de souper il continua dans ces termes.

5. Ici, marque de courtoisie, de civilité.
6. Repos.

Paul-Émile Bécat, Manon et Des Grieux sur le bateau qui les emmène en Amérique, 1885, BNF, Paris.

Deuxième partie

Ma présence et les politesses de M. de T… dissipèrent tout ce qui pouvait rester de chagrin à Manon.

– Oublions nos terreurs passées, ma chère âme, lui dis-je en arrivant, et recommençons à vivre plus heureux que jamais. Après tout, l'amour est un bon maître ; la fortune ne saurait nous causer autant de peines qu'il nous fait goûter de plaisirs.

Notre souper fut une vraie scène de joie. J'étais plus fier et plus content, avec Manon et mes cent pistoles, que le plus riche partisan[1] de Paris avec ses trésors entassés. Il faut compter ses richesses par les moyens qu'on a de satisfaire ses désirs. Je n'en avais pas un seul à remplir ; l'avenir même me causait peu d'embarras. J'étais presque sûr que mon père ne ferait pas difficulté de me donner de quoi vivre honorablement à Paris, parce qu'étant dans ma vingtième année, j'entrais en droit[2] d'exiger ma part du bien de ma mère. Je ne cachai point à Manon que le fond de mes richesses n'était que de cent pistoles. C'était assez pour attendre tranquillement une meilleure fortune, qui semblait ne me pouvoir manquer, soit par mes droits naturels ou par les ressources du jeu.

Ainsi, pendant les premières semaines, je ne pensai qu'à jouir de ma situation ; et la force de l'honneur autant qu'un reste de ménagement[3] pour la police, me faisait remettre de jour en jour à renouer avec les associés de l'hôtel de T…, je me réduisis à jouer dans quelques assemblées moins décriées, où ma faveur du sort m'épargna l'humiliation d'avoir recours à l'industrie[4]. J'allais passer à la ville une partie de l'après-midi, et je revenais souper à Chaillot, accompagné fort souvent de M. de T…, dont l'amitié croissait de jour en jour pour nous. Manon trouva des ressources contre l'ennui. Elle se lia, dans le voisinage, avec quelques jeunes personnes que le

1. Financier qui avait le droit de lever un impôt.

2. Des Grieux, à sa majorité, acquiert le droit d'exiger sa part d'héritage de sa mère défunte, héritage dont son père avait jusque-là le droit de profiter (par usufruit).

3. Respect.

4. Ce terme renvoie à la « Ligue de l'Industrie » évoquée dans la première partie, compagnie de joueurs malhonnêtes qui trichent pour gagner de l'argent aux jeux.

printemps y avait ramenées. La promenade et les petits exercices de leur sexe faisaient alternativement leur occupation. Une partie de jeu, dont elles avaient réglé les bornes, fournissait aux frais de la voiture. Elles allaient prendre l'air au bois de Boulogne, et le soir, à mon retour, je retrouvais Manon plus belle, plus contente, et plus passionnée que jamais.

Il s'éleva néanmoins quelques nuages, qui semblèrent menacer l'édifice de mon bonheur. Mais ils furent nettement dissipés, et l'humeur folâtre[1] de Manon rendit le dénouement si comique, que je trouve encore de la douceur dans un souvenir qui me représente sa tendresse et les agréments de son esprit.

Le seul valet qui composait notre domestique[2] me prit un jour à l'écart pour me dire, avec beaucoup d'embarras, qu'il avait un secret d'importance à me communiquer. Je l'encourageai à parler librement. Après quelques détours, il me fit entendre qu'un seigneur étranger semblait avoir pris beaucoup d'amour pour mademoiselle Manon. Le trouble de mon sang se fit sentir dans toutes mes veines.

– En a-t-elle pour lui ? interrompis-je plus brusquement que la prudence ne permettait pour m'éclaircir.

Ma vivacité l'effraya. Il me répondit, d'un air inquiet, que sa pénétration n'avait pas été si loin, mais qu'ayant observé, depuis plusieurs jours, que cet étranger venait assidûment au bois de Boulogne, qu'il y descendait de son carrosse, et que, s'engageant seul dans les contre-allées[3], il paraissait chercher l'occasion de voir ou de rencontrer mademoiselle, il lui était venu à l'esprit de faire quelque liaison avec ses gens[4], pour apprendre le nom de leur maître ; qu'ils le traitaient de prince italien, et qu'ils le soupçonnaient eux-mêmes de quelque aventure galante ; qu'il n'avait pu se procurer d'autres lumières, ajouta-t-il en tremblant, parce que le Prince, étant alors sorti du bois, s'était approché familièrement de lui, et lui avait

1. Légère, peu sérieuse.
2. Notre domesticité, l'ensemble des valets et servantes.
3. Allée située sur le côté d'une allée principale, et qui lui est parallèle.
4. Les personnes qui sont à son service.

Le bois de Boulogne

Cette petite forêt entourant le village de Boulogne et s'étendant jusqu'à Chaillot, est une promenade appréciée des cavaliers et des carrosses, et le restera jusqu'à la fin du XIXe siècle, comme en témoignent les romans de Zola ou de Maupassant.

demandé son nom ; après quoi, comme s'il eût deviné qu'il était à notre service, il l'avait félicité d'appartenir à la plus charmante personne du monde.

J'attendais impatiemment la suite de ce récit. Il le finit par des excuses timides, que je n'attribuai qu'à mes imprudentes agitations. Je le pressai en vain de continuer sans déguisement[5]. Il me protesta qu'il ne savait rien de plus, et que, ce qu'il venait de me raconter étant arrivé le jour précédent, il n'avait pas revu les gens du prince. Je le rassurai, non seulement par des éloges, mais par une honnête récompense, et sans lui marquer la moindre défiance de Manon, je lui recommandai, d'un ton plus tranquille, de veiller sur toutes les démarches de l'étranger.

Au fond, sa frayeur me laissa de cruels doutes. Elle pouvait lui avoir fait supprimer une partie de la vérité. Cependant, après quelques réflexions, je revins de mes alarmes, jusqu'à regretter d'avoir donné cette marque de faiblesse. Je ne pouvais faire un crime à Manon d'être aimée. Il y avait beaucoup d'apparence qu'elle ignorait sa conquête ; et quelle vie allais-je mener si j'étais capable d'ouvrir si facilement l'entrée de mon cœur à la jalousie ?

Je retournai à Paris le jour suivant, sans avoir formé d'autre dessein que de hâter le progrès de ma fortune en jouant plus gros jeu, pour me mettre en état de quitter Chaillot au premier sujet d'inquiétude. Le soir, je n'appris rien de nuisible à mon repos. L'étranger avait reparu au bois de Boulogne, et prenant droit[6] de ce qui s'y était passé la veille pour se rapprocher de mon confident, il lui avait parlé de son amour, mais dans des termes qui ne supposaient aucune intelligence[7] avec Manon. Il l'avait interrogé sur mille détails. Enfin, il avait tenté de le mettre dans ses intérêts par des promesses considérables, et tirant une lettre qu'il tenait prête, il lui avait offert inutilement quelques louis d'or pour la rendre à sa maîtresse.

Deux jours se passèrent sans aucun autre incident. Le troisième fut plus orageux. J'appris, en arrivant de la ville assez tard, que Manon, pendant sa promenade, s'était écartée un moment de ses

---

5. Sans masquer la vérité.
6. Prenant prétexte.
7. Entente, complicité.

compagnes, et que l'étranger, qui la suivait à peu de distance, s'étant approché d'elle au signe qu'elle lui en avait fait, elle lui avait remis une lettre qu'il avait reçue avec des transports[1] de joie. Il n'avait eu le temps de les exprimer qu'en baisant amoureusement les caractères, parce qu'elle s'était aussitôt dérobée. Mais elle avait paru d'une gaieté extraordinaire pendant le reste du jour, et depuis qu'elle était rentrée au logis, cette humeur ne l'avait pas abandonnée. Je frémis, sans doute[2], à chaque mot.

– Es-tu bien sûr, dis-je tristement à mon valet, que tes yeux ne t'aient pas trompé ?

Il prit le Ciel à témoin de sa bonne foi. Je ne sais à quoi les tourments de mon cœur m'auraient porté si Manon, qui m'avait entendu rentrer ne fût venue au-devant de moi avec un air d'impatience et des plaintes de ma lenteur. Elle n'attendit point ma réponse pour m'accabler de caresses, et lorsqu'elle se vit seule avec moi, elle me fit des reproches fort vifs de l'habitude que je prenais de revenir si tard. Mon silence lui laissant la liberté de continuer, elle me dit que, depuis trois semaines, je n'avais pas passé une journée entière avec elle ; qu'elle ne pouvait soutenir de si longues absences ; qu'elle me demandait du moins un jour, par intervalles[3] ; et que, dès le lendemain, elle voulait me voir près d'elle du matin au soir.

J'y serai, n'en doutez pas, lui répondis-je d'un ton assez brusque.

Elle marqua peu d'attention pour mon chagrin, et dans le mouvement de sa joie, qui me parut en effet d'une vivacité singulière, elle me fit mille peintures plaisantes de la manière dont elle avait passé le jour. « Étrange fille ! me disais-je à moi-même ; que dois-je attendre de ce prélude[4] ? » L'aventure de notre première séparation me revint à l'esprit. Cependant je croyais voir dans le fond de sa joie et de ses caresses, un air de vérité qui s'accordait avec les apparences.

Il ne me fut pas difficile de rejeter la tristesse, dont je ne pus me défendre pendant notre souper, sur une perte que je me plaignis d'avoir faite au jeu. J'avais regardé comme un extrême avantage que l'idée de ne pas quitter Chaillot le jour suivant fût venue d'elle-même. C'était gagner du temps pour mes délibérations. Ma

1. Élans, mouvements exaltés.
2. Assurément, bien sûr.
3. De temps en temps.
4. Début, entrée en matière.

présence éloignait toutes sortes de craintes pour le lendemain, et si je ne remarquais rien qui m'obligeât de faire éclater mes découvertes, j'étais déjà résolu de transporter, le jour d'après, mon établissement à la ville, dans un quartier où je n'eusse rien à démêler avec les princes. Cet arrangement me fit passer une nuit plus tranquille, mais il ne m'ôtait pas la douleur d'avoir à trembler pour une nouvelle infidélité.

À mon réveil, Manon me déclara que, pour passer le jour dans notre appartement, elle ne prétendait pas que j'en eusse l'air plus négligé, et qu'elle voulait que mes cheveux fussent accommodés de ses propres mains. Je les avais fort beaux. C'était un amusement qu'elle s'était donné plusieurs fois ; mais elle y apporta plus de soins que je ne lui en avais jamais vu prendre. Je fus obligé, pour la satisfaire, de m'asseoir devant sa toilette[5], et d'essuyer toutes les petites recherches qu'elle imagina pour ma parure. Dans le cours de son travail, elle me faisait tourner souvent le visage vers elle, et s'appuyant des deux mains sur mes épaules, elle me regardait avec une curiosité avide. Ensuite, exprimant sa satisfaction par un ou deux baisers, elle me faisait reprendre ma situation pour continuer son ouvrage. Ce badinage[6] nous occupa jusqu'à l'heure du dîner[7]. Le goût qu'elle y avait pris m'avait paru si naturel, et sa gaieté sentait si peu l'artifice, que ne pouvant concilier des apparences si constantes[8] avec le projet d'une noire trahison, je fus tenté plusieurs fois de lui ouvrir mon cœur et de me décharger d'un fardeau qui commençait à me peser. Mais je me flattais, à chaque instant, que l'ouverture[9] viendrait d'elle, et je m'en faisais d'avance un délicieux triomphe.

Nous rentrâmes dans son cabinet. Elle se mit à rajuster mes cheveux, et ma complaisance me faisait céder à toutes ses volontés, lorsqu'on vint l'avertir que le prince de… demandait à la voir. Ce nom m'échauffa jusqu'au transport.

– Quoi donc ? m'écriai-je en la repoussant. Qui ? Quel prince ?

Elle ne répondit point à mes questions.

---

5. Table où l'on dispose les linges, les miroirs, les peignes et maquillages.

6. Occupation légère, plaisante.

7. Déjeuner.

8. Certaines, évidentes.

9. Confidence.

– Faites-le monter, dit-elle froidement au valet ; et se tournant vers moi :

– Cher amant, toi que j'adore, reprit-elle d'un ton enchanteur, je te demande un moment de complaisance, un moment, un seul moment. Je t'en aimerai mille fois plus. Je t'en saurai gré toute ma vie.

L'indignation et la surprise me lièrent la langue. Elle répétait ses instances[1], et je cherchais des expressions pour les rejeter avec mépris. Mais, entendant ouvrir la porte de l'antichambre, elle empoigna d'une main mes cheveux, qui étaient flottants sur mes épaules, elle prit de l'autre son miroir de toilette ; elle employa toute sa force pour me traîner dans cet état jusqu'à la porte du cabinet, et l'ouvrant du genou, elle offrit à l'étranger, que le bruit semblait avoir arrêté au milieu de la chambre, un spectacle qui ne dut pas lui causer peu d'étonnement. Je vis un homme fort bien mis mais d'assez mauvaise mine[2]. Dans l'embarras où le jetait cette scène, il ne laissa pas de faire une profonde révérence. Manon ne lui donna pas le temps d'ouvrir la bouche. Elle lui présenta son miroir :

– Voyez, monsieur, lui dit-elle, regardez-vous bien, et rendez-moi justice. Vous me demandez de l'amour. Voici l'homme que j'aime, et que j'ai juré d'aimer toute ma vie. Faites la comparaison vous-même. Si vous croyez lui pouvoir disputer mon cœur, apprenez-moi donc sur quel fondement, car je vous déclare qu'aux yeux de votre servante très humble, tous les princes d'Italie ne valent pas un des cheveux que je tiens.

Pendant cette folle harangue[3], qu'elle avait apparemment méditée, je faisais des efforts inutiles pour me dégager, et prenant pitié d'un homme de considération, je me sentais porté à réparer ce petit outrage[4] par mes politesses. Mais, s'étant remis assez facilement, sa réponse, que je trouvai un peu grossière, me fit perdre cette disposition.

– Mademoiselle, mademoiselle, lui dit-il avec un sourire forcé, j'ouvre en effet les yeux, et je vous trouve bien moins novice[5] que je ne me l'étais figuré.

---

1. Demandes pressantes, insistantes.
2. Cela suggère une certaine laideur du personnage.
3. Discours solennel.
4. Offense, affront.
5. Inexpérimentée, ignorante.

Il se retira aussitôt sans jeter les yeux sur elle, en ajoutant, d'une voix plus basse, que les femmes de France ne valaient pas mieux que celles d'Italie. Rien ne m'invitait, dans cette occasion, à lui faire prendre une meilleure idée du beau sexe.

Manon quitta mes cheveux, se jeta dans un fauteuil, et fit retentir la chambre de longs éclats de rire. Je ne dissimulerai pas que je fus touché, jusqu'au fond du cœur, d'un sacrifice que je ne pouvais attribuer qu'à l'amour. Cependant la plaisanterie me parut excessive. Je lui en fis des reproches. Elle me raconta que mon rival, après l'avoir obsédée[6] pendant plusieurs jours au bois de Boulogne, et lui avoir fait deviner ses sentiments par des grimaces, avait pris le parti de lui en faire une déclaration ouverte, accompagnée de son nom et de tous ses titres, dans une lettre qu'il lui avait fait remettre par le cocher qui la conduisait avec ses compagnes ; qu'il lui promettait, au-delà des monts[7], une brillante fortune et des adorations éternelles ; qu'elle était revenue à Chaillot dans la résolution de me communiquer cette aventure, mais qu'ayant conçu que nous en pouvions tirer de l'amusement, elle n'avait pu résister à son imagination ; qu'elle avait offert au prince italien, par une réponse flatteuse, la liberté de la voir chez elle, et qu'elle s'était fait un second plaisir de me faire entrer dans son plan, sans m'en avoir fait naître le moindre soupçon. Je ne lui dis pas un mot des lumières qui m'étaient venues par une autre voie, et l'ivresse de l'amour triomphant me fit tout approuver.

J'ai remarqué, dans toute ma vie, que le Ciel a toujours choisi, pour me frapper de ses plus rudes châtiments, le temps où ma fortune me semblait le mieux établie. Je me croyais si heureux, avec l'amitié de M. de T… et la tendresse de Manon, qu'on n'aurait pu me faire comprendre que j'eusse à craindre quelque nouveau malheur. Cependant, il s'en préparait un si funeste[8], qu'il m'a réduit à l'état où vous m'avez vu à Pacy et, par degrés[9], à des extrémités si déplorables que vous aurez peine à croire mon récit fidèle.

Un jour que nous avions M. de T… à souper, nous entendîmes le bruit d'un carrosse qui s'arrêtait à la porte de l'hôtellerie. La

6. Importunée par une présence constante, assidue.

7. En Italie, au-delà des Alpes.

8. Qui apporte du malheur, désastreux.

9. Progressivement.

curiosité nous fit désirer de savoir qui pouvait arriver à cette heure. On nous dit que c'était le jeune G… M…, c'est-à-dire le fils de notre plus cruel ennemi, de ce vieux débauché qui m'avait mis à Saint-Lazare et Manon à l'Hôpital. Son nom me fit monter la rougeur au visage.

– C'est le Ciel qui me l'amène, dis-je à M. de T…, pour le punir de la lâcheté de son père. Il ne m'échappera pas que nous n'ayons mesuré nos épées.

M. de T…, qui le connaissait et qui était même de ses meilleurs amis, s'efforça de me faire prendre d'autres sentiments pour lui. Il m'assura que c'était un jeune homme très aimable, et si peu capable d'avoir eu part à l'action de son père que je ne le verrais pas moi-même un moment sans lui accorder mon estime et sans désirer la sienne. Après avoir ajouté mille choses à son avantage, il me pria de consentir qu'il allât lui proposer de venir prendre place avec nous, et de s'accommoder du reste de notre souper. Il prévint l'objection du péril où c'était exposer Manon que de découvrir sa demeure au fils de notre ennemi, en protestant, sur son honneur et sur sa foi, que, lorsqu'il nous connaîtrait, nous n'aurions point de plus zélé[1] défenseur. Je ne fis difficulté de rien, après de telles assurances. M. de T… ne nous l'amena point sans avoir pris un moment pour l'informer qui nous étions. Il entra d'un air qui nous prévint[2] effectivement en sa faveur. Il m'embrassa[3]. Nous nous assîmes. Il admira Manon, moi, tout ce qui nous appartenait, et il mangea d'un appétit qui fit honneur à notre souper. Lorsqu'on eut desservi, la conversation devint plus sérieuse. Il baissa les yeux pour nous parler de l'excès où son père s'était porté contre nous. Il nous fit les excuses les plus soumises.

– Je les abrège, nous dit-il, pour ne pas renouveler un souvenir qui me cause trop de honte.

Les duels

La pratique aristocratique du « duel du point d'honneur » (duel prenant le prétexte d'une offense envers l'honneur d'une personne), bien qu'interdit depuis le début du XVIIe siècle, n'a jamais cessé jusqu'à la fin de l'Ancien Régime. Les duellistes étaient condamnés en justice, mais également souvent graciés par le roi. L'interdiction des duels n'était donc pas véritablement effective.

1. Dévoué, fervent.
2. Disposa.
3. Me prit dans ses bras, me fit une accolade.

Si elles étaient sincères dès le commencement, elles le devinrent bien plus dans la suite, car il n'eut pas passé une demi-heure dans cet entretien, que je m'aperçus de l'impression que les charmes de Manon faisaient sur lui. Ses regards et ses manières s'attendrirent par degrés. Il ne laissa rien échapper néanmoins dans ses discours, mais, sans être aidé de la jalousie, j'avais trop d'expérience en amour pour ne pas discerner ce qui venait de cette source. Il nous tint compagnie pendant une partie de la nuit, et il ne nous quitta qu'après s'être félicité de notre connaissance, et nous avoir demandé la permission de venir nous renouveler quelquefois l'offre de ses services. Il partit le matin avec M. de T..., qui se mit avec lui dans son carrosse.

Je ne me sentais, comme j'ai dit, aucun penchant à la jalousie. J'avais plus de crédulité que jamais pour les serments de Manon. Cette charmante créature était si absolument maîtresse de mon âme que je n'avais pas un seul petit sentiment qui ne fût de l'estime et de l'amour. Loin de lui faire un crime d'avoir plu au jeune G... M..., j'étais ravi de l'effet de ses charmes, et je m'applaudissais d'être aimé d'une fille que tout le monde trouvait aimable. Je ne jugeai pas même à propos de lui communiquer mes soupçons. Nous fûmes occupés, pendant quelques jours, du soin de faire ajuster[4] ses habits, et à délibérer si nous pouvions aller à la comédie sans appréhender d'être reconnus. M. de T... revint nous voir avant la fin de la semaine. Nous le consultâmes là-dessus. Il vit bien qu'il fallait dire oui, pour faire plaisir à Manon. Nous résolûmes d'y aller le même soir avec lui. Cependant cette résolution ne put s'exécuter, car m'ayant tiré aussitôt en particulier :

– Je suis, me dit-il, dans le dernier embarras depuis que je ne vous ai vu, et la visite que je vous fais aujourd'hui en est une suite. G... M... aime votre maîtresse. Il m'en a fait confidence. Je suis son intime ami, et disposé en tout à le servir ; mais je ne suis pas moins le vôtre. J'ai considéré que ses intentions sont injustes et je les ai condamnées. J'aurais gardé son secret s'il n'avait dessein d'employer, pour plaire, que les voies communes, mais il est bien informé de l'humeur de Manon. Il a su, je ne sais d'où, qu'elle aime l'abondance et les plaisirs, et comme il jouit déjà d'un bien considérable, il m'a

4. Retoucher.

déclaré qu'il veut la tenter d'abord par un très gros présent et par l'offre de dix mille livres de pension. Toutes choses égales, j'aurais peut-être eu beaucoup plus de violence à me faire pour le trahir mais la justice s'est jointe en votre faveur à l'amitié ; d'autant plus qu'ayant été la cause imprudente de sa passion, en l'introduisant ici, je suis obligé de prévenir les effets du mal que j'ai causé.

Je remerciai M. de T… d'un service de cette importance, et je lui avouai, avec un parfait retour de confiance, que le caractère de Manon était tel que G… M… se le figurait, c'est-à-dire qu'elle ne pouvait supporter le nom de la pauvreté.

– Cependant, lui dis-je, lorsqu'il n'est question que du plus ou du moins, je ne la crois pas capable de m'abandonner pour un autre. Je suis en état de ne la laisser manquer de rien, et je compte que ma fortune va croître de jour en jour. Je ne crains qu'une chose, ajoutai-je, c'est que G… M… ne se serve de la connaissance qu'il a de notre demeure pour nous rendre quelque mauvais office[1].

M. de T… m'assura que je devais être sans appréhension de ce côté-là ; que G… M… était capable d'une folie amoureuse, mais qu'il ne l'était point d'une bassesse ; que s'il avait la lâcheté d'en commettre une, il serait le premier, lui qui parlait, à l'en punir et à réparer par là le malheur qu'il avait eu d'y donner occasion.

– Je vous suis obligé de ce sentiment, repris-je, mais le mal serait fait et le remède fort incertain. Ainsi le parti le plus sage est de le prévenir, en quittant Chaillot pour prendre une autre demeure.

– Oui, reprit M. de T… Mais vous aurez peine à le faire aussi promptement qu'il faudrait, car G… M… doit être ici à midi ; il me le dit hier et c'est ce qui m'a porté à venir si matin[2], pour vous informer de ses vues. Il peut arriver à tout moment.

Un avis si pressant me fit regarder cette affaire d'un œil plus sérieux. Comme il me semblait impossible d'éviter la visite de G… M…, et qu'il me le serait aussi, sans doute, d'empêcher qu'il ne s'ouvrît à Manon, je pris le parti de la prévenir moi-même sur le dessein[3] de ce nouveau rival. Je m'imaginai que, me sachant instruit

---

1. Rendre un mauvais service, jouer un mauvais tour.

2. Si tôt, à une heure si matinale.

3. Projet.

des propositions qu'il lui ferait, et les recevant à mes yeux, elle aurait assez de force pour les rejeter. Je découvris ma pensée à M. de T…, qui me répondit que cela était extrêmement délicat.

– Je l'avoue, lui dis-je, mais toutes les raisons qu'on peut avoir d'être sûr d'une maîtresse, je les ai de compter sur l'affection de la mienne. Il n'y aurait que la grandeur des offres qui pût l'éblouir, et je vous ai dit qu'elle ne connaît point l'intérêt. Elle aime ses aises, mais elle m'aime aussi, et, dans la situation où sont mes affaires, je ne saurais croire qu'elle me préfère le fils d'un homme qui l'a mise à l'Hôpital.

En un mot, je persistai dans mon dessein, et m'étant retiré à l'écart avec Manon, je lui déclarai naturellement[4] tout ce que je venais d'apprendre. Elle me remercia de la bonne opinion que j'avais d'elle, et elle me promit de recevoir les offres de G… M… d'une manière qui lui ôterait l'envie de les renouveler.

– Non, lui dis-je, il ne faut pas l'irriter par une brusquerie. Il peut nous nuire. Mais tu sais assez, toi, friponne, ajoutai-je en riant, comment te défaire d'un amant désagréable ou incommode[5].

Elle reprit, après avoir un peu rêvé :

– Il me vient un dessein admirable, s'écria-t-elle, et je suis toute glorieuse[6] de l'invention. G… M… est le fils de notre plus cruel ennemi ; il faut nous venger du père, non pas sur le fils, mais sur sa bourse. Je veux l'écouter, accepter ses présents, et me moquer de lui.

Le projet est joli, lui dis-je, mais tu ne songes pas, mon pauvre enfant, que c'est le chemin qui nous a conduits droit à l'Hôpital.

J'eus beau lui représenter le péril de cette entreprise, elle me dit qu'il ne s'agissait que de bien prendre nos mesures[7], et elle répondit à toutes mes objections. Donnez-moi un amant qui n'entre point aveuglément dans tous les caprices d'une maîtresse adorée, et je conviendrai que j'eus tort de céder si facilement. La résolution fut prise de faire une dupe de G… M…, et par un tour bizarre de mon sort, il arriva que je devins la sienne.

---

4. Simplement, avec naturel.

5. Fâcheux, gênant.

6. Fière.

7. Dispositions, précautions.

Nous vîmes paraître son carrosse vers les onze heures. Il nous fit des compliments fort recherchés sur la liberté qu'il prenait de venir dîner avec nous. Il ne fut pas surpris de trouver M. de T..., qui lui avait promis la veille de s'y rendre aussi, et qui avait feint quelques affaires pour se dispenser de venir dans la même voiture. Quoiqu'il n'y eût pas un seul de nous qui ne portât la trahison dans le cœur, nous nous mîmes à table avec un air de confiance et d'amitié. G... M... trouva aisément l'occasion de déclarer ses sentiments à Manon. Je ne dus pas lui paraître gênant, car je m'absentai exprès pendant quelques minutes. Je m'aperçus, à mon retour, qu'on ne l'avait pas désespéré par un excès de rigueur. Il était de la meilleure humeur du monde. J'affectai de le paraître aussi. Il riait intérieurement de ma simplicité[1], et moi de la sienne. Pendant tout l'après-midi, nous fûmes l'un pour l'autre une scène fort agréable. Je lui ménageai encore, avant son départ, un moment d'entretien particulier avec Manon, de sorte qu'il eut lieu de s'applaudir de ma complaisance autant que de la bonne chère[2].

Aussitôt qu'il fut monté en carrosse avec M. de T..., Manon accourut à moi, les bras ouverts, et m'embrassa en éclatant de rire. Elle me répéta ses discours et ses propositions, sans y changer un mot. Ils se réduisaient à ceci : il l'adorait. Il voulait partager avec elle quarante mille livres de rente dont il jouissait déjà, sans compter ce qu'il attendait après la mort de son père. Elle allait être maîtresse de son cœur et de sa fortune, et, pour gage de ses bienfaits, il était prêt à lui donner un carrosse, un hôtel meublé[3], une femme de chambre, trois laquais[4] et un cuisinier.

- Voilà un fils, dis-je à Manon, bien autrement généreux que son père. Parlons de bonne foi, ajoutai-je ; cette offre ne vous tente-t-elle point ?

- Moi ? répondit-elle, en ajustant à sa pensée deux vers de Racine[5] :

1. Naïveté.
2. Qualité et saveur du repas.
3. Maison particulière luxueuse, garnie de tout ce qui permet une vie confortable.
4. Valets portant une livrée, un uniforme.
5. Jean Racine (1639-1699), poète et dramaturge, dont les onze tragédies en vers (*Andromaque*, *Phèdre*, *Iphigénie*, etc.) sont considérées comme le sommet du théâtre tragique de la seconde moitié du XVIIe siècle.

Moi ! vous me soupçonnez de cette perfidie ?
Moi ! je pourrais souffrir un visage odieux,
Qui rappelle toujours l'Hôpital à mes yeux ?
– Non, repris-je, en continuant la parodie :
J'aurais peine à penser que l'Hôpital, Madame,
Fût un trait dont l'Amour l'eût gravé dans votre âme.

Mais c'en est un bien séduisant qu'un hôtel meublé avec un carrosse et trois laquais ; et l'amour en a peu d'aussi forts.

Elle me protesta que son cœur était à moi pour toujours, et qu'il ne recevrait jamais d'autres traits[6] que les miens.

– Les promesses qu'il m'a faites, me dit-elle, sont un aiguillon[7] de vengeance, plutôt qu'un trait d'amour.

Je lui demandai si elle était dans le dessein d'accepter l'hôtel et le carrosse. Elle me répondit qu'elle n'en voulait qu'à son argent. La difficulté était d'obtenir l'un sans l'autre. Nous résolûmes d'attendre l'entière explication du projet de G… M…, dans une lettre qu'il avait promis de lui écrire. Elle la reçut en effet le lendemain, par un laquais sans livrée, qui se procura[8] fort adroitement l'occasion de lui parler sans témoins. Elle lui dit d'attendre sa réponse, et elle vint m'apporter aussitôt sa lettre. Nous l'ouvrîmes ensemble. Outre les lieux communs[9] de tendresse, elle contenait le détail des promesses de mon rival. Il ne bornait point sa dépense. Il s'engageait à lui compter dix mille francs, en prenant possession de l'hôtel, et à réparer tellement les diminutions de cette somme, qu'elle l'eût toujours devant elle en argent comptant[10]. Le jour de l'inauguration n'était pas reculé trop loin : il ne lui en demandait que deux pour les préparatifs, et il lui marquait le nom de la rue et de l'hôtel, où

6. Flèches (allusion à Cupidon et à son arc qui transperce les cœurs).
7. Bâton muni d'une pointe métallique, pour piquer et faire avancer les bœufs.
8. Trouva, obtint.
9. Arguments qui se rapprochent de banalités.
10. En liquide, en espèces.

Une parodie d'*Iphigénie*

Manon et Des Grieux parodient dans ces vers, avec un raffinement qu'on ne leur connaissait pas auparavant, un passage d'*Iphigénie* de Racine, acte II, scène 5, quand Iphigénie prend soudain conscience qu'Ériphile est amoureuse du même homme qu'elle (Achille). Ériphile, alors, proteste :
« Moi ? Vous me soupçonnez de cette perfidie ?
Moi j'aimerais, Madame, un vainqueur furieux,
Qui toujours tout sanglant se présente à mes yeux,
Qui la flamme à la main, et de meurtres avide
Mit en cendre Lesbos… »

il lui promettait de l'attendre l'après-midi du second jour si elle pouvait se dérober de mes mains. C'était l'unique point sur lequel il la conjurait de le tirer d'inquiétude ; il paraissait sûr de tout le reste, mais il ajoutait que, si elle prévoyait de la difficulté à m'échapper, il trouverait le moyen de rendre sa fuite aisée.

G… M… était plus fin que son père ; il voulait tenir sa proie avant que de compter ses espèces. Nous délibérâmes sur la conduite que Manon avait à tenir. Je fis encore des efforts pour lui ôter cette entreprise de la tête et je lui en représentai tous les dangers. Rien ne fut capable d'ébranler sa résolution. Elle fit une courte réponse à G… M…, pour l'assurer qu'elle ne trouverait pas de difficulté à se rendre à Paris le jour marqué, et qu'il pouvait l'attendre avec certitude. Nous réglâmes ensuite que je partirais sur-le-champ pour aller louer un nouveau logement dans quelque village, de l'autre côté de Paris, et que je transporterais avec moi notre petit équipage[1] ; que le lendemain après-midi, qui était le temps de son assignation[2], elle se rendrait de bonne heure à Paris ; qu'après avoir reçu les présents de G… M…, elle le prierait instamment de la conduire à la Comédie ; qu'elle prendrait avec elle tout ce qu'elle pourrait porter de la somme, et qu'elle chargerait du reste mon valet, qu'elle voulait mener avec elle. C'était toujours le même qui l'avait délivrée de l'Hôpital, et qui nous était infiniment attaché. Je devais me trouver avec un fiacre[3], à l'entrée de la rue Saint André-des-Arts, et l'y laisser vers les sept heures, pour m'avancer dans l'obscurité à la porte de la Comédie. Manon me promettait d'inventer des prétextes pour sortir un instant de sa loge, et de l'employer à descendre pour me rejoindre. L'exécution du reste était facile. Nous aurions regagné mon fiacre en un moment, et nous serions sortis de Paris par le faubourg Saint-Antoine, qui était le chemin de notre nouvelle demeure.

Le faubourg Saint-Antoine

Aujourd'hui quartier de Paris, c'était au XVIIIe une agglomération située à l'extérieur des murs de Paris, développée autour de l'abbaye Saint-Antoine-des-Champs. Le faubourg rassemblait de nombreux couvents, mais aussi des artisans de l'industrie du meuble (tapissiers, ébénistes, menuisiers, décorateurs) et des « folies », résidences de campagne entourées de jardins arborés pour seigneurs fortunés.

1. Ensemble de bagages.
2. Rendez-vous.
3. Voiture à cheval louée.

Ce dessein, tout extravagant qu'il était, nous parut assez bien arrangé. Mais il y avait, dans le fond, une folle imprudence à s'imaginer que, quand il eût réussi le plus heureusement du monde, nous eussions jamais pu nous mettre à couvert[4] des suites. Cependant, nous nous exposâmes avec la plus téméraire confiance. Manon partit avec Marcel : c'est ainsi que se nommait notre valet. Je la vis partir avec douleur. Je lui dis en l'embrassant :

– Manon, ne me trompez point ; me serez-vous fidèle ?

Elle se plaignit tendrement de ma défiance, et elle me renouvela tous ses serments. Son compte[5] était d'arriver à Paris sur les trois heures. Je partis après elle. J'allais me morfondre, le reste de l'après-midi, dans le café de Féré[6], au pont Saint-Michel ; j'y demeurai jusqu'à la nuit. J'en sortis alors pour prendre un fiacre, que je postai, suivant notre projet, à l'entrée de la rue Saint-André-des-Arcs ; ensuite je gagnai à pied la porte de la Comédie. Je fus surpris de n'y pas trouver Marcel, qui devait être à m'attendre. Je pris patience pendant une heure, confondu dans une foule de laquais, et l'œil ouvert sur tous les passants. Enfin, sept heures étant sonnées, sans que j'eusse rien aperçu qui eût rapport à nos desseins, je pris un billet de parterre[7] pour aller voir si je découvrirais Manon et G... M... dans les loges. Ils n'y étaient ni l'un ni l'autre. Je retournai à la porte, où je passai encore un quart d'heure, transporté d'impatience et d'inquiétude. N'ayant rien vu paraître, je rejoignis mon fiacre, sans pouvoir m'arrêter à la moindre résolution. Le cocher, m'ayant aperçu, vint quelques pas au-devant de moi pour me dire, d'un air mystérieux, qu'une jolie demoiselle m'attendait depuis une heure dans le carrosse ; qu'elle m'avait demandé, à des signes qu'il avait bien reconnus, et qu'ayant appris que je devais revenir, elle avait dit qu'elle ne s'impatienterait point à m'attendre. Je me figurai aussitôt que c'était Manon. J'approchai ; mais je vis un joli petit visage, qui n'était pas le sien. C'était une étrangère, qui me demanda d'abord si elle n'avait pas l'honneur de parler à M. le chevalier des Grieux. Je lui dis que c'était mon nom.

---

4. À l'abri de.

5. Projet (ce que l'on compte faire).

6. Aucune recherche historique n'a pu retrouver trace de ce « café de Féré ».

7. Dans un théâtre, billet qui donne accès aux places situées au rez-de-chaussée, derrière les fauteuils d'orchestre.

– J'ai une lettre à vous rendre, reprit-elle, qui vous instruira du sujet qui m'amène, et par quel rapport j'ai l'avantage de connaître votre nom.

Je la priai de me donner le temps de la lire dans un cabaret voisin. Elle voulut me suivre, et elle me conseilla de demander une chambre à part[1].

– De qui vient cette lettre ? lui dis-je en montant.

Elle me remit à la lecture. Je reconnus la main de Manon. Voici à peu près ce qu'elle me marquait :

G… M… l'avait reçue avec une politesse et une magnificence[2] au-delà de toutes ses idées. Il l'avait comblée de présents ; il lui faisait envisager un sort de reine. Elle m'assurait néanmoins qu'elle ne m'oubliait pas dans cette nouvelle splendeur ; mais que, n'ayant pu faire consentir G… M… à la mener ce soir à la Comédie, elle remettait à un autre jour le plaisir de me voir ; et que, pour me consoler un peu de la peine qu'elle prévoyait que cette nouvelle pouvait me causer, elle avait trouvé le moyen de me procurer une des plus jolies filles de Paris, qui serait la porteuse de son billet. *Signé :* « Votre fidèle amante, Manon Lescaut. »

Il y avait quelque chose de si cruel et de si insultant pour moi dans cette lettre, que demeurant suspendu quelque temps entre la colère et la douleur, j'entrepris de faire un effort pour oublier éternellement mon ingrate et parjure[3] maîtresse. Je jetai les yeux sur la fille qui était devant moi : elle était extrêmement jolie, et j'aurais souhaité qu'elle l'eût été assez pour me rendre parjure et infidèle à mon tour. Mais je n'y trouvai point ces yeux fins[4] et languissants, ce port[5] divin, ce teint de la composition de l'Amour, enfin ce fonds inépuisable de charmes que la nature avait prodigués à la perfide Manon.

– Non, non, lui dis-je en cessant de la regarder, l'ingrate qui vous envoie savait fort bien qu'elle vous faisait faire une démarche inutile. Retournez à elle, et dites-lui de ma part qu'elle jouisse de son crime, et qu'elle en jouisse, s'il se peut, sans remords. Je l'abandonne

---

1. Isolée, donc propice aux relations sexuelles.

2. Prodigalité, absence de limites dans les dépenses.

3. Qui a trahi ses serments.

4. Vifs.

5. Maintien, allure.

sans retour et je renonce en même temps à toutes les femmes, qui ne sauraient être aussi aimables qu'elle, et qui sont, sans doute, aussi lâches et d'aussi mauvaise foi.

Je fus alors sur le point de descendre et de me retirer sans prétendre davantage à Manon, et la jalousie mortelle qui me déchirait le cœur se déguisant en une morne[6] et sombre tranquillité, je me crus d'autant plus proche de ma guérison que je ne sentais nul de ces mouvements violents dont j'avais été agité dans les mêmes occasions. Hélas ! j'étais la dupe[7] de l'amour autant que je croyais l'être de G… M… et de Manon.

Cette fille qui m'avait apporté la lettre, me voyant prêt à descendre l'escalier, me demanda ce que je voulais donc qu'elle rapportât à M. de G… M… et à la dame qui était avec lui. Je rentrai dans la chambre à cette question, et par un changement incroyable à ceux qui n'ont jamais senti de passions violentes, je me trouvai, tout d'un coup, de la tranquillité où je croyais être, dans un transport terrible de fureur.

– Va, lui dis-je, rapporte au traître G… M… et à sa perfide maîtresse le désespoir où ta maudite lettre m'a jeté, mais apprends-leur qu'ils n'en riront pas longtemps, et que je les poignarderai tous deux de ma propre main.

Je me jetai sur une chaise. Mon chapeau tomba d'un côté, et ma canne de l'autre. Deux ruisseaux de larmes amères commencèrent à couler de mes yeux. L'accès de rage que je venais de sentir se changea dans une profonde douleur ; je ne fis plus que pleurer en poussant des gémissements et des soupirs.

– Approche, mon enfant, approche, m'écriai-je en parlant à la jeune fille ; approche, puisque c'est toi qu'on envoie pour me consoler. Dis-moi si tu sais des consolations contre la rage et le désespoir, contre l'envie de se donner la mort à soi-même, après avoir tué deux perfides[8] qui ne méritent pas de vivre. Oui, approche, continuai-je, en voyant qu'elle faisait vers moi quelques pas timides et incertains. Viens essuyer mes larmes, viens rendre la paix à mon cœur, viens me dire que tu m'aimes, afin que je m'accoutume à l'être

6. Ennuyeuse et triste.
7. Victime crédule d'une tromperie.
8. Personnes déloyales, qui ne tiennent pas leurs promesses.

d'une autre que de mon infidèle. Tu es jolie, je pourrais peut-être t'aimer à mon tour.

Cette pauvre enfant, qui n'avait pas seize ou dix-sept ans, et qui paraissait avoir plus de pudeur que ses pareilles, était extraordinairement surprise d'une si étrange scène. Elle s'approcha néanmoins pour me faire quelques caresses, mais je l'écartai aussitôt, en la repoussant de mes mains.

– Que veux-tu de moi ? lui dis-je. Ah ! tu es une femme, tu es d'un sexe que je déteste et que je ne puis plus souffrir. La douceur de ton visage me menace encore de quelque trahison. Va-t'en et laisse-moi seul ici.

Elle me fit une révérence, sans oser rien dire, et elle se tourna pour sortir. Je lui criai de s'arrêter.

– Mais apprends-moi du moins, repris-je, pourquoi, comment, à quel dessein[1] tu as été envoyée ici. Comment as-tu découvert mon nom et le lieu où tu pouvais me trouver ?

Elle me dit qu'elle connaissait de longue main[2] M. de G… M… ; qu'il l'avait envoyé chercher à cinq heures, et qu'ayant suivi le laquais qui l'avait avertie, elle était allée dans une grande maison, où elle l'avait trouvé qui jouait au piquet avec une jolie dame, et qu'ils l'avaient chargée tous deux de me rendre la lettre qu'elle m'avait apportée, après lui avoir appris qu'elle me trouverait dans un carrosse au bout de la rue Saint-André. Je lui demandai s'ils ne lui avaient rien dit de plus. Elle me répondit, en rougissant, qu'ils lui avaient fait espérer que je la prendrais pour me tenir compagnie.

– On t'a trompée, lui dis-je ; ma pauvre fille, on t'a trompée. Tu es une femme, il te faut un homme ; mais il t'en faut un qui soit riche et heureux, et ce n'est pas ici que tu le peux trouver Retourne, retourne à M. de G… M… Il a tout ce qu'il faut pour être aimé des belles ; il a des hôtels meublés et des équipages à donner. Pour moi, qui n'ai que de l'amour et de la constance à offrir, les femmes méprisent ma misère et font leur jouet de ma simplicité[3].

Le piquet

C'est un jeu de cartes très ancien, dont l'existence est attestée depuis le début du XVIe siècle (Rabelais le mentionne dans *Gargantua* en 1532). Il se joue à deux et était à la mode jusqu'au début du XXe siècle.

1. Dans quel but.
2. Depuis longtemps.
3. Naïveté, ingénuité.

J'ajoutai mille choses, ou tristes ou violentes, suivant que les passions qui m'agitaient tour à tour cédaient ou emportaient le dessus. Cependant, à force de me tourmenter, mes transports[4] diminuèrent assez pour faire place à quelques réflexions. Je comparai cette dernière infortune à celles que j'avais déjà essuyées dans le même genre, et je ne trouvai pas qu'il y eût plus à désespérer que dans les premières. Je connaissais Manon ; pourquoi m'ar tant d'un malheur que j'avais dû prévoir[5] ? Pourquoi ne pas m'employer plutôt à chercher du remède ? Il était encore temps. Je devais du moins n'y pas épargner mes soins, si je ne voulais avoir à me reprocher d'avoir contribué, par ma négligence, à mes propres peines. Je me mis là-dessus à considérer tous les moyens qui pouvaient m'ouvrir un chemin à l'espérance.

Entreprendre de l'arracher avec violence des mains de G… M…, c'était un parti désespéré, qui n'était propre qu'à me perdre et qui n'avait pas la moindre apparence de succès. Mais il me semblait que si j'eusse pu me procurer le moindre entretien avec elle, j'aurais gagné infailliblement quelque chose sur son cœur. J'en connaissais si bien tous les endroits sensibles ! J'étais si sûr d'être aimé d'elle ! Cette bizarrerie même de m'avoir envoyé une jolie fille pour me consoler, j'aurais parié qu'elle venait de son invention, et que c'était un effet de sa compassion pour mes peines. Je résolus d'employer toute mon industrie[6] pour la voir. Parmi quantité de voies que j'examinai l'une après l'autre, je m'arrêtai à celle-ci.

M. de T… avait commencé à me rendre service avec trop d'affection pour me laisser le moindre doute de sa sincérité et de son zèle[7]. Je me proposai d'aller chez lui sur-le-champ, et de l'engager à faire appeler G… M…, sous le prétexte d'une affaire importante. Il ne me fallait qu'une demi-heure pour parler à Manon. Mon dessein[8] était de me faire introduire dans sa chambre même, et je crus que cela me serait aisé dans l'absence de G… M…

Cette résolution m'ayant rendu plus tranquille, je payai libéralement[9] la jeune fille, qui était encore avec moi, et pour lui ôter

---

4. Mouvements émotionnels.
5. On dirait plutôt aujourd'hui : que j'aurais dû prévoir.
6. Habileté.
7. Dévouement.
8. Projet, plan.
9. Avec largesse, généreusement.

l'envie de retourner chez ceux qui me l'avaient envoyée, je pris son adresse, en lui faisant espérer que j'irais passer la nuit avec elle. Je montai dans mon fiacre, et je me fis conduire à grand train[1] chez M. de T… Je fus assez heureux pour l'y trouver. J'avais eu, là-dessus, de l'inquiétude en chemin. Un mot le mit au fait de mes peines et du service que je venais lui demander. Il fut si étonné d'apprendre que G… M… avait pu séduire Manon, qu'ignorant que j'avais eu part moi-même à mon malheur, il m'offrit généreusement de rassembler tous ses amis, pour employer leurs bras et leurs épées à la délivrance de ma maîtresse. Je lui fis comprendre que cet éclat pouvait être pernicieux[2] à Manon et à moi.

– Réservons notre sang, lui dis-je, pour l'extrémité[3]. Je médite une voie plus douce et dont je n'espère pas moins de succès.

Il s'engagea, sans exception, à faire tout ce que je demanderais de lui ; et lui ayant répété qu'il ne s'agissait que de faire avertir G… M… qu'il avait à lui parler et de le tenir dehors une heure ou deux, il partit aussitôt avec moi pour me satisfaire. Nous cherchâmes de quel expédient[4] il pourrait se servir pour l'arrêter si longtemps. Je lui conseillai de lui écrire d'abord un billet[5] simple, daté d'un cabaret, par lequel il le prierait de s'y rendre aussitôt, pour une affaire si importante qu'elle ne pouvait souffrir de délai.

– J'observerai, ajoutai-je, le moment de sa sortie, et je m'introduirai sans peine dans la maison, n'y étant connu que de Manon et de Marcel, qui est mon valet. Pour vous, qui serez pendant ce temps-là avec G… M…, vous pourrez lui dire que cette affaire importante, pour laquelle vous souhaitez de lui parler est un besoin d'argent, que vous venez de perdre le vôtre au jeu, et que vous avez joué beaucoup plus sur votre parole, avec le même malheur. Il lui faudra du temps pour vous mener à son coffre-fort, et j'en aurai suffisamment pour exécuter mon dessein.

M. de T… suivit cet arrangement de point en point. Je le laissai dans un cabaret, où il écrivit promptement sa lettre. J'allai me placer à quelques pas de la maison de Manon. Je vis arriver le porteur du

1. Promptement, rapidement.
2. Nuisible, dommageable.
3. Comme ultime recours, comme dernière solution.
4. Moyen que l'on trouve pour se sortir d'une situation délicate.
5. Courte lettre.

message, et G… M… sortir à pied, un moment après, suivi d'un laquais. Lui ayant laissé le temps de s'éloigner de la rue, je m'avançai à la porte de mon infidèle, et malgré toute ma colère, je frappai avec le respect qu'on a pour un temple. Heureusement, ce fut Marcel qui vint m'ouvrir. Je lui fis signe de se taire. Quoique je n'eusse rien à craindre des autres domestiques, je lui demandais tout bas s'il pouvait me conduire dans la chambre où était Manon, sans que je fusse aperçu. Il me dit que cela était aisé en montant doucement par le grand escalier.

- Allons donc promptement, lui dis-je, et tâche d'empêcher, pendant que j'y serai, qu'il n'y monte personne.

Je pénétrai sans obstacle jusqu'à l'appartement. Manon était occupée à lire. Ce fut là que j'eus lieu d'admirer le caractère de cette étrange fille. Loin d'être effrayée et de paraître timide en m'apercevant, elle ne donna que ces marques légères de surprise dont on n'est pas le maître à la vue d'une personne qu'on croit éloignée.

- Ha ! c'est vous, mon amour, me dit-elle en venant m'embrasser avec sa tendresse ordinaire. Bon Dieu ! que vous êtes hardi[6] ! Qui vous aurait attendu aujourd'hui dans ce lieu ?

Je me dégageai de ses bras, et loin de répondre à ses caresses, je la repoussai avec dédain, et je fis deux ou trois pas en arrière pour m'éloigner d'elle. Ce mouvement ne laissa pas de la déconcerter. Elle demeura dans la situation où elle était et elle jeta les yeux sur moi en changeant de couleur. J'étais, dans le fond, si charmé de la revoir, qu'avec tant de justes sujets de colère, j'avais à peine la force d'ouvrir la bouche pour la quereller. Cependant mon cœur saignait du cruel outrage qu'elle m'avait fait. Je le rappelais vivement à ma mémoire, pour exciter mon dépit, et je tâchais de faire briller dans mes yeux un autre feu que celui de l'amour. Comme je demeurai quelque temps en silence, et qu'elle remarqua mon agitation, je la vis trembler apparemment par un effet de sa crainte. Je ne pus soutenir ce spectacle.

- Ah ! Manon, lui dis-je d'un ton tendre, infidèle et parjure[7] Manon ! par où commencerai-je à me plaindre ? Je vous vois pâle et

---

6. Audacieux, courageux.

7. Qui a trahi une promesse ou un engagement.

tremblante, et je suis encore si sensible à vos moindres peines, que je crains de vous affliger trop par mes reproches. Mais, Manon, je vous le dis, j'ai le cœur percé de la douleur de votre trahison. Ce sont là des coups qu'on ne porte point à un amant, quand on n'a pas résolu sa mort. Voici la troisième fois, Manon, je les ai bien comptées ; il est impossible que cela s'oublie. C'est à vous de considérer, à l'heure même[1], quel parti vous voulez prendre, car mon triste cœur n'est plus à l'épreuve d'un si cruel traitement. Je sens qu'il succombe et qu'il est prêt à se fendre de douleur. Je n'en puis plus, ajoutai-je en m'asseyant sur une chaise ; j'ai à peine la force de parler et de me soutenir.

Elle ne me répondit point, mais, lorsque je fus assis, elle se laissa tomber à genoux et elle appuya sa tête sur les miens, en cachant son visage de mes mains. Je sentis en un instant qu'elle les mouillait de ses larmes. Dieux ! de quels mouvements n'étais-je point agité !

– Ah ! Manon, Manon, repris-je avec un soupir il est bien tard de me donner des larmes, lorsque vous avez causé ma mort. Vous affectez une tristesse que vous ne sauriez sentir. Le plus grand de vos maux est sans doute ma présence, qui a toujours été importune à vos plaisirs. Ouvrez les yeux, voyez qui je suis ; on ne verse pas des pleurs si tendres pour un malheureux qu'on a trahi, et qu'on abandonne cruellement.

Elle baisait mes mains sans changer de posture.

– Inconstante Manon, repris-je encore, fille ingrate et sans foi[2], où sont vos promesses et vos serments ? Amante mille fois volage[3] et cruelle, qu'as-tu fait de cet amour que tu me jurais encore aujourd'hui ? Juste Ciel, ajoutai-je, est-ce ainsi qu'une infidèle se rit de vous, après vous avoir attesté si saintement[4] ? C'est donc le parjure qui est récompensé ! Le désespoir et l'abandon sont pour la constance et la fidélité.

Ces paroles furent accompagnées d'une réflexion si amère, que j'en laissai échapper malgré moi quelques larmes. Manon s'en aperçut au changement de ma voix. Elle rompit enfin le silence.

---

1. Dès à présent.
2. Sans parole.
3. Inconstante, changeante.
4. Après vous avoir promis quelque chose en prenant Dieu à témoin.

– Il faut bien que je sois coupable, me dit-elle tristement, puisque j'ai pu vous causer tant de douleur et d'émotion ; mais que le Ciel me punisse si j'ai cru l'être, ou si j'ai eu la pensée de le devenir !

Ce discours me parut si dépourvu de sens et de bonne foi, que je ne pus me défendre d'un vif mouvement de colère.

– Horrible dissimulation ! m'écriai-je. Je vois mieux que jamais que tu n'es qu'une coquine[5] et une perfide. C'est à présent que je connais ton misérable caractère. Adieu, lâche créature, continuai-je en me levant ; j'aime mieux mourir mille fois que d'avoir désormais le moindre commerce[6] avec toi. Que le Ciel me punisse moi-même si je t'honore jamais du moindre regard ! Demeure avec ton nouvel amant, aime-le, déteste-moi, renonce à l'honneur au bon sens ; je m'en ris, tout m'est égal.

Elle fut si épouvantée de ce transport[7], que, demeurant à genoux près de la chaise d'où je m'étais levé, elle me regardait en tremblant et sans oser respirer. Je fis encore quelques pas vers la porte, en tournant la tête, et tenant les yeux fixés sur elle. Mais il aurait fallu que j'eusse perdu tous sentiments d'humanité pour m'endurcir contre tant de charmes. J'étais si éloigné d'avoir cette force barbare que, passant tout d'un coup à l'extrémité opposée, je retournai vers elle, ou plutôt, je m'y précipitai sans réflexion. Je la pris entre mes bras, je lui donnai mille tendres baisers. Je lui demandai pardon de mon emportement. Je confessai que j'étais un brutal, et que je ne méritais pas le bonheur d'être aimé d'une fille comme elle, Je la fis asseoir et, m'étant mis à genoux à mon tour, je la conjurai[8] de m'écouter en cet état. Là, tout ce qu'un amant soumis et passionné peut imaginer de plus respectueux et de plus tendre, je le renfermai en peu de mots dans mes excuses. Je lui demandai en grâce de prononcer qu'elle me pardonnait. Elle laissa tomber ses bras sur mon cou, en disant que c'était elle-même qui avait besoin de ma bonté pour me faire oublier les chagrins qu'elle me causait, et qu'elle commençait à craindre avec raison que je ne goûtasse[9] point ce qu'elle avait à me dire pour se justifier.

---

5. Femme malhonnête ou libertine.
6. Relation.
7. Mouvement passionné, emportement.
8. Suppliai.
9. « Goûter » a ici le sens d'« apprécier ».

– Moi ! interrompis-je aussitôt, ah ! je ne vous demande point de justification. J'approuve tout ce que vous avez fait. Ce n'est point à moi d'exiger des raisons de votre conduite ; trop content, trop heureux, si ma chère Manon ne m'ôte point la tendresse de son cœur ! Mais, continuai-je, en réfléchissant sur l'état de mon sort, toute-puissante Manon ! vous qui faites à votre gré mes joies et mes douleurs, après vous avoir satisfaite par mes humiliations et par les marques de mon repentir ne me sera-t-il point permis de vous parler de ma tristesse et de mes peines ? Apprendrai-je de vous ce qu'il faut que je devienne aujourd'hui, et si c'est sans retour que vous allez signer ma mort[1], en passant la nuit avec mon rival ?

Elle fut quelque temps à méditer sa réponse :

– Mon chevalier, me dit-elle, en reprenant un air tranquille, si vous vous étiez d'abord expliqué si nettement, vous vous seriez épargné bien du trouble et à moi une scène bien affligeante. Puisque votre peine ne vient que de votre jalousie, je l'aurais guérie en m'offrant à vous suivre sur-le-champ au bout du monde. Mais je me suis figuré que c'était la lettre que je vous ai écrite sous les yeux de M. de G… M… et la fille que nous vous avons envoyée qui causaient votre chagrin. J'ai cru que vous auriez pu regarder ma lettre comme une raillerie et cette fille, en vous imaginant qu'elle était allée vous trouver de ma part, comme une déclaration que je renonçais à vous pour m'attacher à G… M… C'est cette pensée qui m'a jetée tout d'un coup dans la consternation, car, quelque innocente que je fusse, je trouvais, en y pensant, que les apparences ne m'étaient pas favorables. Cependant, continua-t-elle, je veux que vous soyez mon juge, après que je vous aurai expliqué la vérité du fait.

Elle m'apprit alors tout ce qui lui était arrivé depuis qu'elle avait trouvé G… M…, qui l'attendait dans le lieu où nous étions. Il l'avait reçue effectivement comme la première princesse du monde. Il lui avait montré tous les appartements, qui étaient d'un goût et d'une propreté[2] admirables. Il lui avait compté dix mille livres dans son cabinet, et il y avait ajouté quelques bijoux, parmi lesquels étaient le collier et les bracelets de perles qu'elle avait déjà eus de son père.

1. Au sens de : signer mon arrêt de mort.

2. Confort.

Il l'avait menée de là dans un salon qu'elle n'avait pas encore vu, où elle avait trouvé une collation[3] exquise. Il l'avait fait servir par les nouveaux domestiques qu'il avait pris pour elle, en leur ordonnant de la regarder désormais comme leur maîtresse. Enfin, il lui avait fait voir le carrosse, les chevaux et tout le reste de ses présents ; après quoi, il lui avait proposé une partie de jeu, pour attendre le souper.

– Je vous avoue, continua-t-elle, que j'ai été frappée de cette magnificence[4]. J'ai fait réflexion que ce serait dommage de nous priver tout d'un coup de tant de biens, en me contentant d'emporter les dix mille francs et les bijoux, que c'était une fortune toute faite pour vous et pour moi, et que nous pourrions vivre agréablement aux dépens de G… M… Au lieu de lui proposer la Comédie, je me suis mis dans la tête de le sonder[5] sur votre sujet, pour pressentir quelles facilités nous aurions à nous voir en supposant l'exécution de mon système. Je l'ai trouvé d'un caractère fort traitable. Il m'a demandé ce que je pensais de vous, et si je n'avais pas eu quelque regret à vous quitter. Je lui ai dit que vous étiez si aimable et que vous en aviez toujours usé si honnêtement avec moi, qu'il n'était pas naturel que je pusse vous haïr. Il a confessé que vous aviez du mérite, et qu'il s'était senti porté à désirer votre amitié. Il a voulu savoir de quelle manière je croyais que vous prendriez mon départ, surtout lorsque vous viendriez à savoir que j'étais entre ses mains. Je lui ai répondu que la date de notre amour était déjà si ancienne qu'il avait eu le temps de se refroidir un peu, que vous n'étiez pas d'ailleurs fort à votre aise, et que vous ne regarderiez peut-être pas ma perte comme un grand malheur parce qu'elle vous déchargerait d'un fardeau qui vous pesait sur les bras. J'ai ajouté qu'étant tout à fait convaincue que vous agiriez pacifiquement, je n'avais pas fait difficulté de vous dire que je venais à Paris pour quelques affaires, que vous y aviez consenti et qu'y étant venu vous-même, vous n'aviez pas paru extrêmement inquiet, lorsque je vous avais quitté.

– Si je croyais, m'a-t-il dit, qu'il fût d'humeur à bien vivre avec moi, je serais le premier à lui offrir mes services et mes civilités.

3. En-cas, repas rapide et souvent constitué uniquement de fruits.

4. Luxe, éclat.

5. Interroger, chercher à connaître les intentions de quelqu'un.

Je l'ai assuré que, du caractère dont je vous connaissais, je ne doutais point que vous n'y répondissiez honnêtement, surtout, lui ai-je dit, s'il pouvait vous servir dans vos affaires, qui étaient fort dérangées depuis que vous étiez mal avec votre famille. Il m'a interrompue, pour me protester qu'il vous rendrait tous les services qui dépendraient de lui, et que, si vous vouliez même vous embarquer dans un autre amour il vous procurerait une jolie maîtresse, qu'il avait quittée pour s'attacher à moi.

J'ai applaudi à son idée, ajouta-t-elle, pour prévenir plus parfaitement tous ses soupçons, et me confirmant de plus en plus dans mon projet, je ne souhaitais que de pouvoir trouver le moyen de vous en informer de peur que vous ne fussiez trop alarmé lorsque vous me verriez manquer à notre assignation[1]. C'est dans cette vue que je lui ai proposé de vous envoyer cette nouvelle maîtresse dès le soir même, afin d'avoir une occasion de vous écrire ; j'étais obligée d'avoir recours à cette adresse[2], parce que je ne pouvais espérer qu'il me laissât libre un moment. Il a ri de ma proposition. Il a appelé son laquais, et lui ayant demandé s'il pourrait retrouver sur-le-champ son ancienne maîtresse, il l'a envoyé de côté et d'autre pour la chercher. Il s'imaginait que c'était à Chaillot qu'il fallait qu'elle allât vous trouver mais je lui ai appris qu'en vous quittant je vous avais promis de vous rejoindre à la Comédie, ou que, si quelque raison m'empêchait d'y aller, vous vous étiez engagé à m'attendre dans un carrosse au bout de la rue Saint-André ; qu'il valait mieux, par conséquent, vous envoyer là votre nouvelle amante, ne fût-ce que pour vous empêcher de vous y morfondre pendant toute la nuit. Je lui ai dit encore qu'il était à propos de vous écrire un mot pour vous avertir de cet échange, que vous auriez peine à comprendre sans cela. Il y a consenti, mais j'ai été obligée d'écrire en sa présence, et je me suis bien gardée de m'expliquer trop ouvertement dans ma lettre. Voilà, ajouta Manon, de quelle manière les choses se sont passées. Je ne vous déguise[3] rien, ni de ma conduite, ni de mes desseins. La jeune fille est venue, je l'ai trouvée jolie, et comme je ne doutais point que mon absence ne vous causât de la peine, c'était

1. Rendez-vous.
2. Ruse.
3. Dissimule.

sincèrement que je souhaitais qu'elle pût servir à vous désennuyer quelques moments, car la fidélité que je souhaite de vous est celle du cœur. J'aurais été ravie de pouvoir vous envoyer Marcel, mais je n'ai pu me procurer un moment pour l'instruire de ce que j'avais à vous faire savoir.

Elle conclut enfin son récit, en m'apprenant l'embarras où G… M… s'était trouvé en recevant le billet de M. de T…

– Il a balancé[4], me dit-elle, s'il devait me quitter et il m'a assuré que son retour ne tarderait point. C'est ce qui fait que je ne vous vois point ici sans inquiétude, et que j'ai marqué de la surprise à votre arrivée.

J'écoutai ce discours avec beaucoup de patience. J'y trouvais assurément quantité de traits cruels et mortifiants[5] pour moi, car le dessein de son infidélité était si clair qu'elle n'avait pas même eu le soin de me le déguiser. Elle ne pouvait espérer que G… M… la laissât, toute la nuit, comme une vestale. C'était donc avec lui qu'elle comptait de la passer. Quel aveu pour un amant ! Cependant, je considérai que j'étais cause en partie de sa faute, par la connaissance que je lui avais donnée d'abord des sentiments que G… M… avait pour elle, et par la complaisance que j'avais eue d'entrer aveuglément dans le plan téméraire de son aventure. D'ailleurs, par un tour naturel de génie[6] qui m'est particulier, je fus touché de l'ingénuité[7] de son récit, et de cette manière bonne et ouverte avec laquelle elle me racontait jusqu'aux circonstances dont j'étais le plus offensé. Elle pèche sans malice[8], disais-je en moi-même ; elle est légère et imprudente, mais elle est droite et sincère. Ajoutez que l'amour suffisait seul pour me fermer les yeux sur toutes ses fautes. J'étais trop satisfait de l'espérance de l'enlever le soir même à mon rival.

Je lui dis néanmoins :

– Et la nuit, avec qui l'auriez-vous passée ?

Les vestales

Ces prêtresses de la déesse Vesta étaient considérées dans la Rome antique comme des personnes sacrées. Elles faisaient vœu de chasteté pendant trente ans et étaient libérées de l'obligation de se marier et de mettre au monde des enfants. Celles qui perdaient leur virginité étaient punies de mort : on les enterrait vivantes ou on les brûlait.

4. A hésité.
5. Vexants.
6. Talent naturel, don inné.
7. Naïveté qui garantit une certaine sincérité, ici.
8. Méchanceté, inclination à faire le mal.

Cette question, que je lui fis tristement, l'embarrassa. Elle ne me répondit que par des *mais* et des *si* interrompus. J'eus pitié de sa peine, et rompant ce discours, je lui déclarai naturellement que j'attendais d'elle qu'elle me suivît à l'heure même[1].

– Je le veux bien, me dit-elle ; mais vous n'approuvez donc pas mon projet ?

– Ha ! n'est-ce pas assez, repartis-je, que j'approuve tout ce que vous avez fait jusqu'à présent ?

– Quoi ! nous n'emporterons pas même les dix mille francs ? répliqua-t-elle. Il me les a donnés. Ils sont à moi.

Je lui conseillai d'abandonner tout, et de ne penser qu'à nous éloigner promptement, car quoiqu'il y eût à peine une demi-heure que j'étais avec elle, je craignais le retour de G… M… Cependant, elle me fit de si pressantes instances pour me faire consentir à ne pas sortir les mains vides, que je crus lui devoir accorder quelque chose après avoir tant obtenu d'elle.

Dans le temps que nous nous préparions au départ, j'entendis frapper à la porte de la rue. Je ne doutai nullement que ce ne fût G… M…, et dans le trouble où cette pensée me jeta, je dis à Manon que c'était un homme mort s'il paraissait. Effectivement, je n'étais pas assez revenu de mes transports[2] pour me modérer à sa vue. Marcel finit ma peine en m'apportant un billet qu'il avait reçu pour moi à la porte. Il était de M. de T… Il me marquait que, G… M… étant allé lui chercher de l'argent à sa maison, il profitait de son absence pour me communiquer une pensée fort plaisante : qu'il lui semblait que je ne pouvais me venger plus agréablement de mon rival qu'en mangeant son souper et en couchant, cette nuit même, dans le lit qu'il espérait d'occuper avec ma maîtresse ; que cela lui paraissait assez facile, si je pouvais m'assurer de trois ou quatre hommes qui eussent assez de résolution[3] pour l'arrêter dans la rue, et de fidélité pour le garder à vue jusqu'au lendemain ; que, pour lui, il promettait de l'amuser encore une heure pour le moins, par des raisons qu'il tenait prêtes pour son retour.

---

1. Immédiatement.
2. Remis de mes vives émotions.
3. Détermination, courage.

Je montrai ce billet à Manon, et je lui appris de quelle ruse je m'étais servi pour m'introduire librement chez elle. Mon invention et celle de M. de T… lui parurent admirables. Nous en rîmes à notre aise pendant quelques moments. Mais, lorsque je lui parlai de la dernière comme d'un badinage[4], je fus surpris qu'elle insistât sérieusement à me la proposer comme une chose dont l'idée la ravissait. En vain lui demandai-je où elle voulait que je trouvasse, tout d'un coup, des gens propres à arrêter G… M… et à le garder fidèlement. Elle me dit qu'il fallait du moins tenter, puisque M. de T… nous garantissait encore une heure, et pour réponse à mes autres objections, elle me dit que je faisais le tyran et que je n'avais pas de complaisance[5] pour elle. Elle ne trouvait rien de si joli[6] que ce projet.

– Vous aurez son couvert à souper, me répétait-elle, vous coucherez dans ses draps, et, demain, de grand matin, vous enlèverez sa maîtresse et son argent. Vous serez bien vengé du père et du fils.

Je cédai à ses instances[7], malgré les mouvements secrets de mon cœur qui semblaient me présager une catastrophe malheureuse. Je sortis, dans le dessein de prier deux ou trois gardes du corps, avec lesquels Lescaut m'avait mis en liaison, de se charger du soin d'arrêter G… M… Je n'en trouvai qu'un au logis, mais c'était un homme entreprenant, qui n'eut pas plus tôt su de quoi il était question qu'il m'assura du succès. Il me demanda seulement dix pistoles, pour récompenser trois soldats aux gardes, qu'il prit la résolution d'employer en se mettant à leur tête. Je le priai de ne pas perdre de temps. Il les assembla en moins d'un quart d'heure. Je l'attendais à sa maison, et lorsqu'il fut de retour avec ses associés, je le conduisis moi-même au coin d'une rue par laquelle G… M… devait nécessairement rentrer dans celle de Manon. Je lui recommandai de ne le pas maltraiter mais de le garder si étroitement jusqu'à sept heures du matin, que je pusse être assuré qu'il ne lui échapperait pas. Il me dit que son dessein était de le conduire à sa chambre et de l'obliger à se déshabiller ou même à se coucher dans son lit, tandis

4. Plaisanterie légère, sans conséquence.
5. Indulgence
6. Plaisant, amusant.
7. Demandes insistantes.

que lui et ses trois braves[1] passeraient la nuit à boire et à jouer. Je demeurai avec eux jusqu'au moment où je vis paraître G… M…, et je me retirai alors quelques pas au-dessous, dans un endroit obscur pour être témoin d'une scène si extraordinaire. Le garde du corps l'aborda, le pistolet au poing, et lui expliqua civilement qu'il n'en voulait ni à sa vie ni à son argent, mais que, s'il faisait la moindre difficulté de le suivre, ou s'il jetait le moindre cri, il allait lui brûler la cervelle. G… M…, le voyant soutenu par trois soldats, et craignant sans doute la bourre[2] du pistolet, ne fit pas de résistance. Je le vis emmener comme un mouton.

Je retournai aussitôt chez Manon, et pour ôter tout soupçon aux domestiques, je lui dis, en entrant, qu'il ne fallait pas attendre M. de G… M… pour souper, qu'il lui était survenu des affaires qui le retenaient malgré lui, et qu'il m'avait prié de venir lui en faire ses excuses et souper avec elle, ce que je regardais comme une grande faveur auprès d'une si belle dame. Elle seconda fort adroitement mon dessein. Nous nous mîmes à table. Nous y prîmes un air grave, pendant que les laquais demeurèrent à nous servir. Enfin, les ayant congédiés, nous passâmes une des plus charmantes soirées de notre vie. J'ordonnai en secret à Marcel de chercher un fiacre et de l'avertir de se trouver le lendemain à la porte, avant six heures du matin. Je feignis de quitter Manon vers minuit ; mais étant rentré doucement, par le secours de Marcel, je me préparai à occuper le lit de G… M…, comme j'avais rempli sa place à table. Pendant ce temps-là, notre mauvais génie travaillait à nous perdre. Nous étions dans le délire

Le pistolet

Les premiers pistolets remontent au XVe siècle. Le pistolet est une arme de poing dont la chambre de combustion est intégrée au canon, ce qui ne permettait de tirer qu'un seul coup à la fois. Développé surtout à partir du XIXe siècle, le revolver, avec son barillet cylindrique où chaque balle a sa chambre, permet au contraire de tirer plusieurs fois sans interruption.

1. Le mot peut avoir, à l'époque, le sens négatif d'hommes prêts à toute sorte de mauvaises actions.

2. Matière qui, dans une arme à feu, s'intercale entre la poudre et le projectile (la balle de plomb) pour assurer l'étanchéité ; il s'agit souvent de feutre ou de liège.

du plaisir et le glaive était suspendu sur nos têtes. Le fil qui le soutenait allait se rompre. Mais, pour faire mieux entendre toutes les circonstances de notre ruine, il faut en éclaircir la cause.

G… M… était suivi d'un laquais, lorsqu'il avait été arrêté par le garde du corps. Ce garçon, effrayé de l'aventure de son maître, retourna en fuyant sur ses pas, et la première démarche qu'il fit, pour le secourir, fut d'aller avertir le vieux G… M… de ce qui venait d'arriver. Une si fâcheuse nouvelle ne pouvait manquer de l'alarmer beaucoup : il n'avait que ce fils, et sa vivacité était extrême pour son âge. Il voulut savoir d'abord du laquais tout ce que son fils avait fait l'après-midi, s'il s'était querellé avec quelqu'un, s'il avait pris part au démêlé[3] d'un autre, s'il s'était trouvé dans quelque maison suspecte. Celui-ci, qui croyait son maître dans le dernier danger et qui s'imaginait ne devoir plus rien ménager pour lui procurer du secours, découvrit tout ce qu'il savait de son amour pour Manon et la dépense qu'il avait faite pour elle, la manière dont il avait passé l'après-midi dans sa maison jusqu'aux environs de neuf heures, sa sortie et le malheur de son retour. C'en fut assez pour faire soupçonner au vieillard que l'affaire de son fils était une querelle d'amour. Quoiqu'il fût au moins dix heures et demie du soir, il ne balança[4] point à se rendre aussitôt chez M. le Lieutenant de Police. Il le pria de faire donner des ordres particuliers à toutes les escouades du guet[5], et lui en ayant demandé une pour se faire accompagner, il courut lui-même vers la rue où son fils avait été arrêté. Il visita tous les endroits de la ville où il espérait de le pouvoir trouver, et n'ayant pu découvrir ses traces, il se fit conduire enfin à la maison de sa maîtresse, où il se figura qu'il pouvait être retourné.

L'épée de Damoclès

Une légende grecque raconte que, pour montrer à l'un de ses courtisans, Damoclès, la précarité de son bonheur, le tyran Denys l'Ancien l'avait invité à un banquet pendant lequel Damoclès dut manger sous un glaive suspendu au-dessus de sa tête, retenu seulement par un crin de cheval. « L'épée de Damoclès » est devenue une expression relative à toute situation risquée.

3. Désaccord, dispute.

4. Hésita.

5. Petites troupes chargées de la surveillance de nuit.

J'allais me mettre au lit, lorsqu'il arriva. La porte de la chambre étant fermée, je n'entendis point frapper à celle de la rue ; mais il entra suivi de deux archers[1], et s'étant informé inutilement de ce qu'était devenu son fils, il lui prit envie de voir sa maîtresse, pour tirer d'elle quelque lumière. Il monte à l'appartement, toujours accompagné de ses archers. Nous étions prêts à nous mettre au lit. Il ouvre la porte, et il nous glace le sang par sa vue.

– Ô Dieu ! c'est le vieux G… M…, dis-je à Manon.

Je saute sur mon épée ; elle était malheureusement embarrassée[2] dans mon ceinturon. Les archers, qui virent mon mouvement, s'approchèrent aussitôt pour me la saisir. Un homme en chemise est sans résistance. Ils m'ôtèrent tous les moyens de me défendre.

G… M…, quoique troublé par ce spectacle, ne tarda point à me reconnaître. Il remit[3] encore plus aisément Manon.

– Est-ce une illusion ? nous dit-il gravement ; ne vois-je point le chevalier des Grieux et Manon Lescaut ?

J'étais si enragé de honte et de douleur, que je ne lui fis pas de réponse. Il parut rouler, pendant quelque temps, diverses pensées dans sa tête, et comme si elles eussent allumé tout d'un coup sa colère, il s'écria en s'adressant à moi :

– Ah ! malheureux, je suis sûr que tu as tué mon fils !

Cette injure me piqua vivement.

– Vieux scélérat[4], lui répondis-je avec fierté, si j'avais eu à tuer quelqu'un de ta famille, c'est par toi que j'aurais commencé.

– Tenez-le bien, dit-il aux archers. Il faut qu'il me dise des nouvelles de mon fils ; je le ferai pendre demain, s'il ne m'apprend tout à l'heure[5] ce qu'il en a fait.

– Tu me feras pendre ? repris-je. Infâme ! ce sont tes pareils qu'il faut chercher au gibet[6]. Apprends que je suis d'un sang plus noble et plus pur que le tien. Oui, ajoutai-je, je sais ce qui est arrivé à ton

1. Officiers de police armés d'armes blanches ou d'armes à feu.
2. Prise, empêtrée.
3. Reconnut.
4. Criminel, bandit.
5. Sur-le-champ.
6. Potence, lieu de pendaison.

Châtiments

La pendaison est une condamnation infâmante, réservée habituellement aux roturiers, aux gens sans titre de noblesse. Les nobles, eux, sont condamnés à avoir la tête tranchée (à la décollation).

fils, et si tu m'irrites davantage, je le ferai étrangler avant qu'il soit demain, et je te promets le même sort après lui.

Je commis une imprudence en lui confessant que je savais où était son fils ; mais l'excès de ma colère me fit faire cette indiscrétion. Il appela aussitôt cinq ou six autres archers, qui l'attendaient à la porte, et il leur ordonna de s'assurer de tous les domestiques de la maison.

Ha ! monsieur le chevalier, reprit-il d'un ton railleur, vous savez où est mon fils et vous le ferez étrangler, dites-vous ? Comptez que nous y mettrons bon ordre.

Je sentis aussitôt la faute que j'avais commise. Il s'approcha de Manon, qui était assise sur le lit en pleurant ; il lui dit quelques galanteries ironiques sur l'empire qu'elle avait sur le père et sur le fils, et sur le bon usage qu'elle en faisait. Ce vieux monstre d'incontinence[7] voulut prendre quelques familiarités avec elle.

– Garde-toi de la toucher ! m'écriai-je, il n'y aurait rien de sacré qui te pût sauver de mes mains.

Il sortit en laissant trois archers dans la chambre, auxquels il ordonna de nous faire prendre promptement nos habits.

---

7. Vice, absence de retenue sexuelle.

Explication de texte 5

➔ p. 154-155, de « J'allais me mettre au lit » à « prendre promptement nos habits. » (l. 988 à 1036)

Dans quelle mesure cette aventure constitue-t-elle une épreuve révélatrice du caractère et du comportement de Des Grieux ?

SITUER

1 Rappelez quelle farce M. de T... a suggéré à Manon et à Des Grieux de jouer au jeune G... M... pour se moquer de lui, et comment les deux amants ont réagi à cette proposition.

2 L'irruption du vieux G... M... constitue-t-elle, selon vous, un rebondissement inattendu pour le lecteur ? Quant aux deux amants, auraient-ils pu, à votre avis, prévoir cet événement ? Justifiez vos réponses.

EXPLIQUER

L'accélération du récit d'aventures ➔ l. 988 à 1003

3 Commentez la première phrase : longueur, construction, valeur des temps verbaux. Quel effet suscite-t-elle ?

4 Quels procédés stylistiques accentuent ensuite l'aspect dramatique de cette scène (l. 996 à 999) ?

5 Que peut signifier, symboliquement, l'épée « embarrassée » du chevalier (l. 996) ?

6 Pourquoi le vieux G... M... est-il « troublé » par ce « spectacle » (l. 1000) ? En quoi la scène peut-elle avoir des résonances libertines ?

Un dialogue significatif ➔ l. 1004 à 1019

7 Étudiez la montée de la violence verbale dans l'échange entre le vieux G... M... et Des Grieux.

8 En vous appuyant sur l'encadré « Châtiments » (p. 154), expliquez pourquoi le chevalier considère la menace du gibet comme une insulte.

9 Des Grieux agresse verbalement le vieux G... M..., mais ne prend pas le risque de l'agresser physiquement : qu'est-ce que cela révèle du caractère et du comportement du chevalier, selon vous ? Justifiez votre réponse.

Les signes d'une fin dramatique ➔ l. 1020 à 1036

10 En quoi la menace de faire étrangler le jeune G... M... se révèle même être une « faute » (l. 1028) ? Quelles conséquences ces paroles malheureuses pourraient-elles avoir ?

11 Montrez que le vieux G... M... est présenté par le narrateur comme un personnage singulièrement antipathique et immoral dans ce passage.

12 Que pensez-vous des dernières paroles qu'adresse Des Grieux à son ennemi avant que celui-ci ne quitte la pièce ? Justifiez votre réponse.

CONCLURE

13 Comment ce passage, dans son ensemble, met-il en évidence la maladresse et l'impuissance de Des Grieux face à l'enchaînement des actions qui laissent entrevoir une issue tragique ?

ÉTUDE DE LA LANGUE

Étudiez la forme interrogative dans : « [...] ne vois-je point le chevalier des Grieux et Manon Lescaut ? » (l. 1002-1003)

DÉBATTRE

Le chevalier des Grieux a-t-il toujours, dans le roman, un comportement qui correspond pleinement à son statut de jeune homme noble et à son âge ? Vous discuterez de cette question par binômes : l'un d'entre vous défendra une réponse positive, l'autre soutiendra la réponse adverse. Chacun devra avancer au moins deux arguments distincts.

Je ne sais quels étaient alors ses desseins sur nous. Peut-être eussions-nous obtenu la liberté en lui apprenant où était son fils. Je méditais, en m'habillant, si ce n'était pas le meilleur parti. Mais, s'il était dans cette disposition en quittant notre chambre, elle était bien changée lorsqu'il y revint. Il était allé interroger les domestiques de Manon, que les archers avaient arrêtés. Il ne put rien apprendre de ceux qu'elle avait reçus de son fils, mais, lorsqu'il sut que Marcel nous avait servis auparavant, il résolut de le faire parler en l'intimidant par des menaces. C'était un garçon fidèle, mais simple[1] et grossier[2]. Le souvenir de ce qu'il avait fait à l'Hôpital, pour délivrer Manon, joint à la terreur que G… M… lui inspirait, fit tant d'impression sur son esprit faible qu'il s'imagina qu'on allait le conduire à la potence ou sur la roue[3]. Il promit de découvrir tout ce qui était venu à sa connaissance, si l'on voulait lui sauver la vie. G… M… se persuada là-dessus qu'il y avait quelque chose, dans nos affaires, de plus sérieux et de plus criminel qu'il n'avait eu lieu jusque-là de se le figurer. Il offrit à Marcel, non seulement la vie, mais des récompenses pour sa confession. Ce malheureux lui apprit une partie de notre dessein, sur lequel nous n'avions pas fait difficulté de nous entretenir devant lui, parce qu'il devait y entrer pour quelque chose. Il est vrai qu'il ignorait entièrement les changements que nous y avions faits à Paris ; mais il avait été informé, en partant de Chaillot, du plan de l'entreprise et du rôle qu'il y devait jouer. Il lui déclara donc que notre vue était de duper son fils, et que Manon devait recevoir ou avait déjà reçu, dix mille francs, qui, selon notre projet, ne retourneraient jamais aux héritiers de la maison de G… M…

Après cette découverte, le vieillard emporté remonta brusquement dans notre chambre. Il passa, sans parler, dans le cabinet, où il n'eut pas de peine à trouver la somme et les bijoux. Il revint à nous avec un visage enflammé, et, nous montrant ce qu'il lui plut de nommer notre larcin[4], il nous accabla de reproches outrageants. Il fit voir de près, à Manon, le collier de perles et les bracelets.

---

1. Naïf, crédule.

2. Dénué de finesse.

3. Supplice qui consiste à briser les membres du condamné à l'aide d'une barre de fer, puis à l'exposer en public attaché à une roue posée sur un poteau.

4. Vol commis sans violence, et souvent de peu d'importance (ce qui n'est pas le cas ici : G… M… veut peut-être souligner que l'argent compte peu pour lui).

– Les reconnaissez-vous ? lui dit-il avec un souris[5] moqueur. Ce n'était pas la première fois que vous les eussiez vus. Les mêmes, sur ma foi. Ils étaient de votre goût, ma belle ; je me le persuade aisément. Les pauvres enfants ! ajouta-t-il. Ils sont bien aimables, en effet, l'un et l'autre ; mais ils sont un peu fripons.

Mon cœur crevait de rage à ce discours insultant. J'aurais donné, pour être libre un moment… Juste Ciel ! que n'aurais-je pas donné ! Enfin, je me fis violence pour lui dire, avec une modération qui n'était qu'un raffinement de fureur :

– Finissons, monsieur, ces insolentes railleries. De quoi est-il question ? Voyons, que prétendez-vous faire de nous ?

– Il est question, monsieur le chevalier, me répondit-il, d'aller de ce pas au Châtelet. Il fera jour demain ; nous verrons plus clair dans nos affaires, et j'espère que vous me ferez la grâce, à la fin, de m'apprendre où est mon fils.

Je compris, sans beaucoup de réflexions, que c'était une chose d'une terrible conséquence pour nous d'être une fois renfermés au Châtelet. J'en prévis, en tremblant, tous les dangers. Malgré toute ma fierté, je reconnus qu'il fallait plier sous le poids de ma fortune[6] et flatter mon plus cruel ennemi, pour en obtenir quelque chose par la soumission. Je le priai, d'un ton honnête, de m'écouter un moment.

– Je me rends justice, monsieur, lui dis-je. Je confesse que la jeunesse m'a fait commettre de grandes fautes, et que vous en êtes assez blessé pour vous plaindre. Mais, si vous connaissez la force de l'amour, si vous pouvez juger de ce que souffre un malheureux jeune homme à qui l'on enlève tout ce qu'il aime, vous me trouverez peut-être pardonnable d'avoir cherché le plaisir d'une petite vengeance, ou du moins, vous me croirez assez puni par l'affront que je viens de recevoir. Il n'est besoin ni de prison ni de supplice pour me forcer

Le Châtelet

Le Grand Châtelet, à Paris, à l'emplacement actuel de la place du Châtelet, était une forteresse où siégeaient le Prévôt de Paris et les lieutenants de Police ; elle comportait des cachots et des salles de torture. Elle fut rasée au début du XIXe siècle. De l'autre côté de la Seine se dressait le Petit Châtelet, forteresse plus modeste qui servait de prison complémentaire, et qui fut détruit en 1782.

5. Sourire.
6. Destinée.

de vous découvrir où est monsieur votre fils. Il est en sûreté. Mon dessein n'a pas été de lui nuire ni de vous offenser. Je suis prêt à vous nommer le lieu où il passe tranquillement la nuit, si vous me faites la grâce de nous accorder la liberté.

Ce vieux tigre, loin d'être touché de ma prière, me tourna le dos en riant. Il lâcha seulement quelques mots, pour me faire comprendre qu'il savait notre dessein jusqu'à l'origine. Pour ce qui regardait son fils, il ajouta brutalement qu'il se retrouverait assez, puisque je ne l'avais pas assassiné.

– Conduisez-les au Petit-Châtelet, dit-il aux archers, et prenez garde que le chevalier ne vous échappe. C'est un rusé, qui s'est déjà sauvé de Saint-Lazare.

Il sortit, et me laissa dans l'état que vous pouvez vous imaginer.

– Ô ciel ! m'écriai-je, je recevrai avec soumission tous les coups qui viennent de ta main, mais qu'un malheureux coquin ait le pouvoir de me traiter avec cette tyrannie, c'est ce qui me réduit au dernier désespoir.

Les archers nous prièrent de ne pas les faire attendre plus longtemps. Ils avaient un carrosse à la porte. Je tendis la main à Manon pour descendre.

– Venez, ma chère reine, lui dis-je, venez vous soumettre à toute la rigueur de notre sort. Il plaira peut-être au Ciel de nous rendre quelque jour plus heureux.

Nous partîmes dans le même carrosse. Elle se mit dans mes bras. Je ne lui avais pas entendu prononcer un mot depuis le premier moment de l'arrivée de G… M… ; mais, se trouvant seule alors avec moi, elle me dit mille tendresses en se reprochant d'être la cause de mon malheur. Je l'assurai que je ne me plaindrais jamais de mon sort, tant qu'elle ne cesserait pas de m'aimer.

– Ce n'est pas moi qui suis à plaindre, continuai-je. Quelques mois de prison ne m'effraient nullement, et je préférerai toujours le Châtelet à Saint-Lazare. Mais c'est pour toi, ma chère âme, que mon cœur s'intéresse. Quel sort pour une créature si charmante ! Ciel, comment traitez-vous avec tant de rigueur le plus parfait de vos ouvrages ? Pourquoi ne sommes-nous pas nés l'un et l'autre, avec des qualités conformes à notre misère ? Nous avons reçu de l'esprit, du goût, des sentiments. Hélas ! quel triste usage en faisons-nous, tandis que tant d'âmes basses et dignes de notre sort jouissent de toutes les faveurs de la fortune !

Ces réflexions me pénétraient de douleur ; mais ce n'était rien en comparaison de celles qui regardaient l'avenir car je séchais de crainte[1] pour Manon. Elle avait déjà été à l'Hôpital, et, quand[2] elle en fût sortie par la bonne porte, je savais que les rechutes en ce genre étaient d'une conséquence extrêmement dangereuse. J'aurais voulu lui exprimer mes frayeurs ; j'appréhendais de lui en causer trop. Je tremblais pour elle, sans oser l'avertir du danger et je l'embrassais en soupirant, pour l'assurer, du moins, de mon amour, qui était presque le seul sentiment que j'osasse exprimer.

- Manon, lui dis-je, parlez sincèrement ; m'aimerez-vous toujours ?

Elle me répondit qu'elle était bien malheureuse que j'en pusse douter.

- Hé bien, repris-je, je n'en doute point, et je veux braver tous nos ennemis avec cette assurance. J'emploierai ma famille pour sortir du Châtelet ; et tout mon sang ne sera utile à rien si je ne vous en tire pas aussitôt que je serai libre.

Nous arrivâmes à la prison. On nous mit chacun dans un lieu séparé. Ce coup me fut moins rude, parce que je l'avais prévu. Je recommandai Manon au concierge, en lui apprenant que j'étais un homme de quelque distinction, et lui promettant une récompense considérable. J'embrassai ma chère maîtresse, avant que de la quitter. Je la conjurai de ne pas s'affliger excessivement et de ne rien craindre tant que je serais au monde. Je n'étais pas sans argent ; je lui en donnai une partie et je payai au concierge, sur ce qui me restait, un mois de grosse pension d'avance pour elle et pour moi.

Mon argent eut un fort bon effet. On me mit dans une chambre proprement meublée, et l'on m'assura que Manon en avait une pareille. Je m'occupai aussitôt des moyens de hâter ma liberté. Il était clair qu'il n'y avait rien d'absolument criminel dans mon affaire, et supposant même que le dessein de notre vol fût prouvé par la déposition de Marcel, je savais fort bien qu'on ne punit point les simples volontés. Je résolus d'écrire promptement à mon père, pour

---

1. Dépérissais de crainte.

2. Au sens de « quand bien même ».

le prier de venir en personne à Paris. J'avais bien moins de honte, comme je l'ai dit, d'être au Châtelet qu'à Saint-Lazare ; d'ailleurs, quoique je conservasse tout le respect dû à l'autorité paternelle, l'âge et l'expérience avaient diminué beaucoup ma timidité. J'écrivis donc, et l'on ne fit pas difficulté, au Châtelet, de laisser sortir ma lettre ; mais c'était une peine que j'aurais pu m'épargner si j'avais su que mon père devait arriver le lendemain à Paris. Il avait reçu celle que je lui avais écrite huit jours auparavant. Il en avait ressenti une joie extrême ; mais, de quelque espérance que je l'eusse flatté au sujet de ma conversion, il n'avait pas cru devoir s'arrêter tout à fait à mes promesses.

Il avait pris le parti de venir s'assurer de mon changement par ses yeux, et de régler sa conduite sur la sincérité de mon repentir. Il arriva le lendemain de mon emprisonnement. Sa première visite fut celle qu'il rendit à Tiberge, à qui je l'avais prié d'adresser sa réponse. Il ne put savoir de lui ni ma demeure ni ma condition présente ; il en apprit seulement mes principales aventures, depuis que je m'étais échappé de Saint-Sulpice. Tiberge lui parla fort avantageusement des dispositions que je lui avais marquées pour le bien, dans notre dernière entrevue. Il ajouta qu'il me croyait entièrement dégagé de Manon, mais qu'il était surpris, néanmoins, que je ne lui eusse pas donné de mes nouvelles depuis huit jours. Mon père n'était pas dupe ; il comprit qu'il y avait quelque chose qui échappait à la pénétration de Tiberge, dans le silence dont il se plaignait, et il employa tant de soins pour découvrir mes traces que, deux jours après son arrivée, il apprit que j'étais au Châtelet.

Avant que de recevoir sa visite, à laquelle j'étais fort éloigné de m'attendre si tôt, je reçus celle de M. le Lieutenant général de Police, ou pour expliquer les choses par leur nom, je subis l'interrogatoire. Il me fit quelques reproches, mais ils n'étaient ni durs ni désobligeants. Il me dit, avec douceur, qu'il plaignait ma mauvaise conduite ; que j'avais manqué de sagesse en me faisant un ennemi tel que M. de G... M... ; qu'à la vérité il était aisé de remarquer qu'il y avait, dans mon affaire, plus d'imprudence et de légèreté que de malice[1] ; mais que c'était néanmoins la seconde fois que je me

1. Inclination à faire le mal.

trouvais sujet à son tribunal, et qu'il avait espéré que je fusse devenu plus sage, après avoir pris deux ou trois mois de leçons à Saint-Lazare. Charmé d'avoir affaire à un juge raisonnable, je m'expliquai avec lui d'une manière si respectueuse et si modérée, qu'il parut extrêmement satisfait de mes réponses. Il me dit que je ne devais pas me livrer trop au chagrin, et qu'il se sentait disposé à me rendre service, en faveur de ma naissance[2] et de ma jeunesse. Je me hasardai à lui recommander Manon, et à lui faire l'éloge de sa douceur et de son bon naturel. Il me répondit, en riant, qu'il ne l'avait point encore vue, mais qu'on la représentait comme une dangereuse personne. Ce mot excita tellement ma tendresse que je lui dis mille choses passionnées pour la défense de la pauvre maîtresse, et je ne pus m'empêcher de répandre quelques larmes. Il ordonna qu'on me reconduisît à ma chambre.

– Amour, Amour ! s'écria ce grave magistrat en me voyant sortir, ne te réconcilieras-tu jamais avec la sagesse ?

J'étais à m'entretenir tristement de mes idées, et à réfléchir sur la conversation que j'avais eue avec M. le Lieutenant général de Police, lorsque j'entendis ouvrir la porte de ma chambre : c'était mon père. Quoique je dusse être à demi préparé à cette vue, puisque je m'y attendais quelques jours plus tard, je ne laissai pas d'en être frappé si vivement que je me serais précipité au fond de la terre, si elle s'était entrouverte à mes pieds. J'allai l'embrasser, avec toutes les marques d'une extrême confusion. Il s'assit sans que ni lui ni moi eussions encore ouvert la bouche.

Comme je demeurais debout, les yeux baissés et la tête découverte :

– Asseyez-vous, monsieur, me dit-il gravement, asseyez-vous. Grâce au scandale de votre libertinage[3] et de vos friponneries, j'ai découvert le lieu de votre demeure. C'est l'avantage d'un mérite tel que le vôtre de ne pouvoir demeurer caché. Vous allez à la renommée par un chemin infaillible. J'espère que le terme en sera

---

2. Ici, rang social (Des Grieux appartient à la noblesse).

3. Dévergondage, liberté de mœurs.

bientôt la Grève, et que vous aurez, effectivement, la gloire d'y être exposé[1] à l'admiration de tout le monde.

Je ne répondis rien. Il continua :

– Qu'un père est malheureux, lorsque, après avoir aimé tendrement un fils et n'avoir rien épargné pour en faire un honnête homme[2], il n'y trouve, à la fin, qu'un fripon qui le déshonore ! On se console d'un malheur de fortune : le temps l'efface, et le chagrin diminue ; mais quel remède contre un mal qui augmente tous les jours, tel que les désordres[3] d'un fils vicieux qui a perdu tous sentiments d'honneur ? Tu ne dis rien, malheureux, ajouta-t-il ; voyez cette modestie contrefaite et cet air de douceur hypocrite ; ne le prendrait-on pas pour le plus honnête homme de sa race[4] ?

Quoique je fusse obligé de reconnaître que je méritais une partie de ces outrages, il me parut néanmoins que c'était les porter à l'excès. Je crus qu'il m'était permis d'expliquer naturellement[5] ma pensée.

– Je vous assure, monsieur, lui dis-je, que la modestie où vous me voyez devant vous n'est nullement affectée[6] ; c'est la situation naturelle d'un fils bien né, qui respecte infiniment son père, et surtout un père irrité. Je ne prétends pas non plus passer pour l'homme le plus réglé[7] de notre race. Je me connais digne de vos reproches, mais je vous conjure d'y mettre un peu plus de bonté et de ne pas me traiter comme le plus infâme de tous les hommes. Je ne mérite pas des noms si durs. C'est l'amour, vous le savez, qui a causé toutes mes fautes. Fatale passion ! Hélas ! n'en connaissez-vous pas la force, et se peut-il que votre sang, qui est la source du mien, n'ait jamais ressenti les mêmes ardeurs ? L'amour m'a rendu trop tendre, trop

---

1. Châtiment infâmant qui consistait à attacher un criminel à la vue de tous, pour que le public puisse lui manifester son hostilité.
2. La notion d'honnête homme est ici à la fois morale (l'honnêteté en tant que droiture) et sociale (l'honnêteté en tant qu'éducation qui rend sociable, courtois).
3. Dérèglements, comportements blâmables.
4. Lignée.
5. Avec franchise.
6. Feinte, contrefaite.
7. Raisonnable.

La place de Grève

Cette place de Paris où se situe aujourd'hui l'Hôtel-de-Ville était une plage (une grève) avant la construction des quais de Seine. Les châtiments et les exécutions publiques des criminels y avaient lieu.

passionné, trop fidèle et, peut-être, trop complaisant pour les désirs d'une maîtresse toute charmante ; voilà mes crimes. En voyez-vous là quelqu'un qui vous déshonore ? Allons, mon cher père, ajoutai-je tendrement, un peu de pitié pour un fils qui a toujours été plein de respect et d'affection pour vous, qui n'a pas renoncé, comme vous pensez, à l'honneur et au devoir et qui est mille fois plus à plaindre que vous ne sauriez vous l'imaginer.

Je laissai tomber quelques larmes en finissant ces paroles.

Un cœur de père est le chef-d'œuvre de la nature ; elle y règne, pour ainsi parler, avec complaisance, et elle en règle elle-même tous les ressorts. Le mien, qui était avec cela homme d'esprit et de goût, fut si touché du tour que j'avais donné à mes excuses qu'il ne fut pas le maître de me cacher ce changement.

- Viens, mon pauvre chevalier, me dit-il, viens m'embrasser ; tu me fais pitié.

Je l'embrassai ; il me serra d'une manière qui me fit juger de ce qui se passait dans son cœur.

- Mais quel moyen prendrons-nous donc, reprit-il, pour te tirer d'ici ? Explique-moi toutes tes affaires sans déguisement[8].

Comme il n'y avait rien, après tout, dans le gros de ma conduite, qui pût me déshonorer absolument, du moins en la mesurant sur celle des jeunes gens d'un certain monde, et qu'une maîtresse ne passe point pour une infamie dans le siècle où nous sommes, non plus qu'un peu d'adresse à s'attirer la fortune du jeu, je fis sincèrement à mon père le détail de la vie que j'avais menée. À chaque faute dont je lui faisais l'aveu, j'avais soin de joindre des exemples célèbres, pour en diminuer la honte.

- Je vis avec une maîtresse, lui disais-je, sans être lié par les cérémonies du mariage : M. le duc de… en entretient deux, aux yeux de tout Paris ; M. de… en a une depuis dix ans, qu'il aime avec une fidélité qu'il n'a jamais eue pour sa femme ; les deux tiers des honnêtes gens[9] de France se font honneur d'en avoir. J'ai usé de quelque supercherie au jeu : M. le marquis de… et le comte de…

---

8. Librement et sans mensonge.

9. Personnes pour qui l'on doit avoir de la considération, de l'estime.

n'ont point d'autres revenus ; M. le prince de… et M. le duc de… sont les chefs d'une bande de chevaliers du même Ordre[1].

Pour ce qui regardait mes desseins sur la bourse des deux G… M…, j'aurais pu prouver aussi facilement que je n'étais pas sans modèles ; mais il me restait trop d'honneur pour ne pas me condamner moi-même, avec tous ceux dont j'aurais pu me proposer l'exemple, de sorte que je priai mon père de pardonner cette faiblesse aux deux violentes passions qui m'avaient agité, la vengeance et l'amour. Il me demanda si je pouvais lui donner quelques ouvertures[2] sur les plus courts moyens d'obtenir ma liberté, et d'une manière qui pût lui faire éviter l'éclat[3]. Je lui appris les sentiments de bonté que le Lieutenant général de Police avait pour moi.

– Si vous trouvez quelques difficultés, lui dis-je, elles ne peuvent venir que de la part des G… M… ; ainsi, je crois qu'il serait à propos que vous prissiez la peine de les voir.

Il me le promit. Je n'osai le prier de solliciter pour[4] Manon. Ce ne fut point un défaut de hardiesse, mais un effet de la crainte où j'étais de le révolter par cette proposition, et de lui faire naître quelque dessein funeste à elle et à moi. Je suis encore à savoir si cette crainte n'a pas causé mes plus grandes infortunes en m'empêchant de tenir les dispositions de mon père, et de faire des efforts pour lui en inspirer de favorables à ma malheureuse maîtresse. J'aurais peut-être excité encore une fois sa pitié. Je l'aurais mis en garde contre les impressions qu'il allait recevoir trop facilement du vieux G… M… Que sais-je ? Ma mauvaise destinée l'aurait peut-être emporté sur tous mes efforts, mais je n'aurais eu qu'elle, du moins, et la cruauté de mes ennemis, à accuser de mon malheur.

En me quittant, mon père alla faire une visite à M. de G… M… Il le trouva avec son fils, à qui le garde du corps avait honnêtement rendu la liberté. Je n'ai jamais su les particularités de leur conversation, mais il ne m'a été que trop facile d'en juger par ses mortels effets.

Ils allèrent ensemble, je dis les deux pères, chez M. le Lieutenant général de Police, auquel ils demandèrent deux grâces : l'une, de me faire sortir sur-le-champ du Châtelet ; l'autre, d'enfermer Manon

1. Ici, confrérie de tricheurs et de voleurs.
2. Confidences.
3. Scandale.
4. De plaider la cause de Manon.

pour le reste de ses jours, ou de l'envoyer en Amérique. On commençait, dans le même temps, à embarquer quantité de gens sans aveu[5] pour le Mississippi. M. le Lieutenant général de Police leur donna sa parole de faire partir Manon par le premier vaisseau.

M. de G… M… et mon père vinrent aussitôt m'apporter ensemble la nouvelle de ma liberté. M. de G… M… me fit un compliment civil[6] sur le passé, et m'ayant félicité sur le bonheur que j'avais d'avoir un tel père, il m'exhorta à profiter désormais de ses leçons et de ses exemples. Mon père m'ordonna de lui faire des excuses de l'injure prétendue que j'avais faite à sa famille, et de le remercier de s'être employé avec lui pour mon élargissement[7]. Nous sortîmes ensemble, sans avoir dit un mot de ma maîtresse. Je n'osai même parler d'elle aux guichetiers[8] en leur présence. Hélas ! mes tristes recommandations eussent été bien inutiles ! L'ordre cruel était venu en même temps que celui de ma délivrance. Cette fille infortunée fut conduite, une heure après, à l'Hôpital, pour y être associée à quelques malheureuses qui étaient condamnées à subir le même sort. Mon père m'ayant obligé de le suivre à la maison où il avait pris sa demeure[9], il était presque six heures du soir lorsque je trouvai le moment de me dérober de ses yeux pour retourner au Châtelet. Je n'avais dessein que de faire tenir quelques rafraîchissements[10] à Manon, et de la recommander au concierge, car je ne me promettais pas que la liberté de la voir me fût accordée. Je n'avais point encore eu le temps, non plus, de réfléchir aux moyens de la délivrer.

Je demandai à parler au concierge. Il avait été content de ma libéralité[11] et de ma douceur, de sorte qu'ayant quelque disposition à me rendre service, il me parla du sort de Manon comme d'un malheur dont il avait beaucoup de regret parce qu'il pouvait m'affliger. Je ne compris point ce langage. Nous nous entretînmes quelques moments sans nous entendre[12]. À la fin, s'apercevant que j'avais besoin d'une explication, il me la donna, telle que j'ai déjà eu horreur de vous la dire, et que j'ai encore de la répéter.

---

5. Qui gagnent leur vie par des activités illégales ou immorales.

6. Courtois.

7. Libération.

8. Geôliers.

9. Avait élu domicile.

10. Boissons et fruits que l'on prend entre les repas.

11. Générosité financière.

12. Comprendre.

Jamais apoplexie[1] violente ne causa d'effet plus subit et plus terrible. Je tombai, avec une palpitation de cœur si douloureuse, qu'à l'instant que je perdis la connaissance, je me crus délivré de la vie pour toujours. Il me resta même quelque chose de cette pensée lorsque je revins à moi. Je tournai mes regards vers toutes les parties de la chambre et sur moi-même, pour m'assurer si je portais encore la malheureuse qualité d'homme vivant. Il est certain qu'en ne suivant que le mouvement naturel qui fait chercher à se délivrer de ses peines, rien ne pouvait me paraître plus doux que la mort, dans ce moment de désespoir et de consternation[2]. La religion même ne pouvait me faire envisager rien de plus insupportable, après la vie, que les convulsions cruelles dont j'étais tourmenté. Cependant, par un miracle propre à l'amour, je retrouvai bientôt assez de force pour remercier le Ciel de m'avoir rendu la connaissance et la raison. Ma mort n'eût été utile qu'à moi. Manon avait besoin de ma vie pour la délivrer pour la secourir pour la venger. Je jurai de m'y employer sans ménagement.

Le concierge me donna toute l'assistance que j'eusse pu attendre du meilleur de mes amis. Je reçus ses services avec une vive reconnaissance.

– Hélas ! lui dis-je, vous êtes donc touché de mes peines ? Tout le monde m'abandonne. Mon père même est sans doute un de mes plus cruels persécuteurs. Personne n'a pitié de moi. Vous seul, dans le séjour de la dureté et de la barbarie, vous marquez de la compassion pour le plus misérable de tous les hommes !

Il me conseillait de ne point paraître dans la rue sans être un peu remis du trouble où j'étais.

– Laissez, laissez, répondis-je en sortant ; je vous reverrai plus tôt que vous ne pensez. Préparez-moi le plus noir de vos cachots ; je vais travailler à le mériter.

En effet, mes premières résolutions n'allaient à rien moins qu'à me défaire des deux G… M… et du Lieutenant général de Police, et fondre[3] ensuite à main armée sur l'Hôpital, avec tous ceux que je pourrais engager dans ma querelle. Mon père lui-même eût à

1. Attaque cérébrale, choc qui provoque un évanouissement ou une paralysie.

2. Découragement accablant.

3. Attaquer brutalement.

peine été respecté, dans une vengeance qui me paraissait si juste, car le concierge ne m'avait pas caché que lui et G… M… étaient les auteurs de ma perte. Mais, lorsque j'eus fait quelques pas dans les rues, et que l'air eut un peu rafraîchi mon sang et mes humeurs, ma fureur fit place peu à peu à des sentiments plus raisonnables. La mort de nos ennemis eût été d'une faible utilité pour Manon, et elle m'eût exposé sans doute à me voir ôter tous les moyens de la secourir. D'ailleurs, aurais-je eu recours à un lâche assassinat ? Quelle autre voie pouvais-je m'ouvrir à la vengeance ? Je recueillis toutes mes forces et tous mes esprits pour travailler d'abord à la délivrance de Manon, remettant tout le reste après le succès de cette importante entreprise.

Il me restait peu d'argent. C'était, néanmoins, un fondement nécessaire, par lequel il fallait commencer. Je ne voyais que trois personnes de qui j'en pusse attendre : M. de T…, mon père et Tiberge. Il y avait peu d'apparence d'obtenir quelque chose des deux derniers, et j'avais honte de fatiguer l'autre par mes importunités. Mais ce n'est point dans le désespoir qu'on garde des ménagements. J'allai sur-le-champ au Séminaire de Saint-Sulpice, sans m'embarrasser si j'y serais reconnu. Je fis appeler Tiberge. Ses premières paroles me firent comprendre qu'il ignorait encore mes dernières aventures. Cette idée me fit changer le dessein que j'avais, de l'attendrir par la compassion. Je lui parlai, en général, du plaisir que j'avais eu de revoir mon père, et je le priai ensuite de me prêter quelque argent, sous prétexte de payer, avant mon départ de Paris, quelques dettes que je souhaitais de tenir inconnues. Il me présenta aussitôt sa bourse. Je pris cinq cents francs sur six cents que j'y trouvai. Je lui offris mon billet[4] ; il était trop généreux pour l'accepter.

Je tournai[5] de là chez M. de T… Je n'eus point de réserve avec lui. Je lui fis l'exposition de mes malheurs et de mes peines : il en savait déjà jusqu'aux moindres circonstances, par le soin qu'il avait

Les humeurs

Depuis l'Antiquité et jusqu'au XVIIIe siècle, la médecine repose sur l'opinion que le corps humain comporterait quatre « humeurs », quatre liquides (le sang, le flegme, la bile et l'atrabile) dont le déséquilibre serait la cause des maladies et aussi des troubles du caractère.

4. Billet à ordre, sorte de reconnaissance de dette.
5. Retournai.

eu de suivre l'aventure du jeune G… M… ; il m'écouta néanmoins, et il me plaignit beaucoup. Lorsque je lui demandai ses conseils sur les moyens de délivrer Manon, il me répondit tristement qu'il y voyait si peu de jour[1], qu'à moins d'un secours extraordinaire du Ciel, il fallait renoncer à l'espérance, qu'il avait passé exprès à l'Hôpital, depuis qu'elle y était renfermée, qu'il n'avait pu obtenir lui-même la liberté de la voir ; que les ordres du Lieutenant général de Police étaient de la dernière rigueur et que, pour comble d'infortune, la malheureuse bande où elle devait entrer était destinée à partir le surlendemain du jour où nous étions. J'étais si consterné de son discours qu'il eût pu parler une heure sans que j'eusse pensé à l'interrompre. Il continua de me dire qu'il ne m'était point allé voir au Châtelet, pour se donner plus de facilité à me servir lorsqu'on le croirait sans liaison avec moi ; que, depuis quelques heures que j'en étais sorti, il avait eu le chagrin d'ignorer où je m'étais retiré, et qu'il avait souhaité de me voir promptement pour me donner le seul conseil dont il semblait que je pusse espérer du changement dans le sort de Manon, mais un conseil dangereux, auquel il me priait de cacher éternellement qu'il eût part : c'était de choisir quelques braves[2] qui eussent le courage d'attaquer les gardes de Manon lorsqu'ils seraient sortis de Paris avec elle. Il n'attendit point que je lui parlasse de mon indigence[3].

– Voilà cent pistoles[4], me dit-il, en me présentant une bourse, qui pourront vous être de quelque usage. Vous me les remettrez, lorsque la fortune aura rétabli vos affaires.

Il ajouta que, si le soin de sa réputation lui eût permis d'entreprendre lui-même la délivrance de ma maîtresse, il m'eût offert son bras et son épée.

Cette excessive générosité me toucha jusqu'aux larmes. J'employai, pour lui marquer ma reconnaissance, toute la vivacité que mon affliction[5] me laissait de reste. Je lui demandai s'il n'y avait rien à espérer par la voie des intercessions[6], auprès du Lieutenant

1. Espoir.
2. Ici, hommes prêts à tout, sans scrupule.
3. Pauvreté, absence de ressources.
4. On peut estimer que cela équivaut à environ 23 000 euros actuels.
5. Douleur profonde.
6. Prières que l'on fait à quelqu'un pour obtenir une grâce ou une protection.

général de Police. Il me dit qu'il y avait pensé, mais qu'il croyait cette ressource inutile, parce qu'une grâce de cette nature ne pouvait se demander sans motif, et qu'il ne voyait pas bien quel motif on pouvait employer pour se faire un intercesseur d'une personne grave et puissante ; que, si l'on pouvait se flatter de quelque chose de ce côté-là, ce ne pouvait être qu'en faisant changer de sentiment à M. de G… M… et à mon père, et en les engageant à prier eux-mêmes M. le Lieutenant général de Police de révoquer sa sentence. Il m'offrit de faire tous ses efforts pour gagner le jeune G… M…, quoiqu'il le crût un peu refroidi à son égard par quelques soupçons qu'il avait conçus de lui à l'occasion de notre affaire, et il m'exhorta[7] à ne rien omettre, de mon côté, pour fléchir l'esprit de mon père.

Ce n'était pas une légère entreprise pour moi, je ne dis pas seulement par la difficulté que je devais naturellement trouver à le vaincre, mais par une autre raison qui me faisait même redouter ses approches : je m'étais dérobé[8] de son logement contre ses ordres, et j'étais fort résolu de n'y pas retourner depuis que j'avais appris la triste destinée de Manon. J'appréhendais avec sujet qu'il ne me fît retenir malgré moi, et qu'il ne me reconduisît de même en province. Mon frère aîné avait usé autrefois de cette méthode. Il est vrai que j'étais devenu plus âgé, mais l'âge était une faible raison contre la force.

Cependant je trouvais une voie qui me sauvait du danger ; c'était de le faire appeler dans un endroit public, et de m'annoncer à lui sous un autre nom. Je pris aussitôt ce parti. M. de T… s'en alla chez G… M… et moi au Luxembourg[9], d'où j'envoyai avertir mon père qu'un gentilhomme de ses serviteurs[10] était à l'attendre. Je craignais qu'il n'eût quelque peine à venir parce que la nuit approchait. Il parut néanmoins peu après, suivi de son laquais. Je le priai de prendre une allée où nous puissions être seuls. Nous fîmes cent pas, pour le moins, sans parler. Il s'imaginait bien, sans doute, que tant

---

7. M'encouragea.

8. Enfui en secret.

9. Le jardin du Luxembourg, à Paris.

10. Le gentilhomme est un homme noble : cela laisse entendre que le père de Des Grieux a des nobles à son service, et qu'il est donc lui-même d'un haut rang dans la noblesse.

de préparations ne s'étaient pas faites sans un dessein d'importance. Il attendait ma harangue[1], et je la méditais. Enfin, j'ouvris la bouche.

– Monsieur, lui dis-je en tremblant, vous êtes un bon père. Vous m'avez comblé de grâces et vous m'avez pardonné un nombre infini de fautes. Aussi le Ciel m'est-il témoin que j'ai pour vous tous les sentiments du fils le plus tendre et le plus respectueux. Mais il me semble… que votre rigueur…

– Hé bien ! ma rigueur ? interrompit mon père, qui trouvait sans doute que je parlais lentement pour son impatience.

– Ah ! monsieur, repris-je, il me semble que votre rigueur est extrême, dans le traitement que vous avez fait à la malheureuse Manon. Vous vous en êtes rapporté à M. de G… M… Sa haine vous l'a représentée sous les plus noires couleurs. Vous vous êtes formé d'elle une affreuse idée. Cependant, c'est la plus douce et la plus aimable créature qui fût jamais. Que n'a-t-il plu au Ciel de vous inspirer l'envie de la voir un moment ! Je ne suis pas plus sûr qu'elle est charmante, que je le suis qu'elle vous l'aurait paru. Vous auriez pris parti pour elle ; vous auriez détesté les noirs artifices[2] de G… M… ; vous auriez eu compassion d'elle et de moi. Hélas ! j'en suis sûr. Votre cœur n'est pas insensible ; vous vous seriez laissé attendrir.

Il m'interrompit encore, voyant que je parlais avec une ardeur qui ne m'aurait pas permis de finir sitôt. Il voulut savoir à quoi j'avais dessein d'en venir par un discours si passionné.

– À vous demander la vie, répondis-je, que je ne puis conserver un moment si Manon part une fois pour l'Amérique.

– Non, non, me dit-il d'un ton sévère ; j'aime mieux te voir sans vie que sans sagesse et sans honneur.

– N'allons donc pas plus loin ! m'écriai-je en l'arrêtant par le bras. Ôtez-la-moi, cette vie odieuse et insupportable, car dans le désespoir où vous me jetez, la mort sera une faveur pour moi. C'est un présent digne de la main d'un père.

– Je ne te donnerai que ce que tu mérites, répliqua-t-il. Je connais bien des pères qui n'auraient pas attendu si longtemps pour être eux-mêmes tes bourreaux, mais c'est ma bonté excessive qui t'a perdu.

---

1. Discours. **2.** Ruses.

Je me jetai à ses genoux.

- Ah ! s'il vous en reste encore, lui dis-je en les embrassant, ne vous endurcissez donc pas contre mes pleurs. Songez que je suis votre fils… Hélas ! souvenez-vous de ma mère. Vous l'aimiez si tendrement ! Auriez-vous souffert qu'on l'eût arrachée de vos bras ? Vous l'auriez défendue jusqu'à la mort. Les autres n'ont-ils pas un cœur comme vous ? Peut-on être barbare, après avoir une fois éprouvé ce que c'est que la tendresse et la douleur ?

- Ne me parle pas davantage de ta mère, reprit-il d'une voix irritée ; ce souvenir échauffe mon indignation. Tes désordres la feraient mourir de douleur si elle eût assez vécu pour les voir. Finissons cet entretien, ajouta-t-il ; il m'importune, et ne me fera point changer de résolution. Je retourne au logis ; je t'ordonne de me suivre.

Le ton sec et dur avec lequel il m'intima cet ordre me fit trop comprendre que son cœur était inflexible. Je m'éloignai de quelques pas, dans la crainte qu'il ne lui prît envie de m'arrêter de ses propres mains.

- N'augmentez pas mon désespoir, lui dis-je, en me forçant de vous désobéir. Il est impossible que je vous suive. Il ne l'est pas moins que je vive, après la dureté avec laquelle vous me traitez. Ainsi je vous dis un éternel adieu. Ma mort, que vous apprendrez bientôt, ajoutai-je tristement, vous fera peut-être reprendre pour moi des sentiments de père.

Comme je me tournais pour le quitter :

- Tu refuses donc de me suivre ? s'écria-t-il avec une vive colère. Va, cours à ta perte. Adieu, fils ingrat et rebelle.

- Adieu, lui dis-je dans mon transport, adieu, père barbare et dénaturé[3].

Je sortis aussitôt du Luxembourg. Je marchai dans les rues comme un furieux[4] jusqu'à la maison de M. de T… Je levais, en marchant, les yeux et les mains pour invoquer toutes les puissances célestes. Ô Ciel ! disais-je, serez-vous aussi impitoyable que les hommes ? Je n'ai plus de secours à attendre que de vous.

---

3. Ici, qui a perdu ses sentiments paternels naturels, qui est devenu dur et méchant.

4. Fou, forcené.

M. de T… n'était point encore retourné chez lui, mais il revint après que je l'y eus attendu quelques moments. Sa négociation n'avait pas réussi mieux que la mienne. Il me le dit d'un visage abattu. Le jeune G… M…, quoique moins irrité que son père contre Manon et contre moi, n'avait pas voulu entreprendre de le solliciter en notre faveur. Il s'en était défendu par la crainte qu'il avait lui-même de ce vieillard vindicatif[1], qui s'était déjà fort emporté contre lui en lui reprochant ses desseins de commerce[2] avec Manon. Il ne me restait donc que la voie de la violence, telle que M. de T… m'en avait tracé le plan ; j'y réduisis toutes mes espérances.

– Elles sont bien incertaines, lui dis-je, mais la plus solide et la plus consolante pour moi est celle de périr du moins dans l'entreprise.

Je le quittai en le priant de me secourir par ses vœux, et je ne pensai plus qu'à m'associer des camarades à qui je pusse communiquer une étincelle de mon courage et de ma résolution.

Le premier qui s'offrit à mon esprit, fut le même garde du corps que j'avais employé pour arrêter G… M… J'avais dessein aussi d'aller passer la nuit dans sa chambre, n'ayant pas eu l'esprit assez libre, pendant l'après-midi, pour me procurer un logement. Je le trouvai seul. Il eut de la joie de me voir sorti du Châtelet. Il m'offrit affectueusement ses services. Je lui expliquai ceux qu'il pouvait me rendre. Il avait assez de bon sens pour en apercevoir toutes les difficultés, mais il fut assez généreux pour entreprendre de les surmonter. Nous employâmes une partie de la nuit à raisonner sur mon dessein. Il me parla des trois soldats aux gardes, dont il s'était servi dans la dernière occasion, comme de trois braves à l'épreuve. M. de T… m'avait informé exactement du nombre des archers qui devaient conduire Manon ; ils n'étaient que six. Cinq hommes hardis et résolus suffisaient pour donner l'épouvante à ces misérables, qui ne sont point capables de se défendre honorablement lorsqu'ils peuvent éviter le péril du combat par une lâcheté[3]. Comme je ne manquais point d'argent, le garde du corps me conseilla de ne rien épargner pour assurer le succès de notre attaque.

---

1. Enclin à la vengeance.
2. Relation amoureuse.
3. Des Grieux montre peu d'estime pour les gardes qui accompagnaient Manon.

– Il nous faut des chevaux, me dit-il, avec des pistolets, et chacun notre mousqueton[4]. Je me charge de prendre demain le soin de ces préparatifs. Il faudra aussi trois habits communs[5] pour nos soldats, qui n'oseraient paraître dans une affaire de cette nature avec l'uniforme du régiment.

Je lui mis entre les mains les cent pistoles que j'avais reçues de M. de T… Elles furent employées, le lendemain, jusqu'au dernier sol[6]. Les trois soldats passèrent en revue devant moi. Je les animai par de grandes promesses, et pour leur ôter toute défiance, je commençai par leur faire présent, à chacun, de dix pistoles.

Le jour de l'exécution étant venu, j'en envoyai un de grand matin à l'Hôpital, pour s'instruire, par ses propres yeux, du moment auquel les archers partiraient avec leur proie. Quoique je n'eusse pris cette précaution que par un excès d'inquiétude et de prévoyance, il se trouva qu'elle avait été absolument nécessaire. J'avais compté sur quelques fausses informations qu'on m'avait données de leur route, et, m'étant persuadé que c'était à La Rochelle que cette déplorable[7] troupe devait être embarquée, j'aurais perdu mes peines à l'attendre sur le chemin d'Orléans. Cependant, je fus informé, par le rapport du soldat aux gardes qu'elle prenait le chemin de Normandie, et que c'était du Havre-de-Grâce qu'elle devait partir pour l'Amérique.

Nous nous rendîmes aussitôt à la Porte Saint-Honoré, observant[8] de marcher par des rues différentes. Nous nous réunîmes au bout du faubourg. Nos chevaux étaient frais. Nous ne tardâmes point à découvrir les six gardes et les deux misérables voitures que vous vîtes à Pacy, il y a deux ans. Ce spectacle faillit de m'ôter la force et la connaissance[9].

– Ô fortune[10], m'écriai-je, fortune cruelle ! accorde-moi ici, du moins, la mort ou la victoire.

Nous tînmes conseil un moment sur la manière dont nous ferions notre attaque. Les archers n'étaient guère plus de quatre cents pas devant nous, et nous pouvions les couper en passant au travers

---

4. Arme à feu semblable à un fusil mais au canon court et d'un calibre plus gros que celui d'un mousquet.

5. Civils, non militaires.

6. Sou.

7. Digne de compassion.

8. Ayant soin.

9. Conscience (Des Grieux manque s'évanouir).

10. Destinée.

d'un petit champ, autour duquel le grand chemin tournait. Le garde du corps fut d'avis de prendre cette voie, pour les surprendre en fondant tout d'un coup sur eux. J'approuvai sa pensée et je fus le premier à piquer mon cheval. Mais la fortune avait rejeté impitoyablement mes vœux. Les archers, voyant cinq cavaliers accourir vers eux, ne doutèrent point que ce ne fût pour les attaquer. Ils se mirent en défense, en préparant leurs baïonnettes et leurs fusils d'un air assez résolu. Cette vue, qui ne fit que nous animer, le garde du corps et moi, ôta tout d'un coup le courage à nos trois lâches compagnons. Ils s'arrêtèrent comme de concert[1], et, s'étant dit entre eux quelques mots que je n'entendis point, ils tournèrent la tête de leurs chevaux, pour reprendre le chemin de Paris à bride abattue.

– Dieux ! me dit le garde du corps, qui paraissait aussi éperdu que moi de cette infâme désertion, qu'allons-nous faire ? Nous ne sommes que deux.

J'avais perdu la voix, de fureur et d'étonnement. Je m'arrêtai, incertain si ma première vengeance ne devait pas s'employer à la poursuite et au châtiment des lâches qui m'abandonnaient. Je les regardais fuir et je jetais les yeux, de l'autre côté, sur les archers. S'il m'eût été possible de me partager, j'aurais fondu tout à la fois sur ces deux objets de ma rage ; je les dévorais tous ensemble. Le garde du corps, qui jugeait de mon incertitude par le mouvement égaré de mes yeux, me pria d'écouter son conseil.

– N'étant que deux, me dit-il, il y aurait de la folie à attaquer six hommes aussi bien armés que nous et qui paraissent nous attendre de pied ferme. Il faut retourner à Paris et tâcher de réussir mieux dans le choix de nos braves. Les archers ne sauraient faire de grandes journées avec deux pesantes voitures ; nous les rejoindrons demain sans peine.

Je fis un moment de réflexion sur ce parti, mais, ne voyant de tous côtés que des sujets de désespoir, je pris une résolution véritablement désespérée. Ce fut de remercier mon compagnon de ses services, et, loin d'attaquer les archers, je résolus d'aller avec soumission, les prier de me recevoir dans leur troupe pour accompagner

1. Comme s'ils s'étaient concertés, qu'ils avaient pris ensemble la même décision.

Manon avec eux jusqu'au Havre-de-Grâce et passer ensuite au-delà des mers avec elle.

- Tout le monde me persécute ou me trahit, dis-je au garde du corps. Je n'ai plus de fond à faire[2] sur personne. Je n'attends plus rien, ni de la fortune, ni du secours des hommes. Mes malheurs sont au comble ; il ne me reste plus que de m'y soumettre. Ainsi, je ferme les yeux à toute espérance. Puisse le Ciel récompenser votre générosité ! Adieu, je vais aider mon mauvais sort à consommer[3] ma ruine, en y courant moi-même volontairement.

Il fit inutilement ses efforts pour m'engager à retourner à Paris. Je le priai de me laisser suivre mes résolutions et de me quitter sur-le-champ, de peur que les archers ne continuassent de croire que notre dessein était de les attaquer. J'allai seul vers eux, d'un pas lent et le visage si consterné qu'ils ne durent rien trouver d'effrayant dans mes approches. Ils se tenaient néanmoins en défense.

- Rassurez-vous, messieurs, leur dis-je, en les abordant ; je ne vous apporte point la guerre, je viens vous demander des grâces.

Je les priai de continuer leur chemin sans défiance et je leur appris, en marchant, les faveurs que j'attendais d'eux. Ils consultèrent ensemble de quelle manière ils devaient recevoir cette ouverture[4]. Le chef de la bande prit la parole pour les autres. Il me répondit que les ordres qu'ils avaient de veiller sur leurs captives étaient d'une extrême rigueur ; que je lui paraissais néanmoins si joli homme que lui et ses compagnons se relâcheraient un peu de leur devoir ; mais que je devais comprendre qu'il fallait qu'il m'en coûtât quelque chose. Il me restait environ quinze pistoles ; je leur dis naturellement en quoi consistait le fond de ma bourse.

- Hé bien ! me dit l'archer, nous en userons généreusement. Il ne vous coûtera qu'un écu par heure pour entretenir celle de nos filles qui vous plaira le plus ; c'est le prix courant de Paris.

Je ne leur avais pas parlé de Manon en particulier parce que je n'avais pas dessein qu'ils connussent ma passion. Ils s'imaginèrent d'abord que ce n'était qu'une fantaisie de jeune homme qui me faisait chercher un peu de passe-temps avec ces créatures[5] ; mais lorsqu'ils

2. Compter sur (quelqu'un).
3. Amener jusqu'à son terme.
4. Confidence.
5. Le terme est péjoratif.

crurent s'être aperçus que j'étais amoureux, ils augmentèrent tellement le tribut, que ma bourse se trouva épuisée en partant de Mantes, où nous avions couché, le jour que nous arrivâmes à Pacy.

Vous dirai-je quel fut le déplorable[1] sujet de mes entretiens avec Manon pendant cette route, ou quelle impression sa vue fit sur moi lorsque j'eus obtenu des gardes la liberté d'approcher de son chariot ? Ah ! les expressions ne rendent jamais qu'à demi les sentiments du cœur. Mais figurez-vous ma pauvre maîtresse enchaînée par le milieu du corps, assise sur quelques poignées de paille, la tête appuyée languissamment[2] sur un côté de la voiture, le visage pâle et mouillé d'un ruisseau de larmes qui se faisaient un passage au travers de ses paupières, quoiqu'elle eût continuellement les yeux fermés. Elle n'avait pas même eu la curiosité de les ouvrir lorsqu'elle avait entendu le bruit de ses gardes, qui craignaient d'être attaqués. Son linge était sale et dérangé, ses mains délicates exposées à l'injure de l'air ; enfin, tout ce composé charmant, cette figure capable de ramener l'univers à l'idolâtrie[3], paraissait dans un désordre et un abattement inexprimables. J'employai quelque temps à la considérer en allant à cheval à côté du chariot. J'étais si peu à moi-même que je fus sur le point, plusieurs fois, de tomber dangereusement. Mes soupirs et mes exclamations fréquentes m'attirèrent d'elle quelques regards. Elle me reconnut, et je remarquai que, dans le premier mouvement, elle tenta de se précipiter hors de la voiture pour venir à moi ; mais, étant retenue par sa chaîne, elle retomba dans sa première attitude.

Je priai les archers d'arrêter un moment par compassion ; ils y consentirent par avarice. Je quittai mon cheval pour m'asseoir auprès d'elle. Elle était si languissante et si affaiblie qu'elle fut longtemps sans pouvoir se servir de sa langue ni remuer ses mains. Je les mouillais pendant ce temps-là de mes pleurs, et, ne pouvant proférer moi-même une seule parole, nous étions l'un et l'autre dans une des plus tristes situations dont il y ait jamais eu d'exemple. Nos expressions ne le furent pas moins, lorsque nous eûmes retrouvé la liberté de parler.

---

1. Digne de pitié.

2. Mollement.

3. Elle deviendrait une idole, c'est-à-dire une représentation divine qu'on ne peut qu'adorer.

Manon parla peu. Il semblait que la honte et la douleur eussent altéré les organes de sa voix ; le son en était faible et tremblant. Elle me remercia de ne l'avoir pas oubliée, et de la satisfaction que je lui accordais, dit-elle en soupirant, de me voir du moins encore une fois et de me dire le dernier adieu. Mais, lorsque je l'eus assurée que rien n'était capable de me séparer d'elle et que j'étais disposé à la suivre jusqu'à l'extrémité du monde pour prendre soin d'elle, pour la servir, pour l'aimer et pour attacher inséparablement ma misérable destinée à la sienne, cette pauvre fille se livra à des sentiments si tendres et si douloureux, que j'appréhendai quelque chose pour sa vie d'une si violente émotion. Tous les mouvements de son âme semblaient se réunir dans ses yeux. Elle les tenait fixés sur moi. Quelquefois elle ouvrait la bouche, sans avoir la force d'achever quelques mots qu'elle commençait. Il lui en échappait néanmoins quelques-uns. C'étaient des marques d'admiration sur mon amour, de tendres plaintes de son excès, des doutes qu'elle pût être assez heureuse pour m'avoir inspiré une passion si parfaite, des instances pour me faire renoncer au dessein de la suivre et chercher ailleurs un bonheur digne de moi, qu'elle me disait que je ne pouvais espérer avec elle. En dépit du plus cruel de tous les sorts, je trouvais ma félicité[4] dans ses regards et dans la certitude que j'avais de son affection. J'avais perdu, à la vérité, tout ce que le reste des hommes estime ; mais j'étais maître du cœur de Manon, le seul bien que j'estimais. Vivre en Europe, vivre en Amérique, que m'importait-il en quel endroit vivre, si j'étais sûr d'y être heureux en y vivant avec ma maîtresse ? Tout l'univers n'est-il pas la patrie de deux amants fidèles ? Ne trouvent-ils pas l'un dans l'autre, père, mère, parents, amis, richesses et félicité ? Si quelque chose me causait de l'inquiétude, c'était la crainte de voir Manon exposée aux besoins de l'indigence[5]. Je me supposais déjà, avec elle, dans une région inculte et habitée par des sauvages.

– Je suis bien sûr, disais-je, qu'il ne saurait y en avoir d'aussi cruels que G… M… et mon père. Ils nous laisseront du moins vivre en paix. Si les relations[6] qu'on en fait sont fidèles, ils suivent les lois de la nature. Ils ne connaissent ni les fureurs de l'avarice, qui

4. Bonheur.
5. Pauvreté.
6. Récits et descriptions.

possèdent G… M…, ni les idées fantastiques de l'honneur qui m'ont fait un ennemi de mon père. Ils ne troubleront point deux amants qu'ils verront vivre avec autant de simplicité qu'eux.

J'étais donc tranquille de ce côté-là. Mais je ne me formais point des idées romanesques par rapport aux besoins communs de la vie. J'avais éprouvé trop souvent qu'il y a des nécessités insupportables, surtout pour une fille délicate qui est accoutumée à une vie commode[1] et abondante. J'étais au désespoir d'avoir épuisé inutilement ma bourse et que le peu d'argent qui me restait fût encore sur le point de m'être ravi par la friponnerie des archers. Je concevais qu'avec une petite somme j'aurais pu espérer non seulement de me soutenir quelque temps contre la misère en Amérique, où l'argent était rare, mais d'y former même quelque entreprise pour un établissement durable. Cette considération me fit naître la pensée d'écrire à Tiberge, que j'avais toujours trouvé si prompt à m'offrir les secours de l'amitié. J'écrivis, dès la première ville où nous passâmes. Je ne lui apportai point d'autre motif que le pressant besoin dans lequel je prévoyais que je me trouverais au Havre-de-Grâce, où je lui confessais que j'étais allé conduire Manon. Je lui demandais cent pistoles.

« Faites-les-moi tenir au Havre, lui disais-je, par le maître de la poste. Vous voyez bien que c'est la dernière fois que j'importune votre affection et que, ma malheureuse maîtresse m'étant enlevée pour toujours, je ne puis la laisser partir sans quelques soulagements qui adoucissent son sort et mes mortels regrets. »

Les archers devinrent si intraitables, lorsqu'ils eurent découvert la violence de ma passion, que, redoublant continuellement le prix de leurs moindres faveurs, ils me réduisirent bientôt à la dernière indigence. L'amour, d'ailleurs, ne me permettait guère de ménager ma bourse. Je m'oubliais du matin au soir près de Manon, et ce

La poste

Dès la fin du Moyen Âge, il existait diverses organisations de port de messages, mais la première poste aux lettres est organisée au début du XVIIe siècle, en lien avec les relais de poste où l'on dispose de chevaux. À partir de 1688, le ministre Louvois transforme les postes en une entreprise efficace et bien organisée. Mais au XVIIIe siècle encore, il est fréquent que les auteurs de lettres se plaignent des prix excessifs exigés par les maîtres des courriers : le système de tarification selon la distance et le poids n'est instauré qu'en 1792.

1. Facile, confortable.

n'était plus par heure que le temps m'était mesuré, c'était par la longueur entière des jours. Enfin, ma bourse étant tout à fait vide, je me trouvai exposé aux caprices et à la brutalité de six misérables, qui me traitaient avec une hauteur[2] insupportable. Vous en fûtes témoin à Pacy. Votre rencontre fut un heureux moment de relâche, qui me fut accordé par la fortune. Votre pitié, à la vue de mes peines, fut ma seule recommandation auprès de votre cœur généreux. Le secours, que vous m'accordâtes libéralement[3], servit à me faire gagner Le Havre, et les archers tinrent leur promesse avec plus de fidélité que je ne l'espérais.

Nous arrivâmes au Havre. J'allai d'abord à la poste. Tiberge n'avait point encore eu le temps de me répondre. Je m'informai exactement quel jour je pouvais attendre sa lettre. Elle ne pouvait arriver que deux jours après, et par une étrange disposition de mon mauvais sort, il se trouva que notre vaisseau devait partir le matin de celui auquel j'attendais l'ordinaire[4]. Je ne puis vous représenter mon désespoir.

- Quoi ! m'écriai-je, dans le malheur même, il faudra toujours que je sois distingué par des excès !

Manon répondit :

- Hélas ! une vie si malheureuse mérite-t-elle le soin que nous en prenons ? Mourons au Havre, mon cher chevalier. Que la mort finisse tout d'un coup nos misères ! Irons-nous les traîner dans un pays inconnu, où nous devons nous attendre, sans doute, à d'horribles extrémités, puisqu'on a voulu m'en faire un supplice ? Mourons, me répéta-t-elle ; ou du moins, donne-moi la mort, et va chercher un autre sort dans les bras d'une amante plus heureuse.

- Non, non, lui dis-je, c'est pour moi un sort digne d'envie que d'être malheureux avec vous.

Son discours me fit trembler. Je jugeai qu'elle était accablée de ses maux. Je m'efforçai de prendre un air plus tranquille, pour lui ôter ces funestes pensées de mort et de désespoir. Je résolus de tenir la même conduite à l'avenir ; et j'ai éprouvé, dans la suite, que rien

---

2. Arrogance, mépris.
3. Généreusement.
4. Coursier de la poste partant à jours réguliers.

n'est plus capable d'inspirer du courage à une femme que l'intrépidité d'un homme qu'elle aime.

Lorsque j'eus perdu l'espérance de recevoir du secours de Tiberge, je vendis mon cheval. L'argent que j'en tirai, joint à ce qui me restait encore de vos libéralités[1], me composa la petite somme de dix-sept pistoles. J'en employai sept à l'achat de quelques soulagements nécessaires à Manon, et je serrai[2] les dix autres avec soin, comme le fondement de notre fortune et de nos espérances en Amérique. Je n'eus point de peine à me faire recevoir dans le vaisseau. On cherchait alors des jeunes gens qui fussent disposés à se joindre volontairement à la colonie. Le passage et la nourriture me furent accordés gratis. La poste de Paris devant partir le lendemain, j'y laissai une lettre pour Tiberge. Elle était touchante et capable de l'attendrir sans doute, au dernier point, puisqu'elle lui fit prendre une résolution qui ne pouvait venir que d'un fond infini de tendresse et de générosité pour un ami malheureux.

Nous mîmes à la voile. Le vent ne cessa point de nous être favorable. J'obtins du capitaine un lieu à part pour Manon et pour moi. Il eut la bonté de nous regarder d'un autre œil que le commun de nos misérables associés. Je l'avais pris en particulier dès le premier jour, et, pour m'attirer de lui quelque considération, je lui avais découvert une partie de mes infortunes. Je ne crus pas me rendre coupable d'un mensonge honteux en lui disant que j'étais marié à Manon. Il feignit[3] de le croire, et il m'accorda sa protection. Nous en reçûmes des marques pendant toute la navigation. Il eut soin de nous faire nourrir honnêtement, et les égards qu'il eut pour nous servirent à nous faire respecter des compagnons de notre misère. J'avais une attention continuelle à ne pas laisser souffrir la moindre incommodité à Manon. Elle le remarquait bien, et cette vue, jointe au vif ressentiment[4] de l'étrange extrémité où je m'étais réduit pour elle, la rendait si tendre et si passionnée, si attentive aussi à mes plus légers besoins, que c'était, entre elle et moi, une perpétuelle émulation[5] de services et d'amour. Je ne regrettais point l'Europe.

1. Dons généreux.
2. Rangeai en lieu sûr.
3. Fit semblant.
4. Ici, souvenir qu'on garde d'un bienfait, gratitude.
5. Sentiment, tenu pour louable, qui pousse à surpasser autrui dans une activité.

Au contraire, plus nous avancions vers l'Amérique, plus je sentais mon cœur s'élargir et devenir tranquille. Si j'eusse pu m'assurer de n'y pas manquer des nécessités absolues de la vie, j'aurais remercié la fortune d'avoir donné un tour si favorable à nos malheurs.

Après une navigation de deux mois, nous abordâmes enfin au rivage désiré. Le pays ne nous offrit rien d'agréable à la première vue. C'étaient des campagnes stériles et inhabitées, où l'on voyait à peine quelques roseaux et quelques arbres dépouillés par le vent. Nulle trace d'hommes ni d'animaux. Cependant, le capitaine ayant fait tirer quelques pièces de notre artillerie, nous ne fûmes pas longtemps sans apercevoir une troupe de citoyens de la Nouvelle-Orléans, qui s'approchèrent de nous avec de vives marques de joie. Nous n'avions pas découvert la ville. Elle est cachée, de ce côté-là, par une petite colline.

Nous fûmes reçus comme des gens descendus du Ciel. Ces pauvres habitants s'empressaient pour nous faire mille questions sur l'état de la France et sur les différentes provinces où ils étaient nés. Ils nous embrassaient comme leurs frères et comme de chers compagnons qui venaient partager leur misère et leur solitude. Nous prîmes le chemin de la ville avec eux, mais nous fûmes surpris de découvrir, en avançant, que, ce qu'on nous avait vanté jusqu'alors comme une bonne ville, n'était qu'un assemblage de quelques pauvres cabanes. Elles étaient habitées par cinq ou six cents personnes. La maison du gouverneur nous parut un peu distinguée par sa hauteur et par sa situation. Elle est défendue par quelques ouvrages[6] de terre, autour desquels règne un large fossé.

Nous fûmes d'abord présentés à lui. Il s'entretint longtemps en secret avec le capitaine, et, revenant ensuite à nous, il considéra, l'une après l'autre, toutes les filles qui étaient arrivées par le vaisseau. Elles étaient au nombre de trente, car nous en avions trouvé au Havre une

La Nouvelle-Orléans

C'est la plus grande ville de la Louisiane, colonie française de 1682 à 1762-1763. Officiellement fondée en 1718 par Jean-Baptiste Le Moyne de Bienville au bord du Mississipi, son nom est choisi en l'honneur du régent Philippe d'Orléans. Mais, selon la chronologie du roman, nous devrions plutôt nous situer en 1715… Quoi qu'il en soit, en 1722, la ville deviendra la capitale de la Louisiane.

6. Fortifications.

autre bande, qui s'était jointe à la nôtre. Le gouverneur, les ayant longtemps examinées, fit appeler divers jeunes gens de la ville qui languissaient[1] dans l'attente d'une épouse. Il donna les plus jolies aux principaux[2] et le reste fut tiré au sort. Il n'avait point encore parlé à Manon, mais, lorsqu'il eut ordonné aux autres de se retirer, il nous fit demeurer, elle et moi.

– J'apprends du capitaine, nous dit-il, que vous êtes mariés et qu'il vous a reconnus sur la route pour deux personnes d'esprit et de mérite. Je n'entre point dans les raisons qui ont causé votre malheur mais, s'il est vrai que vous ayez autant de savoir-vivre que votre figure me le promet, je n'épargnerai rien pour adoucir votre sort, et vous contribuerez vous-même à me faire trouver quelque agrément dans ce lieu sauvage et désert.

Je lui répondis de la manière que je crus la plus propre à confirmer l'idée qu'il avait de nous. Il donna quelques ordres pour nous faire préparer un logement dans la ville, et il nous retint à souper avec lui. Je lui trouvai beaucoup de politesse[3], pour un chef de malheureux bannis. Il ne nous fit point de questions, en public, sur le fond de nos aventures. La conversation fut générale, et, malgré notre tristesse, nous nous efforçâmes, Manon et moi, de contribuer à la rendre agréable.

Le soir, il nous fit conduire au logement qu'on nous avait préparé. Nous trouvâmes une misérable cabane, composée de planches et de boue, qui consistait en deux ou trois chambres de plain-pied[4], avec un grenier au-dessus. Il y avait fait mettre cinq ou six chaises et quelques commodités nécessaires à la vie. Manon parut effrayée à la vue d'une si triste demeure. C'était pour moi qu'elle s'affligeait, beaucoup plus que pour elle-même. Elle s'assit, lorsque nous fûmes seuls, et elle se mit à pleurer amèrement. J'entrepris d'abord de la consoler, mais lorsqu'elle m'eut fait entendre que c'était moi seul qu'elle plaignait, et qu'elle ne considérait, dans nos malheurs communs, que ce que j'avais à souffrir, j'affectai de montrer assez de courage, et même assez de joie pour lui en inspirer.

---

1. Dépérissaient en raison de leur impatience.
2. Ceux qui sont le plus estimés.
3. Délicatesse dans les égards qu'il manifeste envers autrui.
4. Sur un même niveau, sans étage.

De quoi me plaindrais-je ? lui dis-je. Je possède tout ce que je désire. Vous m'aimez, n'est-ce pas ? Quel autre bonheur me suis-je jamais proposé ? Laissons au Ciel le soin de notre fortune. Je ne la trouve pas si désespérée, Le gouverneur est un homme civil[5] ; il nous a marqué de la considération ; il ne permettra pas que nous manquions du nécessaire. Pour ce qui regarde la pauvreté de notre cabane et la grossièreté de nos meubles, vous avez pu remarquer qu'il y a peu de personnes ici qui paraissent mieux logées et mieux meublées que nous. Et puis, tu es une chimiste[6] admirable, ajoutai-je en l'embrassant, tu transformes tout en or.

- Vous serez donc la plus riche personne de l'univers, me répondit-elle, car s'il n'y eut jamais d'amour tel que le vôtre, il est impossible aussi d'être aimé plus tendrement que vous l'êtes. Je me rends justice, continua-t-elle. Je sens bien que je n'ai jamais mérité ce prodigieux attachement que vous avez pour moi. Je vous ai causé des chagrins, que vous n'avez pu me pardonner sans une bonté extrême. J'ai été légère et volage[7], et même en vous aimant éperdument, comme j'ai toujours fait, je n'étais qu'une ingrate. Mais vous ne sauriez croire combien je suis changée. Mes larmes, que vous avez vues couler si souvent depuis notre départ de France, n'ont pas eu une seule fois mes malheurs pour objet. J'ai cessé de les sentir aussitôt que vous avez commencé à les partager. Je n'ai pleuré que de tendresse et de compassion pour vous. Je ne me console point d'avoir pu vous chagriner un moment dans ma vie. Je ne cesse point de me reprocher mes inconstances et de m'attendrir en admirant de quoi l'amour vous a rendu capable pour une malheureuse qui n'en était pas digne, et qui ne paierait pas bien de tout son sang, ajouta-t-elle avec une abondance de larmes, la moitié des peines qu'elle vous a causées.

L'alchimie

Jusqu'aux recherches et travaux d'Antoine Lavoisier (1743-1794) qui inaugurent la chimie moderne (dotée d'une méthode expérimentale et d'un fondement mathématique), la chimie se distingue encore mal de l'alchimie. Cette dernière est à la fois une sorte de quête spirituelle et une recherche de maîtrise de la nature, dont l'un des buts est la transmutation des métaux, en particulier la transformation du plomb ou du fer en or.

5. Courtois, poli.
6. Alchimiste.
7. Inconstante.

Ses pleurs, son discours et le ton dont elle le prononça firent sur moi une impression si étonnante, que je crus sentir une espèce de division[1] dans mon âme.

– Prends garde, lui dis-je, prends garde, ma chère Manon. Je n'ai point assez de force pour supporter des marques si vives de ton affection ; je ne suis point accoutumé à ces excès de joie. Ô Dieu ! m'écriai-je, je ne vous demande plus rien. Je suis assuré du cœur de Manon. Il est tel que je l'ai souhaité pour être heureux ; je ne puis plus cesser de l'être à présent. Voilà ma félicité[2] bien établie.

– Elle l'est, reprit-elle, si vous la faites dépendre de moi, et je sais où je puis compter aussi de trouver toujours la mienne.

Je me couchai avec ces charmantes idées, qui changèrent ma cabane en un palais digne du premier roi du monde. L'Amérique me parut un lieu de délices après cela.

– C'est à la Nouvelle-Orléans qu'il faut venir, disais-je souvent à Manon, quand on veut goûter les vraies douceurs de l'amour. C'est ici qu'on s'aime sans intérêt, sans jalousie, sans inconstance. Nos compatriotes y viennent chercher de l'or ; ils ne s'imaginent pas que nous y avons trouvé des trésors bien plus estimables.

Nous cultivâmes soigneusement l'amitié du gouverneur. Il eut la bonté, quelques semaines après notre arrivée, de me donner un petit emploi qui vint à vaquer[3] dans le fort. Quoiqu'il ne fût pas bien distingué, je l'acceptai comme une faveur du Ciel. Il me mettait en état de vivre sans être à charge à personne. Je pris un valet pour moi et une servante pour Manon. Notre petite fortune s'arrangea. J'étais réglé dans ma conduite ; Manon ne l'était pas moins. Nous ne laissions point échapper l'occasion de rendre service et de faire du bien à nos voisins. Cette disposition officieuse[4] et la douceur de nos manières nous attirèrent la confiance et l'affection de toute la colonie. Nous fûmes en peu de temps si considérés, que nous passions pour les premières personnes de la ville après le gouverneur.

L'innocence de nos occupations, et la tranquillité où nous étions continuellement, servirent à nous faire rappeler insensiblement des

1. Déchirement.
2. Bonheur.
3. Être libre, vacant.
4. Obligeante, disposée à rendre service.

idées de religion. Manon n'avait jamais été une fille impie[5]. Je n'étais pas non plus de ces libertins outrés, qui font gloire d'ajouter l'irréligion à la dépravation[6] des mœurs. L'amour et la jeunesse avaient causé tous nos désordres. L'expérience commençait à nous tenir lieu d'âge ; elle fit sur nous le même effet que les années. Nos conversations, qui étaient toujours réfléchies, nous mirent insensiblement dans le goût d'un amour vertueux. Je fus le premier qui proposai ce changement à Manon. Je connaissais les principes de son cœur. Elle était droite et naturelle dans tous ses sentiments, qualité qui dispose toujours à la vertu. Je lui fis comprendre qu'il manquait une chose à notre bonheur.

– C'est, lui dis-je, de le faire approuver du Ciel. Nous avons l'âme trop belle, et le cœur trop bien fait, l'un et l'autre, pour vivre volontairement dans l'oubli du devoir. Passe d'y avoir vécu en France, où il nous était également impossible de cesser de nous aimer et de nous satisfaire par une voie légitime ; mais en Amérique, où nous ne dépendons que de nous-mêmes, où nous n'avons plus à ménager les lois arbitraires[7] du rang et de la bienséance[8], où l'on nous croit même mariés, qui empêche que nous ne le soyons bientôt effectivement et que nous n'anoblissions notre amour par des serments que la religion autorise ? Pour moi, ajoutai-je, je ne vous offre rien de nouveau en vous offrant mon cœur et ma main, mais je suis prêt à vous en renouveler le don au pied d'un autel[9].

Il me parut que ce discours la pénétrait de joie.

– Croiriez-vous, me répondit-elle, que j'y ai pensé mille fois, depuis que nous sommes en Amérique ? La crainte de vous déplaire m'a fait renfermer ce désir dans mon cœur. Je n'ai point la présomption[10] d'aspirer à la qualité de votre épouse.

– Ah ! Manon, répliquai-je, tu serais bientôt celle d'un roi, si le Ciel m'avait fait naître avec une couronne. Ne balançons plus. Nous

---

5. Qui méprise ou rejette la religion.
6. Dégradation du sens moral.
7. Qui dépendent de circonstances aléatoires.
8. Qualité de ce qui répond aux normes morales d'une société donnée.
9. Dans la religion chrétienne, table où l'on dispose les objets nécessaires à la célébration de la messe.
10. Prétention.

n'avons nul obstacle à redouter. J'en veux parler dès aujourd'hui au gouverneur et lui avouer que nous l'avons trompé jusqu'à ce jour. Laissons craindre aux amants vulgaires, ajoutai-je, les chaînes indissolubles du mariage. Ils ne les craindraient pas s'ils étaient sûrs, comme nous, de porter toujours celles de l'amour.

Je laissai Manon au comble de la joie, après cette résolution.

Je suis persuadé qu'il n'y a point d'honnête homme au monde qui n'eût approuvé mes vues dans les circonstances où j'étais, c'est-à-dire asservi fatalement à une passion que je ne pouvais vaincre et combattu par des remords que je ne devais point étouffer. Mais se trouvera-t-il quelqu'un qui accuse mes plaintes d'injustice, si je gémis de la rigueur du Ciel à rejeter un dessein que je n'avais formé que pour lui plaire ? Hélas ! que dis-je, à le rejeter ? Il l'a puni comme un crime. Il m'avait souffert avec patience tandis que je marchais aveuglément dans la route du vice, et ses plus rudes châtiments m'étaient réservés lorsque je commençais à retourner à la vertu. Je crains de manquer de force pour achever le récit du plus funeste événement qui fût jamais.

J'allai chez le gouverneur comme j'en étais convenu avec Manon, pour le prier de consentir à la cérémonie de notre mariage. Je me serais bien gardé d'en parler, à lui ni à personne, si j'eusse pu me promettre[1] que son aumônier[2], qui était alors le seul prêtre de la ville, m'eût rendu ce service sans sa participation ; mais, n'osant espérer qu'il voulût s'engager au silence, j'avais pris le parti d'agir ouvertement. Le gouverneur avait un neveu, nommé Synnelet, qui lui était extrêmement cher. C'était un homme de trente ans, brave, mais emporté et violent. Il n'était point marié. La beauté de Manon l'avait touché dès le jour de notre arrivée ; et les occasions sans nombre qu'il avait eues de la voir, pendant neuf ou dix mois, avaient tellement enflammé sa passion, qu'il se consumait en secret pour elle. Cependant, comme il était persuadé, avec son oncle et toute la ville, que j'étais réellement marié, il s'était rendu maître de son amour jusqu'au point de n'en laisser rien éclater et son zèle[3] s'était même déclaré pour moi, dans plusieurs occasions de me

1. Être certain.
2. Prêtre.
3. Dévouement.

rendre service. Je le trouvai avec son oncle, lorsque j'arrivai au fort. Je n'avais nulle raison qui m'obligeât de lui faire un secret de mon dessein, de sorte que je ne fis point difficulté de m'expliquer en sa présence. Le gouverneur m'écouta avec sa bonté ordinaire. Je lui racontai une partie de mon histoire, qu'il entendit avec plaisir, et, lorsque je le priai d'assister à la cérémonie que je méditais, il eut la générosité de s'engager à faire toute la dépense de la fête. Je me retirai fort content.

Une heure après, je vis entrer l'aumônier chez moi. Je m'imaginai qu'il venait me donner quelques instructions sur mon mariage ; mais, après m'avoir salué froidement, il me déclara, en deux mots, que M. le gouverneur me défendait d'y penser, et qu'il avait d'autres vues sur Manon.

– D'autres vues sur Manon ! lui dis-je, avec un mortel saisissement de cœur, et quelles vues donc, monsieur l'aumônier ?

Il me répondit que je n'ignorais pas que M. le gouverneur était le maître ; que Manon ayant été envoyée de France pour la colonie, c'était à lui à disposer d'elle ; qu'il ne l'avait pas fait jusqu'alors, parce qu'il la croyait mariée, mais, qu'ayant appris de moi-même qu'elle ne l'était point, il jugeait à propos de la donner à M. Synnelet, qui en était amoureux. Ma vivacité l'emporta sur ma prudence. J'ordonnai fièrement à l'aumônier de sortir de ma maison, en jurant que le gouverneur, Synnelet et toute la ville ensemble n'oseraient porter la main sur ma femme, ou ma maîtresse, comme ils voudraient l'appeler.

Je fis part aussitôt à Manon du funeste message que je venais de recevoir. Nous jugeâmes que Synnelet avait séduit l'esprit de son oncle depuis mon retour et que c'était l'effet de quelque dessein médité depuis longtemps. Ils étaient les plus forts. Nous nous trouvions dans la Nouvelle-Orléans comme au milieu de la mer, c'est-à-dire séparés du reste du monde par des espaces immenses. Où fuir ? dans un pays inconnu, désert, ou habité par des bêtes féroces, et par des sauvages aussi barbares qu'elles ? J'étais estimé dans la ville, mais je ne pouvais espérer d'émouvoir[4] assez le peuple en ma faveur pour en espérer un secours proportionné au mal. Il eût

4. Mettre en mouvement (sens étymologique).

fallu de l'argent ; j'étais pauvre. D'ailleurs, le succès d'une émotion[1] populaire était incertain, et si la fortune nous eût manqué, notre malheur serait devenu sans remède. Je roulais toutes ces pensées dans ma tête. J'en communiquais une partie à Manon. J'en formais de nouvelles sans écouter sa réponse. Je prenais un parti ; je le rejetais pour en prendre un autre. Je parlais seul, je répondais tout haut à mes pensées ; enfin j'étais dans une agitation que je ne saurais comparer à rien parce qu'il n'y en eut jamais d'égale. Manon avait les yeux sur moi. Elle jugeait, par mon trouble, de la grandeur du péril, et, tremblant pour moi plus que pour elle-même, cette tendre fille n'osait pas même ouvrir la bouche pour m'exprimer ses craintes.

Après une infinité de réflexions, je m'arrêtai à la résolution d'aller trouver le gouverneur pour m'efforcer de le toucher par des considérations d'honneur et par le souvenir de mon respect et de son affection. Manon voulut s'opposer à ma sortie. Elle me disait, les larmes aux yeux :

– Vous allez à la mort. Ils vont vous tuer. Je ne vous reverrai plus. Je veux mourir avant vous.

Il fallut beaucoup d'efforts pour la persuader de la nécessité où j'étais de sortir et de celle qu'il y avait pour elle de demeurer au logis. Je lui promis qu'elle me reverrait dans un instant. Elle ignorait, et moi aussi, que c'était sur elle-même que devaient tomber toute la colère du Ciel et la rage de nos ennemis.

Je me rendis au fort. Le gouverneur était avec son aumônier. Je m'abaissai, pour le toucher, à des soumissions[2] qui m'auraient fait mourir de honte si je les eusse faites pour toute autre cause. Je le pris par tous les motifs qui doivent faire une impression certaine sur un cœur qui n'est pas celui d'un tigre féroce et cruel. Ce barbare ne fit à mes plaintes que deux réponses, qu'il répéta cent fois : Manon, me dit-il, dépendait de lui ; il avait donné sa parole à son neveu.

J'étais résolu de me modérer jusqu'à l'extrémité. Je me contentai de lui dire que je le croyais trop de mes amis pour vouloir ma mort, à laquelle je consentirais plutôt qu'à la perte de ma maîtresse.

---

1. Ici, soulèvement.

2. Marques de respect et de flatterie.

Je fus trop persuadé, en sortant, que je n'avais rien à espérer de cet opiniâtre[3] vieillard, qui se serait damné mille fois pour son neveu. Cependant, je persistai dans le dessein de conserver jusqu'à la fin un air de modération, résolu, si l'on en venait aux excès d'injustice, de donner à l'Amérique une des plus sanglantes et des plus horribles scènes que l'amour ait jamais produites. Je retournais chez moi, en méditant sur ce projet, lorsque le sort, qui voulait hâter ma ruine, me fit rencontrer Synnelet. Il lut dans mes yeux une partie de mes pensées. J'ai dit qu'il était brave ; il vint à moi.

Ne me cherchez-vous pas ? me dit-il. Je connais que mes desseins vous offensent, et j'ai bien prévu qu'il faudrait se couper la gorge avec vous. Allons voir qui sera le plus heureux.

Je lui répondis qu'il avait raison, et qu'il n'y avait que ma mort qui pût finir nos différends[4]. Nous nous écartâmes d'une centaine de pas hors de la ville. Nos épées se croisèrent ; je le blessai et je le désarmai presque en même temps. Il fut si enragé de son malheur qu'il refusa de me demander la vie et de renoncer à Manon. J'avais peut-être le droit de lui ôter tout d'un coup l'un et l'autre, mais un sang généreux[5] ne se dément jamais. Je lui jetai son épée.

Recommençons, lui dis-je, et songez que c'est sans quartier.

Il m'attaqua avec une furie inexprimable. Je dois confesser que je n'étais pas fort dans les armes, n'ayant eu que trois mois de salle[6] à Paris. L'amour conduisait mon épée. Synnelet ne laissa pas de me percer le bras d'outre en outre, mais je le pris sur le temps[7] et je lui fournis un coup si vigoureux qu'il tomba à mes pieds sans mouvement.

Malgré la joie que donne la victoire après un combat mortel[8], je réfléchis aussitôt sur les conséquences de cette mort. Il n'y avait, pour moi, ni grâce ni délai de supplice à espérer. Connaissant, comme je faisais, la passion du gouverneur pour son neveu, j'étais certain que ma mort ne serait pas différée d'une heure après la connaissance de

---

3. Entêté.

4. Désaccords, objets de dispute.

5. Noble au sens étymologique, du latin « *generosus* », de nature élevée.

6. Allusion à la salle d'armes, où l'on s'entraîne à l'épée.

7. Frappai d'une « botte » (coup d'épée) au moment où l'adversaire se concentre sur un mouvement.

8. À mort.

la sienne. Quelque pressante que fût cette crainte, elle n'était pas la plus forte cause de mon inquiétude. Manon, l'intérêt de Manon, son péril et la nécessité de la perdre, me troublaient jusqu'à répandre de l'obscurité sur mes yeux et à m'empêcher de reconnaître le lieu où j'étais. Je regrettai le sort de Synnelet. Une prompte mort me semblait le seul remède de mes peines. Cependant, ce fut cette pensée même qui me fit rappeler vivement mes esprits et qui me rendit capable de prendre une résolution.

« Quoi ! je veux mourir, m'écriai-je, pour finir mes peines ? Il y en a donc que j'appréhende plus que la perte de ce que j'aime ? Ah ! souffrons jusqu'aux plus cruelles extrémités pour secourir ma maîtresse, et remettons à[1] mourir après les avoir souffertes inutilement. » Je repris le chemin de la ville. J'entrai chez moi. J'y trouvai Manon à demi morte de frayeur et d'inquiétude. Ma présence la ranima. Je ne pouvais lui déguiser[2] le terrible accident qui venait de m'arriver. Elle tomba sans connaissance entre mes bras, au récit de la mort de Synnelet et de ma blessure. J'employai plus d'un quart d'heure à lui faire retrouver le sentiment[3]. J'étais à demi mort moi-même. Je ne voyais pas le moindre jour[4] à sa sûreté, ni à la mienne.

– Manon, que ferons-nous ? lui dis-je lorsqu'elle eut repris un peu de force. Hélas ! qu'allons-nous faire ? Il faut nécessairement que je m'éloigne. Voulez-vous demeurer dans la ville ? Oui, demeurez-y. Vous pouvez encore y être heureuse ; et moi je vais, loin de vous, chercher la mort parmi les sauvages ou entre les griffes des bêtes féroces.

Elle se leva malgré sa faiblesse ; elle me prit la main pour me conduire vers la porte.

– Fuyons ensemble, me dit-elle, ne perdons pas un instant. Le corps de Synnelet peut avoir été trouvé par hasard, et nous n'aurions pas le temps de nous éloigner.

– Mais, chère Manon ! repris-je tout éperdu, dites-moi donc où nous pouvons aller. Voyez-vous quelque ressource ? Ne vaut-il pas mieux que vous tâchiez de vivre ici sans moi, et que je porte volontairement ma tête au gouverneur ?

1. Différons, retardons.
2. Cacher.
3. Reprendre ses esprits.
4. Espoir, possibilité.

Cette proposition ne fit qu'augmenter son ardeur à partir. Il fallut la suivre. J'eus encore assez de présence d'esprit, en sortant, pour prendre quelques liqueurs fortes[5] que j'avais dans ma chambre et toutes les provisions que je pus faire entrer dans mes poches. Nous dîmes à nos domestiques, qui étaient dans la chambre voisine, que nous partions pour la promenade du soir, nous avions cette coutume tous les jours, et nous nous éloignâmes de la ville, plus promptement[6] que la délicatesse[7] de Manon ne semblait le permettre.

Quoique je ne fusse pas sorti de mon irrésolution sur le lieu de notre retraite, je ne laissais pas d'avoir deux espérances, sans lesquelles j'aurais préféré la mort à l'incertitude de ce qui pouvait arriver à Manon.

J'avais acquis assez de connaissance du pays, depuis près de dix mois que j'étais en Amérique, pour ne pas ignorer de quelle manière on apprivoisait les sauvages. On pouvait se mettre entre leurs mains, sans courir à une mort certaine. J'avais même appris quelques mots de leur langue et quelques-unes de leurs coutumes dans les diverses occasions que j'avais eues de les voir.

Avec cette triste ressource, j'en avais une autre du côté des Anglais qui ont, comme nous, des établissements dans cette partie du Nouveau Monde. Mais j'étais effrayé de l'éloignement. Nous avions à traverser, jusqu'à leurs colonies, de stériles campagnes de plusieurs journées[8] de largeur, et quelques montagnes si hautes et si escarpées que le chemin en paraissait difficile aux hommes les plus grossiers[9] et les plus vigoureux. Je me flattais, néanmoins, que nous pourrions tirer parti de ces deux ressources : des sauvages pour aider à nous conduire, et des Anglais pour nous recevoir dans leurs habitations.

Nous marchâmes aussi longtemps que le courage de Manon put la soutenir, c'est-à-dire environ deux lieues[10], car cette amante incomparable refusa constamment de s'arrêter plus tôt. Accablée enfin de lassitude[11], elle me confessa qu'il lui était impossible

---

5. Les liqueurs fortes comme l'eau-de-vie étaient une monnaie d'échange fréquente avec les Indiens d'Amérique.

6. Rapidement.

7. Faiblesse.

8. Au sens de journées de marche.

9. Rudes, épais.

10. La lieue équivaut à un peu plus de 4,4 kilomètres.

11. Fatigue.

d'avancer davantage. Il était déjà nuit. Nous nous assîmes au milieu d'une vaste plaine, sans avoir pu trouver un arbre pour nous mettre à couvert. Son premier soin fut de changer le linge de ma blessure, qu'elle avait pansée elle-même avant notre départ. Je m'opposai en vain à ses volontés. J'aurais achevé de l'accabler mortellement, si je lui eusse refusé la satisfaction de me croire à mon aise et sans danger, avant que de penser à sa propre conservation. Je me soumis durant quelques moments à ses désirs. Je reçus ses soins en silence et avec honte.

Mais, lorsqu'elle eut satisfait sa tendresse, avec quelle ardeur la mienne ne prit-elle pas son tour ! Je me dépouillai de tous mes habits, pour lui faire trouver la terre moins dure en les étendant sous elle. Je la fis consentir, malgré elle, à me voir employer à son usage tout ce que je pus imaginer de moins incommode. J'échauffai ses mains par mes baisers ardents et par la chaleur de mes soupirs. Je passai la nuit entière à veiller près d'elle, et à prier le Ciel de lui accorder un sommeil doux et paisible. Ô Dieu ! que mes vœux étaient vifs et sincères ! et par quel rigoureux jugement aviez-vous résolu de ne les pas exaucer !

Pardonnez, si j'achève en peu de mots un récit qui me tue. Je vous raconte un malheur qui n'eut jamais d'exemple. Toute ma vie est destinée à le pleurer. Mais, quoique je le porte sans cesse dans ma mémoire, mon âme semble reculer d'horreur chaque fois que j'entreprends de l'exprimer. Nous avions passé tranquillement une partie de la nuit. Je croyais ma chère maîtresse endormie et je n'osais pousser le moindre souffle, dans la crainte de troubler son sommeil. Je m'aperçus dès le point du jour[1], en touchant ses mains, qu'elle les avait froides et tremblantes. Je les approchai de mon sein, pour les échauffer. Elle sentit ce mouvement, et, faisant un effort pour saisir les miennes, elle me dit, d'une voix faible, qu'elle se croyait à sa dernière heure. Je ne pris d'abord ce discours que pour un langage ordinaire dans l'infortune, et je n'y répondis que par les tendres consolations de l'amour. Mais, ses soupirs fréquents, son silence à mes interrogations, le serrement de ses mains, dans lesquelles elle

1. L'aube, moment où le soleil s'apprête à se lever et que le ciel commence à s'éclairer.

continuait de tenir les miennes, me firent connaître que la fin de ses malheurs approchait.

N'exigez point de moi que je vous décrive mes sentiments, ni que je vous rapporte ses dernières expressions. Je la perdis ; je reçus d'elle des marques d'amour au moment même qu'elle expirait. C'est tout ce que j'ai la force de vous apprendre de ce fatal et déplorable[2] événement.

Mon âme ne suivit pas la sienne. Le Ciel ne me trouva point, sans doute, assez rigoureusement puni. Il a voulu que j'aie traîné, depuis, une vie languissante[3] et misérable. Je renonce volontairement à la mener jamais plus heureuse.

Je demeurai plus de vingt-quatre heures la bouche attachée sur le visage et sur les mains de ma chère Manon. Mon dessein était d'y mourir ; mais je fis réflexion, au commencement du second jour, que son corps serait exposé, après mon trépas, à devenir la pâture des bêtes sauvages. Je formai la résolution de l'enterrer et d'attendre la mort sur sa fosse. J'étais déjà si proche de ma fin, par l'affaiblissement que le jeûne et la douleur m'avaient causé, que j'eus besoin de quantité d'efforts pour me tenir debout. Je fus obligé de recourir aux liqueurs que j'avais apportées. Elles me rendirent autant de force qu'il en fallait pour le triste office que j'allais exécuter. Il ne m'était pas difficile d'ouvrir la terre, dans le lieu où je me trouvais. C'était une campagne couverte de sable. Je rompis mon épée, pour m'en servir à creuser, mais j'en tirai moins de secours que de mes mains. J'ouvris une large fosse. J'y plaçai l'idole de mon cœur après avoir pris soin de l'envelopper de tous mes habits, pour empêcher le sable de la toucher. Je ne la mis dans cet état qu'après l'avoir embrassée mille fois, avec toute l'ardeur du plus parfait amour. Je m'assis encore près d'elle. Je la considérai longtemps. Je ne pouvais me résoudre à fermer la fosse. Enfin, mes forces recommençant à s'affaiblir et craignant d'en manquer tout à fait avant la fin de mon entreprise, j'ensevelis pour toujours dans le sein de la terre ce qu'elle avait porté de plus parfait et de plus aimable. Je me couchai ensuite sur la fosse, le visage tourné vers le sable, et fermant les yeux avec

2. Digne d'être pleuré.

3. Affaiblie, traînante.

le dessein de ne les ouvrir jamais, j'invoquai le secours du Ciel et j'attendis la mort avec impatience.

Ce qui vous paraîtra difficile à croire, c'est que, pendant tout l'exercice de ce lugubre ministère[1], il ne sortit point une larme de mes yeux ni un soupir de ma bouche. La consternation[2] profonde où j'étais et le dessein déterminé de mourir avaient coupé le cours à toutes les expressions du désespoir et de la douleur. Aussi, ne demeurai-je pas longtemps dans la posture où j'étais sur la fosse, sans perdre le peu de connaissance et de sentiment qui me restait.

Après ce que vous venez d'entendre, la conclusion de mon histoire est de si peu d'importance, qu'elle ne mérite pas la peine que vous voulez bien prendre à l'écouter. Le corps de Synnelet ayant été rapporté à la ville et ses plaies visitées avec soin, il se trouva, non seulement qu'il n'était pas mort, mais qu'il n'avait pas même reçu de blessure dangereuse. Il apprit à son oncle de quelle manière les choses s'étaient passées entre nous, et sa générosité le porta sur-le-champ à publier[3] les effets de la mienne[4].

On me fit chercher, et mon absence, avec Manon, me fit soupçonner d'avoir pris le parti de la fuite. Il était trop tard pour envoyer sur mes traces ; mais le lendemain et le jour suivant furent employés à me poursuivre. On me trouva, sans apparence de vie, sur la fosse de Manon, et ceux qui me découvrirent en cet état, me voyant presque nu et sanglant de ma blessure, ne doutèrent point que je n'eusse été volé et assassiné. Ils me portèrent à la ville. Le mouvement du transport réveilla mes sens. Les soupirs que je poussai, en ouvrant les yeux et en gémissant de me retrouver parmi les vivants, firent connaître que j'étais encore en état de recevoir du secours. On m'en donna de trop heureux.

1. Charge, devoir que l'on doit accomplir.
2. Accablement suite à une épreuve.
3. Rendre public, faire connaître.
4. De ma générosité.

Explication de texte 6

➔ p. 194-195, de « Pardonnez » à « de plus parfait et de plus aimable. » (l. 2230 à 2277)

Quelle image le récit de la mort de Manon donne-t-il des personnages ?

SITUER

1 Quelles épreuves mènent Manon jusqu'à l'épuisement fatal ? Les causes de sa mort vous paraissent-elles vraisemblables ? Justifiez votre réponse.

2 Dans quel lieu Manon trouve-t-elle la mort ? Quelle dimension symbolique revêt-il ?

EXPLIQUER

Un prologue pathétique ➔ l. 2230 à 2234

3 Comment le narrateur souligne-t-il sa difficulté à raconter la mort de Manon ? Identifiez des figures de style et interprétez leurs effets.

4 Quelle est la tonalité de ce prologue au récit de la mort de Manon ? Observez notamment le lexique.

5 Quel effet produit le retardement du récit par ce prologue ?

Une mort douce ➔ l. 2234 à 2246

6 Quel point de vue est utilisé pour raconter la mort de Manon ? Quels effets en découlent ?

7 Quels éléments suggèrent que le couple est enfin pleinement uni et que l'amour triomphe ? Comment la tendresse mutuelle se manifeste-t-elle ?

8 Quels symptômes annonciateurs de la mort le narrateur remarque-t-il ? En quoi la mort paraît-elle ici s'éloigner du réalisme et être idéalisée ?

Pathétique et retenue ➔ l. 2247 à 2255

9 Commentez la manière dont la mort est ici énoncée sans être décrite. Quel effet ce choix narratif suscite-t-il ?

10 Quelle impression donne le silence que le narrateur s'impose sur les « dernières expressions » de Manon ?

11 Commentez la phrase « Mon âme ne suivit pas la sienne. » (l. 2252). Quelle figure de style est employée ? Comment le chevalier décrit-il son destin après la mort de Manon ? Pourquoi ?

Le pathétique de la scène d'ensevelissement → l. 2256 à 2277

12 Détaillez les étapes de l'ensevelissement du corps de Manon.

13 Montrez, en étudiant les gestes du chevalier et les champs lexicaux utilisés, que la scène mêle étrangement l'érotisme et le symbolisme religieux.

14 Comment le deuil et le désespoir du chevalier se manifestent-ils ? Quelle image le lecteur peut-il se faire du personnage ?

CONCLURE

15 Le lecteur (et les auditeurs de Des Grieux : le marquis de Renoncour et son élève) savaient-ils, depuis le début du récit, que Manon était morte au moment où le chevalier narre son histoire ? Quel effet cela provoque-t-il ?

16 Comment la mort de Manon invite-t-elle à relire le récit ? Faites le lien avec l'idée, exprimée par « l'auteur des Mémoires d'un homme de qualité » dans son « Avis » placé en tête du roman, selon laquelle le récit peut « servir à l'instruction des mœurs » (p. 18).

ÉTUDE DE LA LANGUE

Identifiez la proposition subordonnée soulignée dans : « Mais, quoique je le porte sans cesse dans ma mémoire, mon âme semble reculer d'horreur chaque fois que j'entreprends de l'exprimer. » (l. 2231-2234). Indiquez sa valeur.

LIRE

- Lisez le récit des amours de Pyrame et Thisbé tel qu'il apparaît dans *Les Métamorphoses* (Ier siècle ap. J.-C.) du poète latin Ovide (livre IV, vers 43 à 166). Dans quelle mesure ce récit mythologique a-t-il pu influencer l'abbé Prévost dans le récit de la mort de Manon ?
- Cherchez et lisez le récit de la mort d'Emma Bovary dans le roman *Madame Bovary* (1857) de Gustave Flaubert : quelles différences remarquez-vous dans la manière de raconter la mort du personnage ?

Je ne laissai pas d'être renfermé dans une étroite prison. Mon procès fut instruit, et, comme Manon ne paraissait point, on m'accusa de m'être défait d'elle par un mouvement de rage et de jalousie. Je racontai naturellement ma pitoyable[1] aventure. Synnelet, malgré les transports de douleur où ce récit le jeta, eut la générosité de solliciter ma grâce. Il l'obtint. J'étais si faible qu'on fut obligé de me transporter de la prison dans mon lit, où je fus retenu pendant trois mois par une violente maladie.

Ma haine pour la vie ne diminuait point. J'invoquais continuellement la mort et je m'obstinai longtemps à rejeter tous les remèdes.

Mais le Ciel, après m'avoir puni avec tant de rigueur, avait dessein de me rendre utiles mes malheurs et ses châtiments. Il m'éclaira de ses lumières, qui me firent rappeler des idées dignes de ma naissance et de mon éducation. La tranquillité ayant commencé de renaître un peu dans mon âme, ce changement fut suivi de près par ma guérison. Je me livrai entièrement aux inspirations de l'honneur, et je continuai de remplir mon petit emploi, en attendant les vaisseaux de France qui vont, une fois chaque année, dans cette partie de l'Amérique. J'étais résolu de retourner dans ma patrie pour y réparer, par une vie sage et réglée, le scandale de ma conduite. Synnelet avait pris soin de faire transporter le corps de ma chère maîtresse dans un lieu honorable.

Ce fut environ six semaines après mon rétablissement que, me promenant seul, un jour sur le rivage, je vis arriver un vaisseau que des affaires de commerce amenaient à la Nouvelle-Orléans. J'étais attentif au débarquement de l'équipage. Je fus frappé d'une surprise extrême en reconnaissant Tiberge parmi ceux qui s'avançaient vers la ville. Ce fidèle ami me remit[2] de loin, malgré les changements que la tristesse avait faits sur mon visage. Il m'apprit que l'unique motif de son voyage avait été le désir de me voir et de m'engager à retourner en France ; qu'ayant reçu la lettre que je lui avais écrite du Havre, il s'y était rendu en personne pour me porter les secours que je lui demandais ; qu'il avait ressenti la plus vive douleur en apprenant mon départ et qu'il serait parti sur-le-champ pour me suivre, s'il eût

1. Digne de pitié.

2. Me reconnut.

trouvé un vaisseau prêt à faire voile ; qu'il en avait cherché pendant plusieurs mois dans divers ports et qu'en ayant enfin rencontré un, à Saint-Malo, qui levait l'ancre pour la Martinique, il s'y était embarqué, dans l'espérance de se procurer de là un passage facile à la Nouvelle-Orléans ; que, le vaisseau malouin[3] ayant été pris en chemin par des corsaires[4] espagnols et conduit dans une de leurs îles, il s'était échappé par adresse ; et qu'après diverses courses, il avait trouvé l'occasion du petit bâtiment qui venait d'arriver pour se rendre heureusement près de moi.

Je ne pouvais marquer trop de reconnaissance pour un ami si généreux et si constant. Je le conduisis chez moi. Je le rendis le maître de tout ce que je possédais. Je lui appris tout ce qui m'était arrivé depuis mon départ de France, et pour lui causer une joie à laquelle il ne s'attendait pas, je lui déclarai que les semences de vertu qu'il avait jetées autrefois dans mon cœur commençaient à produire des fruits dont il allait être satisfait. Il me protesta[5] qu'une si douce assurance le dédommageait de toutes les fatigues de son voyage.

Nous avons passé deux mois ensemble à la Nouvelle-Orléans, pour attendre l'arrivée des vaisseaux de France, et nous étant enfin mis en mer nous prîmes terre, il y a quinze jours, au Havre-de-Grâce. J'écrivis à ma famille en arrivant. J'ai appris, par la réponse de mon frère aîné, la triste nouvelle de la mort de mon père, à laquelle je tremble, avec trop de raison, que mes égarements n'aient contribué. Le vent étant favorable pour Calais, je me suis embarqué aussitôt, dans le dessein de me rendre à quelques lieues de cette ville, chez un gentilhomme de mes parents, où mon frère m'écrit qu'il doit attendre mon arrivée.

3. De Saint-Malo.

4. Marins autorisés, par une « lettre de course » donnée par une autorité politique, à attaquer tout navire (en particulier marchand) appartenant à un État ennemi.

5. Exprima avec conviction.

La Martinique

L'île de la Martinique est française depuis 1635. L'esclavage y était largement développé, et l'on y a débarqué nombre d'esclaves déportés depuis l'Afrique de l'ouest.

LE DOSSIER *du lycéen*

- **Structure de l'œuvre** 202
- **Testez votre lecture** 206
- **Comprendre l'œuvre** 208
  1. Un récit à la première personne 208
  2. L'orientation réaliste du roman 210
  3. Roman ou tragédie ? 212
- **Explorer le parcours associé : Personnages en marge, plaisirs du romanesque** 215

LES THÈMES
1. Les plaisirs d'une histoire captivante 215
2. Des personnages romanesques ? 217
3. Des personnages en marge 219

GROUPEMENT DE TEXTES

Portraits de demi-mondaines 222
1. Alexandre Dumas fils, *La Dame aux camélias*, 1848 222
2. Émile Zola, *Nana*, 1880 224
3. Marcel Proust, *Du côté de chez Swann*, 1913 226

Regards sur des amours de jeunesse 228
1. Vivant Denon, *Point de lendemain*, 1812 228
2. Raymond Radiguet, *Le Diable au corps*, 1923 230
3. Marguerite Duras, *L'Amant*, 1984 231

Marginaux en marche 233
1. Victor Hugo, *Les Misérables*, 1862 233
2. Jean-Marie Gustave Le Clézio, *Désert*, 1980 235
3. Virginie Despentes, *Vernon Subutex*, 2015 236

- **Lecture d'images** 238
- **Vers le BAC** 240
  - La dissertation 240
  - L'essai 243
  - L'oral 245
- **Conseils de lecture** 254
- **Lexique** 256

Structure de l'œuvre

Pages	Sections	Résumé
« *Avis de l'auteur des* Mémoires d'un homme de qualité »		
p. 17-20		Le marquis de Renoncour, désigné comme l'auteur de ces « mémoires », présente son récit comme « un exemple terrible de la force des passions » et en justifie la publication par le désir d'« instruire » le lecteur en « l'amusant ».
Première partie		
p. 21-26	**La rencontre**	À Pacy-sur-Eure, un convoi de filles de joie destinées à être déportées en Louisiane excite la curiosité des villageois. Le marquis y remarque une fille belle et distinguée ; il s'enquiert de son sort auprès d'un garde, qui lui apprend qu'un jeune homme la suit depuis Paris. Celui-ci confie au marquis sa passion pour la jeune fille et son intention de la suivre en Amérique. Compatissant, le marquis s'arrange pour aider financièrement l'amoureux.
p. 26-27	**Les retrouvailles**	Deux ans plus tard, à Calais, le marquis, qui revient d'Angleterre avec son élève, reconnaît dans la rue le jeune homme, de retour d'Amérique, et l'invite au Lion d'or, où il loge. C'est là que le jeune homme se met à leur raconter ses aventures.
p. 27-37	**Début du récit de Des Grieux : le coup de foudre**	Alors qu'il achève ses études à Amiens, et qu'il s'apprête à retourner chez son père pour les vacances, le chevalier des Grieux, âgé de dix-sept ans, se promène avec son ami Tiberge lorsqu'il aperçoit une charmante jeune fille, Manon, que sa famille envoie au couvent. Le chevalier, subjugué, décide de la soustraire à ce triste avenir et s'enfuit avec elle au matin.
p. 37-60	**La vie parisienne**	Après un arrêt à Saint-Denis pendant lequel ils scellent leur amour, ils gagnent Paris, où ils louent un appartement. Au bout de trois semaines, espérant obtenir de l'argent et un consentement au mariage, Des Grieux songe à écrire à son père, quand il découvre qu'un certain M. de B... est reçu par Manon en secret. Avant qu'il en comprenne la raison, il est enlevé par les laquais de son père. C'est M. de B... qui a révélé à M. des Grieux la vie que son fils menait avec Manon, afin d'avoir le champ libre pour séduire la jeune fille. Au bout de six mois, le chevalier se laisse convaincre par Tiberge d'entreprendre des études de théologie au séminaire Saint-Sulpice à Paris.

p. 60-75	**Chaillot**	Près d'une année s'écoule avant que Manon ne retrouve Des Grieux, à la faveur d'un exercice public de théologie. Aussitôt reconquis par le charme de Manon, le jeune homme quitte le séminaire. Les amants s'installent à Chaillot dans une maison. Le frère de Manon, individu peu recommandable, vient y vivre en parasite. Mais un incendie ravage la maison et les économies de Des Grieux sont volées. Le chevalier emprunte de l'argent à Tiberge, puis est introduit par Lescaut, le frère de Manon, dans une association de tricheurs qui sévit dans un tripot, l'Hôtel de Transylvanie. Des Grieux s'enrichit et reprend une vie de plaisir avec Manon. Cela dure peu : pendant leur absence, des domestiques dérobent leur argent.
p. 75-95	**M. de G… M…**	Le chevalier est de nouveau sans ressources. Manon entre alors en relation avec un vieux libertin, M. de G… M…, dont elle veut profiter. Lescaut propose même au chevalier de se faire passer pour le frère de celle-ci. Mais M. de G… M… s'aperçoit bientôt qu'on le trompe. Pour se venger, il fait enfermer Des Grieux à Saint-Lazare, et Manon à la Salpêtrière.
p. 95-121	**Évasions**	Le jeune homme, grâce à Tiberge, contacte Lescaut qui lui procure un pistolet, avec lequel il oblige le supérieur à ouvrir les portes, tue un domestique qui s'interpose et s'enfuit. Se liant d'amitié avec le fils d'un administrateur de la Salpêtrière, M. de T…, le chevalier parvient à faire évader Manon. Lescaut est tué par un homme avec lequel il avait une querelle. Le couple se réfugie à Chaillot ; Tiberge et M. de T… leur procurent de l'argent. Des Grieux interrompt son récit pour souper avec Renoncour.
	Seconde partie	
p. 123-129	**L'épisode du prince italien, ajout de 1753**	Des Grieux reprend son récit. Le couple coule des jours heureux ; Manon, fantasque, joue une comédie à un prince italien amoureux d'elle.
p. 129-173	**Le jeune G… M…**	Mais le fils de G… M… tombe à son tour sous le charme de Manon, qui espère l'escroquer en feignant de passer une nuit avec lui. Prévenu à temps par un billet de Manon, Des Grieux réussit à éloigner le jeune G… M… avec l'aide de M. de T…, et rejoint sa belle. Cependant le vieux G… M…, inquiet de la disparition de son fils, est mis sur la piste du chevalier et de Manon ; il les surprend au lit et les fait envoyer en prison, au Châtelet, pour vol.

p. 174-181	**La déportation**	Le père de Des Grieux, venu chercher son fils, rencontre le vieux G... M... et s'entend avec lui : le chevalier est libéré de prison, mais Manon sera déportée en Amérique. Des Grieux essaie de persuader son père de renoncer à ce projet, en vain. Sur la route qui la conduit au port du Havre, le chevalier tente de libérer Manon de force, mais échoue. Il suit le convoi qui emmène Manon. *[C'est là qu'il rencontre Renoncour à Pacy].* Il fait demander à Tiberge de lui envoyer de l'argent, mais le bateau part trop tôt pour qu'il le reçoive.
p. 182-191	**En Louisiane**	Après deux mois sur mer, le couple arrive à la Nouvelle-Orléans. Le gouverneur, les croyant mariés, les laisse s'installer. Manon, intérieurement changée, s'accommode d'un train de vie misérable. Des Grieux fait trop confiance au gouverneur : il lui avoue que Manon et lui ne sont pas encore mariés, mais souhaiteraient l'être. Or le neveu du gouverneur, Synnelet, amoureux de la jeune femme, pousse son oncle à refuser le mariage.
p. 191-201	**Le duel et la mort de Manon**	Un duel s'ensuit entre Synnelet et Des Grieux. Celui-ci croit avoir tué son adversaire : désespérés, Manon et lui décident de s'enfuir dans le désert. Manon, fragilisée, meurt d'épuisement. Le chevalier l'enterre et reste prostré sur la tombe, jusqu'à ce que des hommes de la Nouvelle-Orléans le retrouvent. Synnelet, guéri de ses blessures et touché par les malheurs du chevalier, obtient l'acquittement de Des Grieux. C'est alors que Tiberge, venu à son secours, arrive et le ramène en France. Des Grieux y apprend la mort de son père et décide de mener une vie plus sage. *[Cela correspond au moment où il retrouve Renoncour à Calais].*

J.-J. Pasquier, *Rencontre dans la cour de l'hôtellerie d'Amiens de Manon Lescaut et du chevalier des Grieux accompagné de son ami Tiberge*, 1753, BNF, Paris.

Testez votre lecture

Un récit encadré

1. Qui est le narrateur des *Mémoires d'un homme de qualité* ?
2. Dans quelles circonstances rencontre-t-il le chevalier des Grieux ?
3. Où et quand le chevalier lui fait-il le récit de ses aventures ? Est-il le seul à écouter Des Grieux ?

Le cadre spatio-temporel

4. Où la rencontre entre Des Grieux et Manon a-t-elle lieu ?
5. Où le chevalier et Manon passent-ils leur première nuit ensemble ?
6. Quel bourg proche de Paris sert à deux reprises de refuge aux amants ?
7. Pourquoi peut-on dire que la Louisiane est l'exact opposé des lieux où le couple vivait jusqu'au moment de la déportation ?
8. Citez quelques éléments qui permettent de situer l'histoire du roman dans les années 1710.

L'intrigue

9. Pourquoi peut-on dire que la rencontre entre Des Grieux et Manon s'apparente à un coup de foudre ?

10. Montrez que l'intrigue est entièrement construite sur des répétitions : rencontres entre les personnages, périodes de calme, infidélités de Manon, emprunts d'argent, vols, emprisonnements et évasions, mauvais tours joués par Manon à des hommes, fuites.

11. Par quelles étapes le chevalier entre-t-il progressivement dans une vie malhonnête, et même criminelle ?

12. Peut-on dire que Manon et Des Grieux se rachètent moralement dans la seconde partie du récit ? Justifiez votre réponse.

Les personnages

13. Dressez la liste des hommes séduits (volontairement ou non) par Manon dans l'ensemble du récit.

14. Par quels moyens différents Tiberge aide-t-il Des Grieux dans le roman ?

15. Quelles qualités et quels défauts Des Grieux reconnaît-il à son père ?

1 Un récit à la première personne

• Prévost rédige l'*Histoire du chevalier des Grieux et de Manon Lescaut* comme un roman-mémoires*, une fiction présentée comme le récit qu'un narrateur fait de sa propre vie. Le récit est mené par un « je » qui correspond au protagoniste. Dès la seconde moitié du XVIIe siècle, la narration à la première personne devient une mode littéraire en France. On voit paraître des romans épistolaires, où le « je » se justifie par l'écriture de lettres (Guilleragues, *Lettres portugaises*, 1669) et des pseudo-mémoires, dans lesquels un romancier feint de donner à lire les mémoires d'un personnage historique (Courtilz de Sandras, *Mémoires de M. d'Artagnan*, 1700). Le roman mémoires devient au XVIIIe siècle une forme privilégiée du roman, avec *La Vie de Marianne* (1731-1741) de Marivaux ou *Les Malheurs de l'amour* (1747) de Mme de Tencin.

Un récit encadré

• *Manon Lescaut* est, initialement, inséré dans le dernier volume du roman mémoires intitulé *Mémoires et aventures d'un homme de qualité* (1728-1731). Il s'agit donc, en fait, d'un récit enchâssé dans un récit-cadre, tous deux rédigés à la première personne.

> **« Citation à retenir**
>
> *« Je dois avertir ici le lecteur que j'écrivis son histoire presque aussitôt après l'avoir entendue, et qu'on peut s'assurer, par conséquent, que rien n'est plus exact et plus fidèle que cette narration. »*
>
> (p. 27).

• Un tel dispositif vise à créer un effet d'authenticité des faits racontés : le narrateur des *Mémoires d'un homme de qualité*, le marquis de Renoncour, est censé être le témoin et le garant de l'existence du chevalier des Grieux et de Manon Lescaut, qu'il a rencontrés à Pacy-sur-Eure, avant de retrouver Des Grieux à Calais. Renoncour est un narrateur *a priori* digne de confiance, parce qu'il est un « homme de qualité », respectable, et parce que son âge (53 ans) en fait un homme doté d'une certaine sagesse par ses voyages et son expérience. Il se contente pour l'essentiel, en outre, de transcrire le récit oral de Des Grieux et affirme le faire scrupuleusement.

• Le contrat de lecture oblige donc à croire en la version donnée par le marquis, supposée reprendre exactement le récit de Des Grieux. Mais ce récit lui-même est dû à l'un des personnages ayant vécu les événements, ce qui incite le lecteur à croire en la réalité des faits, et à s'identifier, à la faveur de l'emploi du « je », aux situations racontées par le chevalier.

Un effet d'authenticité

• C'est là un des avantages du récit à la première personne : il s'approche du témoignage, semble garantir la véracité du récit. Le roman a en effet mauvaise réputation à l'époque : on l'accuse, en se fondant sur les romans précieux* du siècle précédent, d'invraisemblance, d'imagination débridée, bref : de *romanesque*... On exige donc un certain réalisme, ce que nombre de romanciers accordent en effaçant, en surface, leur rôle d'auteur : les romans se présentent comme des correspondances ou des manuscrits retrouvés. Le lecteur sait alors bien qu'il s'agit de fictions, mais se donne le plaisir de l'illusion. Prévost, d'ailleurs, intitule son roman « *Histoire* » : ce genre, développé à partir des années 1670, correspond à des récits brefs, où un personnage raconte ses amours contrariées par le destin, dans un monde contemporain de celui des lecteurs. *Manon Lescaut* correspond pleinement à ces principes.

• L'absence de conclusion, à la fin du roman, par Renoncour, fait oublier le récit-cadre* et favorise l'impression d'un récit autonome et directement raconté par le protagoniste.

À PROPOS DE

Pour plus de réalisme, les auteurs du XVIIIe siècle jouent souvent de la mise en scène de l'authenticité, du brouillage des frontières entre faits et fiction. Le critique Jean Rousset, dans *Forme et Signification*, a appelé cela « la fiction du non-fictif ».

Des Grieux narrateur

• Si le roman favorise donc l'impression d'authenticité, il pose aussi, pourtant, la question de la sincérité du narrateur Des Grieux. Réduit à la seule focalisation* interne au chevalier, le récit peut en effet susciter quelques doutes chez le lecteur : jamais celui-ci ne peut confronter la vision des faits à celle des autres personnages. Prenons le cas de Manon : que savons-nous d'elle, si ce n'est ce qu'en sait et ce qu'en dit son amant ? Les paroles de Manon rapportées au discours direct sont rares ; le plus souvent, c'est sous forme d'un discours indirect ou narrativisé que nous apprenons ce qu'elle a dit. On peut constater que le récit de Des Grieux manifeste aussi son incompréhension face aux réactions de Manon, de Tiberge ou de son père. On ne perçoit leurs discours ou leurs attitudes qu'à travers le filtre de la parole du chevalier, qu'on peut suspecter de les déformer parce qu'il est sous l'emprise de sa passion pour Manon (jusque dans la jalousie) et qu'il n'est qu'un jeune homme, parfois naïf voire puéril.

• Mais un doute peut complexifier encore la tâche du lecteur : peut-il être certain que cette naïveté et cette puérilité de Des Grieux ne sont pas elles-mêmes une mise en scène du chevalier ? Car, bien qu'accablé par le malheur que « toute [s]a vie est destinée à pleurer » (p. 194), celui-ci semble tirer plaisir à raconter et s'exprime « de la meilleure grâce du monde » (p. 23) devant ses auditeurs. Rompu aux exercices publics liés à ses études, il envisage même un avenir, quoi qu'il en dise : celui d'écrivain sachant plaire (« Je fis un commentaire amoureux sur le quatrième livre de l'*Énéide* ; je le destine à voir le jour, et je me flatte que le public en sera satisfait », p. 42).

2 L'orientation réaliste du roman

• L'absence délibérée d'objectivité dans la conduite du récit n'empêche pas de constater que *Manon Lescaut* répond à l'exigence d'un certain réalisme, qui devient plus pressante au XVIIIe siècle. Le genre même de l'« histoire » oblige à situer l'action dans le monde contemporain de l'auteur, à représenter la société de l'époque – sans toutefois en proposer une analyse explicative, comme le feront les romanciers *réalistes* du siècle suivant, Balzac, par exemple.

Un cadre spatio-temporel identifiable

• La rencontre de Des Grieux et de Manon remonte, selon la chronologie des *Mémoires d'un homme de qualité*, à juillet 1712 ; c'est en octobre 1716 que le chevalier raconte son passé au marquis. Les aventures du couple prennent donc place à la fin du règne du Roi-Soleil et au tout début de la Régence. Mais l'Histoire ne joue presque aucun rôle dans le roman, alors que dans ses *Mémoires*, Renoncour, lui, croise des personnages historiques majeurs. La fin du règne de Louis XIV, austère et autoritaire, constitue un arrière-plan teinté de tragique.

• Le poids de la religion est perceptible : on destine Des Grieux à l'ordre de Malte, ordre religieux qui recrutait en effet de jeunes nobles (p. 28). Les études à Amiens, puis à Saint-Sulpice, établissement qu'il a fréquenté avec Tiberge (p. 51), sont tout à fait plausibles. Curieusement, le jeune homme y lit saint Augustin (p. 52), texte lié à la doctrine janséniste* qui à cette époque est condamnée par le Pape. Tiberge, d'ailleurs, accuse Des Grieux de jansénisme* au cours d'un entretien.

• L'autorité politique se manifeste négativement. La lourdeur fiscale est évoquée par la ferme générale, qui consiste à déléguer à des financiers le droit de prélever certains impôts. Ce système est déréglé à la fin du règne, quand la dette du Trésor royal se creuse. Dans le roman, le personnage de M. de B... suffit à dire l'antipathie que suscitent les fermiers généraux. Par ailleurs, la société est répressive : les enfermements successifs de Des Grieux (chez son père, à Saint-Lazare, au Châtelet) et de Manon (à la Salpêtrière) en sont les signes, tout comme la déportation des filles en Louisiane (organisée dès l'aube du siècle).

• On a pu dire que le goût des plaisirs (théâtre, opéra, maisons de jeu) et des promenades peut évoquer l'atmosphère de la Régence mais c'est oublier que les aspirations sociales, dès les années 1710 cherchent à plus de liberté. Seule l'allusion à la Nouvelle-Orléans, fondée en 1717, peut constituer un anachronisme.

• La géographie du roman est de même assez exacte : le nord de la France, Paris et ses environs immédiats (Chaillot) et la Louisiane sont évoqués avec précision, comme le temps de transport entre les divers lieux.

Une société diverse

• Le roman inverse le récit d'ascension sociale si fréquent dans la littérature de l'époque. Des Grieux est l'inverse d'un *picaro* : d'extraction noble, il est amené par ses aventures à suivre une trajectoire de déchéance. D'abord chevalier et futur ecclésiastique, il endosse successivement les rôles de fils rebelle, de greluchon* (on dirait aujourd'hui « gigolo »), de tricheur, d'escroc, d'assassin, de prisonnier et de complice d'évasion. Il est ainsi amené à côtoyer le personnel des bas-fonds romanesques, grâce à Lescaut, infréquentable soldat lié au monde des escrocs et des tricheurs.

• Certes, tout au long du roman, Des Grieux proclame sa fidélité aux valeurs chevaleresques de l'honneur et de l'amour courtois. Il ne cesse d'invectiver, de défier et de menacer ceux qui attentent à son honneur ou font obstacle à sa passion. Il s'emporte notamment contre le vieux G... M... quand celui-ci lui prédit la pendaison, châtiment infamant pour un noble ; mais son épée, symboliquement, reste empêtrée. Mais il ne cesse, par ailleurs, de s'avilir eu égard à l'éthique aristocratique : il se montre intéressé par l'argent, il désobéit à son père, il vit dans le péché avec Manon... Son déclassement devient évident lorsqu'il rejoint Manon dans la voiture de déportation : « Je quittai mon cheval pour m'asseoir auprès d'elle » (p. 178). Descendre de cheval, c'est renoncer à la chevalerie ; monter dans la voiture, c'est se résigner à la honte. Des Grieux vit la même humiliation que Lancelot, chevalier modèle qui, dans *Lancelot ou le Chevalier de la charrette* (vers 1176-1181) de Chrétien de Troyes, accepte de monter dans la charrette des suppliciés par amour pour Guenièvre. Paradoxalement, c'est en Louisiane, dans l'opprobre le plus complet, que Des Grieux agit enfin en vrai chevalier : il se bat en duel contre Synnelet. Encore ce duel est-il raté : le chevalier, inexpérimenté, croit à tort que son adversaire est mort...

Une société avilie

• Noble dégradé, Des Grieux devient en fait *chevalier d'industrie*, escroc. La société dans laquelle il vit est un monde où l'argent règne : les valeurs bourgeoises prennent le pas sur les valeurs aristocratiques. Tout, dans le roman, manifeste l'importance de l'argent : le goût de Manon pour les plaisirs dispendieux, la nécessité de payer des loyers, les vols, les tripots... Le roman est un des premiers, en France, à détailler avec autant de minutie les comptes des personnages. Cette précision comptable est le signe d'une perversion sociale et morale : Des Grieux parle argent et or, quand Tiberge lui parle rachat de l'âme...

3 Roman ou tragédie* ?

• Présentant Des Grieux au lecteur, « l'auteur des *Mémoires d'un homme de qualité* » écrit : « J'ai à peindre un jeune aveugle, qui refuse d'être heureux, pour se précipiter volontairement dans les dernières infortunes » (p. 17). Une telle déclaration peut se lire, dans une certaine mesure, comme une mise en tension d'éléments contradictoires : la cécité renvoie implicitement à la tragédie (le héros tragique est celui qui ne voit pas les signes de son destin, comme Œdipe) ; mais la volonté de s'engouffrer dans le malheur présuppose le libre arbitre, comme c'est souvent le cas dans le roman (le héros de roman doit opérer des choix dans son parcours existentiel).

« Citation à retenir

« J'ai à peindre un jeune aveugle, qui refuse d'être heureux, pour se précipiter volontairement dans les dernières infortunes. »

(p. 17).

Un schéma tragique

• De la tragédie, le roman se rapproche par sa construction, aisément réductible aux cinq actes d'une tragédie. L'exposition est la double rencontre de Des Grieux avec Renoncour, que le chevalier, héros noble de naissance et de sentiments, transforme en confident d'une passion amoureuse confrontée à la question de l'honneur (incarnée par le père, M. des Grieux). Les actes II à IV suivent un schéma binaire parallèle : à une infidélité de Manon (avec M. de B..., avec le vieux G... M... et avec le fils de celui-ci) correspond chaque fois une sanction (enfermement chez M. des Grieux, puis à Saint-Lazare, puis au Châtelet, cette dernière sanction étant assortie de la déportation de Manon), dans un crescendo qui met au jour une aggravation irrémédiable, une mécanique qui mène aux pires malheurs. Enfin, l'acte V correspond à l'épisode américain, dénouement fatal où Manon trouve la mort. Dès la rencontre avec Manon, l'aveuglement du chevalier sur elle (qu'il reconnaît pourtant « bien plus expérimentée que [lui] », p. 30) le place sous le signe du destin : « l'ascendant de ma destinée qui m'entraînait à ma perte », dit-il (p. 32).

• Le dénouement, comme dans une tragédie classique, est connu par avance, dès le début : la déportation de Manon est annoncée dès les premières pages. Des Grieux ménage cependant une surprise : la mort de Manon, que certains signes peuvent laisser prévoir, n'est jamais clairement annoncée, elle est réservée à la fin du récit.

Tragédie ou comédie ?

• La tragédie se trouve néanmoins éloignée par divers éléments, ne serait-ce que par le choix des personnages : ni Manon ni Lescaut n'ont la dignité des héros tragiques. Mais surtout, le thème du libertinage introduit de nombreuses scènes de comédie, qui brisent le sérieux de la tragédie. Dans une société théâtralisée, où l'on joue du paraître pour déguiser l'être, les libertins s'amusent à tromper les autres, à leur jouer de mauvais tours. Ainsi fait Manon dans le cruel épisode du prince italien, ajouté en 1753 : la mise en scène soignée qu'elle prépare pour opposer le visage séduisant du chevalier au reflet, dans un miroir, de la laideur du prince étranger souligne suffisamment le goût d'une théâtralisation ludique des relations sociales. De même, la farce que Lescaut et sa sœur veulent jouer au vieux G... M..., et où Des Grieux joue son rôle de petit frère d'abord à contrecœur, relève du divertissement libertin.

• Mais Des Grieux est parfois bien malgré lui l'objet d'un certain ridicule dont le lecteur doit se divertir. Quand il laisse tomber son chapeau en plein milieu d'une scène de colère face à la jeune femme avenante que Manon lui a envoyée pour une nuit, le sérieux de la scène est clairement désamorcé, et l'emportement même du chevalier est risible.

Un narrateur tragique

• Il semble que le tragique soit surtout le reflet d'une tendance (concertée ou non) de Des Grieux à présenter son récit dans une perspective tragique. Qu'il veuille ennoblir une existence qui l'a mené à la déchéance, ou que son caractère l'amène malgré lui à tout considérer sous un angle tragique, Des Grieux adopte un langage tragique, aux accents raciniens : les « Hélas ! », les accusations de *perfidie*, de *trahison*, de *cruauté*, les notions de *fatalité* et de *malheur*, tout concourt à cette impression d'une parole tragique. Est-ce un effet recherché par le chevalier ? On peut le penser : il est rompu aux exercices de rhétorique*, habile dans l'argumentation. Les dialogues avec Tiberge ou avec son père montrent que Des Grieux sait recourir au pathétique* et à l'insinuation pour tenter de persuader autrui d'accéder à ses demandes. Mais peut-être est-ce aussi là l'*aveuglement* véritable du personnage, incapable de voir que le langage conventionnel et grandiloquent qu'il emploie n'est guère adapté aux situations qu'il narre, et que sa passion pour Manon déforme sans cesse la réalité, dans un effort de disculpation inconscient mais permanent. C'est peut être cette obstination à élever, à annoblir son amour pour Manon grâce au langage noble et tragique, qui révèle la force de cet amour, de manière touchante pour le lecteur.

Explorer le parcours associé : Personnages en marge, plaisirs du romanesque

LES THÈMES

1 Les plaisirs d'une histoire captivante

Roman et romanesque

• Le genre du roman, si divers, si protéiforme qu'il en devient presque impossible à définir, repose d'abord sur le plaisir du récit : raconter des histoires, inventer des fictions est une activité fondamentale de l'être humain. Les premiers « romans », au Moyen Âge, sont des récits écrits en langue romane, par opposition au latin. Mais ils racontent surtout des aventures* de personnages remarquables, idéalisés : ce sont des romans de chevalerie. De roman en roman, ces aventures entrent dans une logique de surenchérissement : exploits guerriers exceptionnels, errances, rencontres surnaturelles, enlèvements, etc.

• De ce type de personnages et d'aventures provient la notion de romanesque, qui ne se confond pas avec le roman en tant que genre, mais qui en est une caractéristique fréquente. Le roman moderne naît, à cet égard, d'une mise en question des invraisemblances du romanesque, avec *Don Quichotte* (1605-1615) de Cervantès qui interroge les excès des romans chevaleresques.

À PROPOS DE

En France, la tradition des récits fondés sur un romanesque débridé, jouant avec les plus grandes invraisemblances, se poursuit au XVIIe siècle avec le roman précieux, qui présente des personnages de haut rang, toujours idéalisés, aux sentiments élevés, que leur vie amoureuse entraîne dans d'innombrables aventures invraisemblables : Gomberville, *Polexandre*, 1619 ; Mlle de Scudéry, *Artamène ou le Grand Cyrus*, 1649-1653.

Une exigence de vraisemblance

• Dès la seconde moitié du XVIIe siècle et au XVIIIe siècle, le romanesque apparaît moins acceptable quand il contredit la vraisemblance, valeur qui s'impose dans l'idéologie classique. En outre, le lectorat s'élargit avec la montée en puissance de la bourgeoisie : le goût des lecteurs penche vers des personnages plus communs, issus de milieux moins élevés et en prise avec les conditions matérielles de l'existence (le besoin d'argent, le souci de se vêtir, de se divertir). Enfin, le recul des valeurs héroïques amène les romanciers à s'interroger davantage sur la psychologie des personnages, leur intériorité sentimentale, plutôt que sur leurs seuls actes.

À PROPOS DE

En 1678, *La Princesse de Clèves* de Mme de Lafayette est le premier roman d'analyse psychologique, bien qu'il mette en scène des personnages hors du commun.

Présence du romanesque dans *Manon Lescaut*

• Prévost témoigne par son œuvre de l'exigence d'un certain réalisme et du refus des extravagances du roman précieux. Par sa relative brièveté comme par son appartenance aux conventions de l'« histoire » (plutôt que du « roman »), *Manon Lescaut* s'inscrit dans le souci du réalisme, entendu comme représentation plausible du réel [voir « L'orientation réaliste du roman », p. 212].

• Pour autant, le romanesque est loin d'être absent dans cette œuvre. En témoigne d'abord la relative saturation événementielle : pour un récit de longueur limitée, la densité des faits qui bousculent et marquent la vie des personnages est impressionnante. Le couple des protagonistes vit, en un peu plus de quatre années, un nombre d'expériences important : coup de foudre, fuite vers l'inconnu, infidélités, réconciliations, incendie de maison, vols, escroqueries liées au jeu ou au libertinage, enlèvements, enfermements (toujours plus sévères, jusqu'à l'emprisonnement), évasions (fantasque, dans le cas de Manon déguisée en homme), déportation, duel, fuite dans le désert américain, mort de l'héroïne... Sans compter les meurtres : Des Grieux et Manon assistent à la mort de Lescaut, et le chevalier tue un domestique de Saint-Lazare. On retrouve tous les ingrédients de l'aventure : passion amoureuse, épreuves cruelles, actions périlleuses, injustices et avanies, exotisme.

• L'impression de densité des événements n'est pas qu'une question d'intrigue ; c'est aussi une question de narration, de façon de raconter. En effet, le narrateur qu'est Des Grieux concentre son attention sur les faits marquants de son existence, et passe rapidement sur les périodes de calme. Le rythme des événements est accéléré par le récit : de la rencontre à Amiens aux retrouvailles de Saint-Sulpice, un an et demi s'écoule ; puis quelques mois avant l'évasion de Saint-Lazare ; puis une semaine avant l'emprisonnement au Châtelet. Le narrateur s'attarde sur certaines scènes frappantes, et résume brièvement les semaines d'amour heureux qu'il passe avec Manon.

L'affect comme moteur de l'action

• Une autre caractéristique du romanesque se trouve dans l'enchaînement des faits racontés : la priorité est donnée à une causalité affective ou passionnelle. Ce sont en effet les réactions psychologiques de Des Grieux (et parfois des autres personnages) qui mènent d'un événement à l'autre : le coup de foudre entraîne ainsi la fuite à Paris ; la suspicion et la jalousie envers M. de B... provoquent la reprise des études ; la légèreté de Manon et de son frère les conduit à se moquer imprudemment du jeune G... M... ; la soif de vengeance du vieux G... M... conduit Manon à la déportation, etc. La naïveté et l'impulsivité des personnages les mènent à leur perte. Seule la sagesse de Tiberge et, dans une certaine mesure, celle de M. des Grieux peuvent s'apparenter à une pensée raisonnable et prudente.

2 Des personnages romanesques ?

Un système manichéen* ?

• L'une des caractéristiques du romanesque réside traditionnellement dans une répartition tranchée des personnages en fonction d'une axiologie*, d'un système de valeurs morales : les personnages se divisent le plus souvent entre « bons » et « méchants », personnages positifs et personnages négatifs. Cette répartition des personnages peut en outre rejaillir sur leur caractérisation physique (les personnages positifs ayant un physique avenant, les personnages négatifs étant affectés d'une apparence inquiétante ou repoussante), voire sociale.

• Dans une certaine mesure, le récit que fait Des Grieux reprend ce principe : le chevalier distingue explicitement les personnages qui lui semblent nuisibles (M. de B..., G... M... père et fils) des personnages dont il valorise la grandeur morale (son père, son ami Tiberge, Manon, le supérieur de Saint-Lazare). Mais à y regarder de près, il n'y a aucun manichéisme* véritable dans ce roman. D'une part, certains personnages passent d'une catégorie à l'autre, Des Grieux révise son jugement initial sur certains personnages qu'il rencontre : Lescaut, qui lui apparaît d'abord comme antipathique et infréquentable, devient un secours voire un complice ; Synnelet révèle tardivement sa grandeur d'âme en obtenant la grâce du chevalier... D'autre part, plus significativement encore, la valeur morale d'un personnage est souvent dissociée de sa dimension actantielle : Des Grieux sait distinguer chez certains de ses opposants, qui font obstacle à sa passion pour Manon, des qualités morales. C'est le cas de Tiberge, ami dont le chevalier

Explorer le parcours

sait la fidélité profonde et l'élévation de l'âme, bien qu'il le fatigue de ses mises en garde contre les égarements de l'amour ; c'est aussi le cas du prince italien, rival peu menaçant que le chevalier prend en pitié au terme de la farce cruelle que lui joue Manon (la considération du rang aristocratique n'est par ailleurs pas étrangère à cette compassion).

Des Grieux, personnage passionné

• Enflammé par le hasard d'une rencontre à Amiens, Des Grieux, qui se présente comme un jeune homme qui jusque-là ignorait tout de l'amour et même du désir, devient soudain l'incarnation d'une passion amoureuse unique, dévorante et immortelle. Or Des Grieux veut être une âme noble, en accord avec son rang social. Une sorte de sensibilité particulière, aristocratique, lui permet de connaître et de sentir les mille variations de cette unique passion, ce qui le distingue des autres hommes, pense-t-il : « Le commun des hommes n'est sensible qu'à cinq ou six passions, dans le cercle desquelles leur vie se passe, et où toutes leurs agitations se réduisent. [...] Mais les personnes d'un caractère plus noble peuvent être remuées de mille façons différentes ; il semble qu'elles aient plus de cinq sens, et qu'elles puissent recevoir des idées et des sensations qui passent les bornes ordinaires de la nature » (p. 89).

« Citation à retenir

« Elle me parut si charmante que moi, qui n'avais jamais pensé à la différence des sexes, ni regardé une fille avec un peu d'attention, moi, dis-je, dont tout le monde admirait la sagesse et la retenue, je me trouvai enflammé tout d'un coup jusqu'au transport. »

(p. 29).

• La passion amoureuse suffit, aux yeux de Prévost comme à ceux de Des Grieux, à faire tout un roman. Pour une âme élevée, l'amour est une passion hors du commun, aux mille nuances, instable ; c'est une source d'intranquillité, donc d'aventures. Les souffrances que la passion engendre (dépit, jalousie, désespoir, honte) s'entremêlent à des moments d'exaltation, de joie et de jouissance, qui s'opposent en tous points à la vie calme et paisible que le chevalier envisage quand il reprend goût aux études (une vie champêtre, faite de travail intellectuel).

• Mais cette vision de l'amour, idéalisée, qui lui fait se méprendre sur Manon dès leur rencontre, ne reflète-t-elle pas l'esprit trop romanesque du chevalier ? Des Grieux n'est-il pas un narrateur peu transparent à lui-même ? C'est peut-être parce qu'il ne conçoit l'amour que sur un modèle romanesque, magnifié, qu'il ne voit pas à quel point il s'est avili par passion. À moins qu'il ne s'agisse là d'une rhétorique* par laquelle il souhaite ennoblir les actions les plus basses qu'il a pu commettre.

Manon, personnage insituable

• Quant à Manon, elle ne correspond pas au type d'héroïne romanesque fixé par les conventions des grands romans du XVIIe siècle, au contraire. D'origine modeste, elle reflète parfaitement l'attrait récent des romanciers du début du XVIIIe siècle pour les personnages plus communs, miroirs du monde bourgeois. Dès le début du roman, le narrateur la caractérise par un « penchant au plaisir » (p. 30), formule des plus ambiguës : les dictionnaires de l'époque ne distinguent guère *le* plaisir et *les* plaisirs, aussi peut-on y voir le goût de Manon pour les plaisirs (théâtre, sorties, opéra, etc.) qui sont ceux de son jeune âge et qui manifestent une certaine superficialité, somme toute innocente, autant qu'un indice d'une vie déjà dissolue, adonnée au plaisir charnel. Mais le mystère qui émane d'elle en fait un personnage des plus intrigants, et ce mystère est l'un des charmes majeurs qu'exerce le roman sur les lecteurs et sur l'imaginaire collectif, qui a érigé ce personnage en véritable mythe.

3 Des personnages en marge

Espaces marginaux

• Côtoyant le roman picaresque, qui mène le lecteur dans les milieux sociaux les plus douteux – ceux du vol, du crime, de la (vraie ou fausse) mendicité, de la prostitution –, *Manon Lescaut* évoque, dans une perspective réaliste, des figures troubles, qui esquissent autour de Manon un tableau suspect. Celle-ci, en effet, apparaît d'abord, au moment où Renoncour l'aperçoit, entourée de filles de joie dans un convoi de déportées ; son incarcération à la Salpêtrière l'a amenée à coudoyer les filles perdues. Certains domestiques que Des Grieux et elle-même engagent se révèlent malhonnêtes. Mais surtout, Lescaut, le frère, est un homme grossier, prêt à vendre les faveurs de sa sœur et à faire du chevalier un greluchon* (il est un proxénète* potentiel) ; il fréquente une association de tricheurs qui gravite autour de l'Hôtel de Transylvanie ; il n'hésite pas à procurer une arme à Des Grieux et à l'aider pour son évasion. Sa mort, sordide, révèle les sombres magouilles auxquelles il est mêlé. Manon se détache ainsi sur un fond de société malfamée.

• Rejetée par ses parents, mais ayant échappé au couvent, elle appartient, en fait, à l'espace étroit des milieux interlopes : elle flotte entre la liberté accordée aux actrices et la prostitution véritable (qui implique la contrainte). Libertinage* ? Sans doute : si le mot *libertin** est employé à propos du vieux G... M..., il l'est aussi à propos du couple qu'elle forme avec le chevalier.

• Demi-mondaine*, fille entretenue, elle s'inscrit dans une marge sociale que l'on a peine à situer et où elle se meut, héroïne insaisissable qui essaie de concilier, dans la mesure du possible, une légèreté de mœurs qui lui permet de vivre et une fidélité amoureuse envers le chevalier, fidélité qui paraît être ou devenir progressivement sincère, à en juger par l'épisode du prince italien et surtout par son acceptation résignée de sa vie en Louisiane.

La passion comme marginalisation ?

• Manon semble être la cause du parcours qui exclut Des Grieux de la société : c'est lorsqu'il la rencontre qu'il dévie loin des études religieuses et de la sphère paternelle ; c'est lorsqu'elle meurt qu'il rentre dans la norme sociale et morale attendue de lui.

• C'est que tout désigne la passion comme la source d'une inadaptation sociale. La passion de Des Grieux pour Manon est un amour inacceptable aux yeux de la société et de la morale dominante. Les appréhensions exprimées et les reproches adressés par Tiberge à son ami, comme le refus de M. des Grieux de donner son consentement à un mariage qui de surcroît constituerait une mésalliance, désignent l'union du jeune couple comme un scandale. La passion s'oppose à la norme morale de la société, qu'il faut accepter de suivre, ne fût-ce qu'en apparence.

• La passion, en effet, n'a pas d'autre norme qu'elle-même : elle menace l'équilibre de la société. Elle est une force de désordre, non une norme de stabilité ; elle est un excès, pas un rempart. L'hyperbole* et l'obsession amoureuse sont ses seules lois : « Elle me tient lieu de gloire, de bonheur et de fortune » dit Des Grieux de Manon (p. 117). Le couple se replie sur lui-même, et prétend ne suivre que son caprice. Celui-ci se veut au-dessus de la loi commune, ce qui explique que Des Grieux n'exprime aucun sentiment de culpabilité même vis-à-vis du domestique qu'il a tué à Saint-Lazare...

À RETENIR

Le couple ne respecte ni la norme sociale, ni le jeu du libertinage* :

• En trompant les G... M... père et fils, ils s'opposent au contrat de la débauche, l'échange d'argent contre des faveurs sexuelles.

• Le couple se retrouve marginalisé de la bonne société, d'une part, et, d'autre part, de la société des libertins, qui par sa duplicité se maintient dans cette bonne société, quelle que soit par ailleurs sa perversité.

Des Grieux, auteur de son propre roman

• Mais la passion est-elle la seule cause de la marginalisation du couple, jusqu'à l'exil américain ? N'est-ce pas le caractère même de Des Grieux qui, en un sens, est par nature trop romanesque pour ne pas se rêver héros d'un roman passionnel ? Tout entiché et enorgueilli de son *rang* (de son *sang* aristocratique) qui le place au-dessus des autres, d'où son mépris pour les roturiers que sont les amants de Manon, le chevalier est aussi un habile narrateur qui justifie et réinvente toute son existence en fonction d'une double visée (consciente ou inconsciente) : idéaliser Manon (jusqu'à en faire une figure mythique : la pécheresse rachetée par sa mort) et donner à leur vie une grandeur tragique, héroïque.

• Le roman souligne parfois ironiquement l'emphase de Des Grieux, sa propension à enjoliver et à ennoblir ses actes et ceux de son aimée. Le lecteur est amené à soupçonner en Des Grieux un caractère foncièrement romanesque, qui prend plaisir à réécrire la réalité à la lumière d'une idéalisation de l'amour. Des Grieux n'incarne-t-il pas, au fond, la jouissance du romanesque, à laquelle tout romancier risque de céder : la passion de raconter la passion amoureuse, donc la passion d'une passion ?

GROUPEMENT DE TEXTES

1 Portraits de demi-mondaines*

Manon est proche du monde de la prostitution sans lui appartenir vraiment : elle s'apparente à une demi-mondaine.

Au XIXe siècle et au début du XXe siècle, la demi-mondaine devient une figure littéraire majeure. Femme entretenue, qui exploite la générosité de ses amants déclarés pour vivre dans le luxe, elle est aussi appelée « cocotte », « lionne », « courtisane ». Elle apparaît chez de grands romanciers, de Balzac (*Splendeurs et misères des courtisanes*, 1838-1847) à Proust, en passant par Dumas fils ou Zola. Souvent inspirées par de vraies courtisanes (la Belle Otero, la Païva ou Liane de Pougy), les cocottes de roman diffusent un parfum de scandale en révélant l'immoralité du beau monde. De plus, leur situation ambiguë, entre dépendance et liberté, entre vénalité et amour, permet un troublant mystère et rend leur psychologie difficile à sonder.

Texte 1 Alexandre Dumas fils, *La Dame aux camélias*, 1848

Alexandre Dumas fils (1824-1895), fut, comme son père, un romancier et dramaturge à succès. Son œuvre la plus célèbre demeure ce roman, adapté à l'opéra sous le titre La Traviata *(1853) par le compositeur G. Verdi. Le roman raconte l'amour du jeune Armand Duval pour une courtisane, Marguerite Gautier, qui meurt de tuberculose.*

Grande et mince jusqu'à l'exagération, elle possédait au suprême degré l'art de faire disparaître cet oubli de la nature[1] par le simple arrangement des choses qu'elle revêtait. Son cachemire, dont la pointe touchait à terre, laissait échapper de chaque côté les larges volants d'une robe de soie, et l'épais manchon[2], qui cachait ses mains et qu'elle appuyait contre sa poitrine, était entouré de

1. La nature a oublié d'épaissir le corps de Marguerite (la minceur n'est pas un critère de beauté à cette époque).

2. Fourreau d'étoffe et de fourrure dans lequel on glisse les mains pour les préserver du froid.

plis si habilement ménagés, que l'œil n'avait rien à redire, si exigeant qu'il fût, au contour des lignes.

La tête, une merveille, était l'objet d'une coquetterie particulière. Elle était toute petite, et sa mère, comme dirait de Musset[3], semblait l'avoir faite ainsi pour la faire avec soin.

Dans un ovale d'une grâce indescriptible, mettez des yeux noirs surmontés de sourcils d'un arc si pur qu'il semblait peint ; voilez ces yeux de grands cils qui, lorsqu'ils s'abaissaient, jetaient de l'ombre sur la teinte rose des joues ; tracez un nez fin, droit, spirituel, aux narines un peu ouvertes par une aspiration ardente vers la vie sensuelle ; dessinez une bouche régulière, dont les lèvres s'ouvraient gracieusement sur des dents blanches comme du lait ; colorez la peau de ce velouté qui couvre les pêches qu'aucune main n'a touchées, et vous aurez l'ensemble de cette charmante tête.

Les cheveux noirs comme du jais[4], ondés[5] naturellement ou non, s'ouvraient sur le front en deux larges bandeaux, et se perdaient derrière la tête, en laissant voir un bout des oreilles, auxquelles brillaient deux diamants d'une valeur de quatre à cinq mille francs chacun.

Comment sa vie ardente laissait-elle au visage de Marguerite l'expression virginale, enfantine même qui le caractérisait, c'est ce que nous sommes forcés de constater sans le comprendre.

3. Alfred de Musset (1810-1857) est un poète romantique.
4. Minéral noir et brillant.
5. Disposés en mouvements souples.

Questions

1. Montrez que la séduction de Marguerite est un mélange de beauté naturelle et d'artifices.
2. Analysez les procédés de l'éloge : lexique mélioratif, hyperboles*, accumulations, comparaisons.
3. Pourquoi le narrateur emploie-t-il l'impératif au troisième paragraphe ? Quel effet cela suscite-t-il ?
4. Quels indices révèle la condition de femme entretenue de ce personnage ? Expliquez ensuite le paradoxe formulé dans la dernière phrase.
5. ÉTUDE DE LA LANGUE Analysez la proposition subordonnée « auxquelles brillaient deux diamants d'une valeur de quatre à cinq mille francs chacun » (l. 24).

Texte 2 Émile Zola, *Nana*, 1880

Dans Nana, *Émile Zola (1840-1902), en tant qu'auteur naturaliste, tente de dépeindre le milieu des demi-mondaines avec la plus grande exactitude possible. Au chapitre VII, l'actrice Nana, courtisane entretenue par le comte Muffat, s'amuse à provoquer celui-ci, absorbé dans sa lecture du journal, en se mettant nue devant un miroir…*

Alors, il leva les yeux. Nana s'était absorbée dans son ravissement d'elle-même. Elle pliait le cou, regardant avec attention dans la glace un petit signe brun qu'elle avait au-dessus de la hanche droite ; et elle le touchait du bout du doigt, elle le faisait saillir en se renversant davantage, le trouvant sans doute drôle et joli, à cette place. Puis, elle étudia d'autres parties de son corps, amusée, reprise de ses curiosités vicieuses d'enfant. Ça la surprenait toujours de se voir ; elle avait l'air étonné et séduit d'une jeune fille qui découvre sa puberté. Lentement, elle ouvrit les bras pour développer son torse de Vénus grasse, elle ploya la taille, s'examinant de dos et de face, s'arrêtant au profil de sa gorge, aux rondeurs fuyantes de ses cuisses. Et elle finit par se plaire au singulier jeu de se balancer, à droite, à gauche, les genoux écartés, la taille roulant sur les reins, avec le frémissement continu d'une almée[1] dansant la danse du ventre.

Muffat la contemplait. Elle lui faisait peur. Le journal était tombé de ses mains. Dans cette minute de vision nette, il se méprisait. C'était cela : en trois mois, elle avait corrompu sa vie, il se sentait déjà gâté jusqu'aux moelles par des ordures qu'il n'aurait pas soupçonnées. Tout allait pourrir en lui, à cette heure. Il eut un instant conscience des accidents du mal, il vit la désorganisation apportée par ce ferment[2], lui empoisonné, sa famille détruite, un coin de société qui craquait et s'effondrait. Et, ne pouvant détourner les yeux, il la regardait fixement, il tâchait de s'emplir du dégoût de sa nudité.

Nana ne bougea plus. Un bras derrière la nuque, une main prise dans l'autre, elle renversait la tête, les coudes écartés. Il voyait en raccourci ses yeux demi-clos, sa bouche entr'ouverte, son visage noyé d'un rire amoureux ; et, par derrière, son chignon de cheveux jaunes dénoué lui couvrait le dos d'un poil de lionne. Ployée et le flanc tendu, elle montrait les reins solides, la gorge dure d'une guerrière, aux muscles forts sous le grain satiné de la peau. Une ligne fine, à peine ondée[3] par l'épaule et la hanche, filait d'un de ses coudes à son pied. Muffat suivait ce profil si tendre, ces fuites de chair blonde se noyant dans des lueurs dorées, ces rondeurs où la flamme des bougies mettait des reflets de soie.

Explorer le parcours

1. Danseuse orientale.
2. Ici, élément malsain qui provoque un changement.
3. Ondulée, marquée par des courbes.

Questions

1. Relevez le champ lexical de la vue, puis indiquez quel jeu de regards complexe le passage instaure.
2. Quel jugement Nana porte-t-elle sur son propre corps ? Justifiez votre réponse.
3. Étudiez les réactions du comte devant l'attitude et le corps de sa maîtresse.
4. Dans quelle mesure peut-on dire que cette danse menace l'ordre établi ?
5. **ÉTUDE DE LA LANGUE** Vous étudierez la construction de la forme négative dans : « ne pouvant détourner les yeux » (l. 23).

Texte 3 Marcel Proust, *Du côté de chez Swann*, 1913

Il s'agit du premier volume d'un vaste roman, À la recherche du temps perdu, *qui a imposé Marcel Proust (1871-1922) comme un génie. Le narrateur s'intéresse à Charles Swann, un dandy qui, après des relations peu sérieuses, tombe amoureux d'Odette de Crécy. Il ignore d'abord que la jeune femme est une demi-mondaine, qu'il finira par épouser.*

Mais, tandis que chacune de ces liaisons, ou chacun de ces flirts, avait été la réalisation plus ou moins complète d'un rêve né de la vue d'un visage ou d'un corps que Swann avait, spontanément, sans s'y efforcer, trouvés charmants, en revanche, quand un jour au théâtre il fut présenté à Odette de Crécy par un de ses amis d'autrefois, qui lui avait parlé d'elle comme d'une femme ravissante avec qui il pourrait peut-être arriver à quelque chose, mais en la lui donnant pour plus difficile qu'elle n'était en réalité afin de paraître lui-même avoir fait quelque chose de plus aimable en la lui faisant connaître, elle était apparue à Swann non pas certes sans beauté, mais d'un genre de beauté qui lui était indifférent, qui ne lui inspirait aucun désir, lui causait même une sorte de répulsion physique, de ces femmes comme tout le monde a les siennes, différentes pour chacun, et qui sont l'opposé du type que nos sens réclament. Pour lui plaire elle avait un profil trop accusé[1], la peau trop fragile, les pommettes trop saillantes, les traits trop tirés. Ses yeux étaient beaux, mais si grands qu'ils fléchissaient sous leur propre masse, fatiguaient le reste de son visage et lui donnaient toujours l'air d'avoir mauvaise mine ou d'être de mauvaise humeur. Quelque temps après cette présentation au théâtre, elle lui avait écrit pour lui demander à voir ses collections qui l'intéressaient tant, « elle, ignorante qui avait le goût des jolies choses », disant qu'il lui semblait qu'elle le connaîtrait mieux, quand elle l'aurait vu dans « son home[2] » où elle l'imaginait « si confortable[2] avec son thé et ses livres », quoiqu'elle ne lui eût pas caché sa surprise qu'il habitât ce quartier qui devait être si triste et « qui était si peu *smart*[2] pour lui qui l'était tant ». Et après qu'il l'eut laissée venir, en le quittant, elle lui avait dit son regret d'être restée si peu dans cette demeure où elle avait été heureuse de pénétrer, parlant de lui comme s'il avait été pour elle quelque chose de plus que les autres êtres qu'elle connaissait, et semblant établir entre leurs deux personnes une sorte de trait d'union romanesque qui l'avait fait sourire.

Questions

1. En quoi cette scène de rencontre amoureuse est-elle inhabituelle ou surprenante ?
2. Comment le narrateur retarde-t-il l'apparition d'Odette ?
3. Quel point de vue (quelle focalisation) le narrateur adopte-t-il pour décrire Odette ? Quel effet est ainsi créé ?
4. Quels indices révèlent qu'Odette est une demi-mondaine* et non une femme de la haute société ?
5. **ÉTUDE DE LA LANGUE** Relevez dans la première phrase du texte une proposition subordonnée circonstancielle d'opposition, puis identifiez l'outil subordonnant qui l'introduit.

1. Marqué, accentué.
2. Odette emploie des mots anglais (*home, smart*) ou dans le sens qu'ils ont en anglais (*confortable*) en pensant que cela lui donne de la distinction.

Explorer le parcours

2 Regards sur des amours de jeunesse

Raconter une liaison amoureuse est souvent un moyen pour l'analyser et lui donner du sens, en la considérant rétrospectivement. Ainsi Des Grieux fait-il en narrant sa passion à Renoncour. Le narrateur ou la narratrice d'un roman peut développer un regard critique sur des événements et des sentiments dont les motivations, les conséquences et souvent la naïveté lui échappaient alors. Le décalage entre un amour de jeunesse et son récit fait dans la maturité permet donc, au fond, de se chercher une identité par-delà le temps, d'estimer le chemin mental et humain parcouru, et parfois de s'en amuser ironiquement.

Texte 1 Vivant Denon, *Point de lendemain*, 1812

*Ce court récit libertin a été écrit en 1777 par Vivant Denon (1747-1825), infatigable voyageur, passionné d'égyptologie et d'histoire de l'art, qui fut chargé de l'organisation du musée du Louvre à sa création en 1802. Mais il en donne une seconde version, fort différente, en 1812, dont voici l'*incipit.

J'aimais éperdument la comtesse de *** ; j'avais vingt ans, et j'étais ingénu ; elle me trompa ; je me fâchai ; elle me quitta. J'étais ingénu, je la regrettai ; j'avais vingt ans, elle me pardonna ; et comme j'avais vingt ans, que j'étais ingénu, toujours trompé, mais plus quitté, je me croyais l'amant le mieux aimé, partant le plus heureux des hommes. Elle était amie de madame de T…, qui semblait avoir quelques projets sur ma personne, mais sans que sa dignité fût compromise. Comme on le verra, madame de T… avait des principes de décence, auxquels elle était scrupuleusement attachée.

Un jour que j'allais attendre la comtesse dans sa loge, je m'entends appeler de la loge voisine. N'était-ce pas encore la décente madame de T… ? « Quoi ! déjà ! me dit-on. Quel désœuvrement ! Venez donc près de moi. » J'étais loin de m'attendre à tout ce que cette rencontre allait avoir de romanesque et d'extraordinaire.

On va vite avec l'imagination des femmes, et dans ce moment, celle de madame de T… fut singulièrement inspirée. « Il faut, me dit-elle, que je vous sauve le ridicule d'une pareille solitude ; puisque vous voilà, il faut … l'idée est excellente. Il semble qu'une main divine vous ait conduit ici. Auriez-vous par hasard des projets pour ce soir ? Ils seraient vains, je vous en avertis ; point de questions, point de résistance… appelez mes gens. Vous êtes charmant. » Je me prosterne… on me presse de descendre, j'obéis. « Allez chez monsieur, dit-on à un domestique ; avertissez qu'il ne rentrera pas ce soir… » Puis on lui parle à l'oreille, et on le congédie. Je veux hasarder quelques mots, l'opéra commence, on me fait taire : on écoute, ou l'on fait semblant d'écouter. À peine le premier acte est-il fini, que le même domestique rapporte un billet[1] à madame de T…, en lui disant que tout est prêt. Elle sourit, me demande la main, descend, me fait entrer dans sa voiture, et je suis déjà hors de la ville avant d'avoir pu m'informer de ce qu'on voulait faire de moi.

Questions

1. Commentez le rythme du récit* : comment le narrateur donne-t-il une impression de vivacité ?
2. En quoi les deux protagonistes s'opposent-ils ? En quoi le personnage du jeune homme peut-il faire rire ?
3. Montrez ce qui annonce un récit libertin*, c'est-à-dire, ici, un récit d'initiation amoureuse et charnelle.
4. Quel regard le narrateur porte-t-il sur cette aventure passée ? Justifiez votre réponse.
5. **ÉTUDE DE LA LANGUE** Analysez la valeur du présent dans : « je m'entends appeler de la loge voisine ? » (l. 11).

1. Petit message écrit.

Texte 2 Raymond Radiguet, *Le Diable au corps*, 1923

Ce court roman de Radiguet (1903-1923) a fait scandale : en pleine Première Guerre mondiale, François, qui n'a que quinze ans, séduit une jeune femme dont le fiancé est mobilisé sur le front. François, le narrateur, n'a pas encore déclaré son amour ; pour voir si Marthe lui accorde de l'intérêt, il la persuade de renoncer à un dîner chez ses futurs beaux-parents, peu de temps avant le mariage.

Elle me dit :

- Attendez-moi une seconde. Je vais téléphoner à ma belle-mère que je suis dans un quartier trop éloigné pour arriver à temps.

Au bout de quelques minutes, n'en pouvant plus d'impatience, j'avisai une marchande de fleurs et je choisis une à une des roses rouges, dont je fis faire une botte. Je ne pensais pas tant au plaisir de Marthe qu'à la nécessité pour elle de mentir encore ce soir pour expliquer à ses parents d'où venaient les roses. Notre projet, lors de la première rencontre, d'aller à une académie de dessin[1] ; le mensonge du téléphone qu'elle répéterait, ce soir, à ses parents, mensonge auquel s'ajouterait celui des roses, m'étaient des faveurs plus douces qu'un baiser. Car, ayant souvent embrassé, sans grand plaisir, des lèvres de petites filles[2], et oubliant que c'était parce que je ne les aimais pas, je désirais peu les lèvres de Marthe. Tandis qu'une telle complicité m'était restée, jusqu'à ce jour, inconnue.

Marthe sortait de la poste, rayonnante, après le premier mensonge. Je donnai au chauffeur l'adresse d'un bar de la rue Daunou[3].

Elle s'extasiait, comme une pensionnaire, sur la veste blanche du barman, la grâce avec laquelle il secouait des gobelets d'argent, les noms bizarres ou poétiques des mélanges. Elle respirait de temps en temps ses roses rouges dont elle se promettait de faire une aquarelle, qu'elle me donnerait en souvenir de cette journée. Je lui demandai de me montrer une photographie de son fiancé. Je le trouvai beau. Sentant déjà quelle importance elle attachait à

---

1. Le fiancé de Marthe refuse qu'elle prenne des cours de dessin (les modèles posant nus).

2. Allusion aux baisers volés à des petites filles quand le narrateur se rendait, enfant, à des invitations chez un de ses amis.

3. La scène se passe à Paris.

mes opinions, je poussai l'hypocrisie jusqu'à lui dire qu'il était très beau, mais d'un air peu convaincu, pour lui donner à penser que je le lui disais par politesse. Ce qui, selon moi, devait jeter le trouble dans l'âme de Marthe, et, de plus, m'attirer sa reconnaissance.

Questions

1. Quelle(s) preuve(s) d'amour François veut-il obtenir de la jeune femme ? Quels procédés utilise-t-il pour séduire Marthe ?
2. Marthe semble-t-elle sensible à l'amour de François ? Justifiez votre réponse.
3. Dans quelle mesure la sensualité est-elle palpable dans ce passage ?
4. Quels indices montrent que François prend ses distances avec l'enfant puis jeune homme qu'il était ?
5. **ÉTUDE DE LA LANGUE** Justifiez l'accord de l'adjectif « rayonnante » (l. 16).

Texte 3 Marguerite Duras, *L'Amant*, 1984

Marguerite Duras (1914-1996) a connu un immense succès avec ce roman autobiographique. L'autrice revient sur sa jeunesse en Indochine française, et relate, en alternant la 1re *et la* 3e *personne, sa liaison sensuelle, à quinze ans et demi, avec un Chinois fortuné et cultivé qu'elle a rencontré sur un bac traversant le fleuve Mékong.*

Il la regarde tout d'abord comme s'il attendait qu'elle parle, mais elle ne parle pas. Alors il ne bouge pas non plus, il ne la déshabille pas, il dit qu'il l'aime comme un fou, il le dit tout bas. Puis il se tait. Elle ne lui répond pas. Elle pourrait répondre qu'elle ne l'aime pas. Elle ne dit rien. Tout à coup elle sait, là, à l'instant, elle sait qu'il ne la connaît pas, qu'il ne la connaîtra jamais, qu'il n'a pas les moyens de connaître tant de perversité. Et de faire tant et tant de détours pour l'attraper, lui il ne pourra jamais. C'est à elle à savoir. Elle sait. À partir de son ignorance à lui, elle sait tout à coup : il lui plaisait déjà sur le bac. Il lui plaît, la chose ne dépendait que d'elle seule.

Elle lui dit : je préférerais que vous ne m'aimiez pas. Même si vous m'aimez je voudrais que vous fassiez comme d'habitude avec les femmes. Il la regarde comme épouvanté, il demande : c'est ce que vous voulez ? Elle dit que oui. Il a commencé à souffrir là, dans la chambre, pour la première fois, il ne ment plus sur ce point. Il lui dit que déjà il sait qu'elle ne l'aimera jamais. Elle le laisse dire. D'abord elle dit qu'elle ne sait pas. Puis elle le laisse dire.

Il dit qu'il est seul, atrocement seul avec cet amour qu'il a pour elle. Elle lui dit qu'elle aussi elle est seule. Elle ne dit pas avec quoi. Il dit : vous m'avez suivi jusqu'ici comme vous auriez suivi n'importe qui. Elle répond qu'elle ne peut pas savoir, qu'elle n'a encore jamais suivi personne dans une chambre. Elle lui dit qu'elle ne veut pas qu'il lui parle, que ce qu'elle veut c'est qu'il fasse comme d'habitude il fait avec les femmes qu'il emmène dans sa garçonnière[1]. Elle le supplie de faire de cette façon-là.

Il a arraché la robe, il la jette, il a arraché le petit slip de coton blanc et il la porte ainsi nue jusqu'au lit.

Questions

1. En quoi la relation entre les amants est-elle déséquilibrée, inégale ? Qui domine l'autre ? Justifiez votre réponse.
2. Qu'attend la jeune fille de son amant chinois ? Quels indices permettent de le comprendre ?
3. Montrez que le passage distingue le désir et le sentiment.
4. Quel(s) effet(s) la brièveté des phrases et l'aspect répétitif du vocabulaire suscitent-ils ?
5. **ÉTUDE DE LA LANGUE** Analysez la négation dans : « elle sait qu'il ne la connaît pas, qu'il ne la connaîtra jamais » (l. 5).

1. Petit logement loué par un homme pour des rendez-vous galants.

3 Marginaux en marche

La marginalité est liée à l'errance : rejeté dans les marges d'une société, un personnage n'a plus de lieu où vivre, il passe de lieu en lieu, marche et fuit, comme Des Grieux et Manon dont le parcours aboutit, symboliquement, à l'exil et au désert.

Le marginal, qu'il s'agisse d'un ex-bagnard (texte 1), d'une migrante (texte 2) ou d'un sans-abri (texte 3), hante notre société, et trahit ce que celle-ci rejette ou ne veut pas voir. Par ses réactions, par ses émotions, par son jugement sur le monde nécessairement distancié, le marginal dévoile ce que la société dite « normale » peut comporter en préjugés, dureté, et menaces.

Texte 1 Victor Hugo, *Les Misérables*, 1862, première partie, II, 1

Victor Hugo (1802-1885) écrit avec Les Misérables *le plus grand roman social de son siècle. L'un des personnages les plus célèbres du roman est l'ancien bagnard Jean Valjean, qui arrive ici dans la ville de Digne où il fera la rencontre qui va bouleverser sa vie, celle de l'évêque Myriel.*

Dans les premiers jours du mois d'octobre 1815, une heure environ avant le coucher du soleil, un homme qui voyageait à pied entrait dans la petite ville de Digne. Les rares habitants qui se trouvaient en ce moment à leurs fenêtres ou sur le seuil de leurs maisons regardaient ce voyageur avec une sorte d'inquiétude. Il était difficile de rencontrer un passant d'un aspect plus misérable. C'était un homme de moyenne taille, trapu et robuste, dans la force de l'âge. Il pouvait avoir quarante-six ou quarante-huit ans. Une casquette à visière de cuir rabattue cachait en partie son visage brûlé par le soleil et le hâle et ruisselant de sueur. Sa chemise de grosse toile jaune, rattachée au col par une petite ancre d'argent, laissait voir sa poitrine velue ; il avait une cravate tordue en corde, un pantalon de coutil[2] bleu usé et râpé, blanc à un genou, troué à l'autre, une vieille

2. Tissu très serré et résistant, fait de chanvre ou de coton.

blouse grise en haillons, rapiécée à l'un des coudes d'un morceau de drap vert cousu avec de la ficelle, sur le dos un sac de soldat fort plein, bien bouclé et tout neuf, à la main un énorme bâton noueux, les pieds sans bas dans des souliers ferrés, la tête tondue et la barbe longue.

La sueur, la chaleur, le voyage à pied, la poussière, ajoutaient je ne sais quoi de sordide à cet ensemble délabré.

Les cheveux étaient ras, et pourtant hérissés ; car ils commençaient à pousser un peu, et semblaient n'avoir pas été coupés depuis quelque temps.

Personne ne le connaissait. Ce n'était évidemment qu'un passant. D'où venait-il ? Du midi. Des bords de la mer peut-être. Car il faisait son entrée dans Digne par la même rue qui sept mois auparavant avait vu passer l'empereur Napoléon allant de Cannes à Paris. Cet homme avait dû marcher tout le jour. Il paraissait très fatigué. Des femmes de l'ancien bourg qui est au bas de la ville l'avaient vu s'arrêter sous les arbres du boulevard Gassendi et boire à la fontaine qui est à l'extrémité de la promenade. Il fallait qu'il eût bien soif, car des enfants qui le suivaient le virent encore s'arrêter et boire, deux cents pas plus loin, à la fontaine de la place du Marché.

Questions

1. Analysez les indices du cadre spatio-temporel : pourquoi peut-on parler de réalisme ?
2. Quels éléments de la description soulignent la pauvreté et la marginalité du personnage ?
3. Relevez les expressions qui désignent le personnage. Quel effet l'absence de son nom suscite-t-elle ?
4. Comment la méfiance des habitants de Digne est-elle suggérée ? Quelle critique sociale est ici sous-entendue ?
5. **ÉTUDE DE LA LANGUE** Analysez la construction de l'interrogation dans : « D'où venait-il ? » (l. 5).

Texte 2 Jean-Marie Gustave Le Clézio, *Désert*, 1980

J.M.G. Le Clézio (né en 1940) est un romancier français couronné par le Prix Nobel de littérature en 2008. Le personnage central de Désert *(1980) est une très jeune fille qui a grandi dans un bidonville marocain. Pour fuir un mariage forcé, elle s'exile à Marseille, où elle découvre la misère et l'errance.*

Lalla continue à marcher, en respirant avec peine. La sueur coule toujours sur son front, le long de son dos, mouille ses reins, pique ses aisselles. Il n'y a personne dans les rues à cette heure-là, seulement quelques chiens au poil hérissé, qui rongent leurs os en grognant. Les fenêtres au ras du sol sont fermées par des grillages, des barreaux. Plus haut, les volets sont tirés, les maisons semblent abandonnées. Il y a un froid de mort qui sort des bouches des soupirails[1], des caves, des fenêtres noires. C'est comme une haleine de mort qui souffle le long des rues, qui emplit les recoins pourris au bas des murs. Où aller ? Lalla avance lentement de nouveau, elle tourne encore une fois à droite, vers les murs de la vieille maison. Lalla a toujours un peu peur, quand elle voit ces grandes fenêtres garnies de barreaux, parce qu'elle croit que c'est une prison où les gens sont morts autrefois ; on dit même que la nuit, parfois, on entend les gémissements des prisonniers derrière les barreaux des fenêtres. Elle descend maintenant le long de la rue des Pistoles, toujours déserte, et par la traverse de la Charité, pour voir, à travers le portail de pierre grise, l'étrange dôme rose qu'elle aime bien. Certains jours elle s'assoit sur le seuil d'une maison, et elle reste là à regarder très longtemps le dôme qui ressemble à un nuage, et elle oublie tout, jusqu'à ce qu'une femme vienne lui demander ce qu'elle fait là et l'oblige à s'en aller.

Mais aujourd'hui, même le dôme rose lui fait peur, comme s'il y avait une menace derrière ses fenêtres étroites, ou comme si c'était un tombeau. Sans se retourner, elle s'en va vite, elle redescend vers la mer, le long des rues silencieuses.

1. Le Clézio écrit « soupirails », là où la norme impose le pluriel « soupiraux ».

Explorer le parcours

Questions

1. Montrez que la description suit les mouvements et le regard de Lalla. Quel intérêt ce procédé peut-il avoir pour le lecteur ?
2. Quelle(s) impression(s) la ville qu'elle découvre fait-elle sur Lalla ? Justifiez par des analyses précises.
3. Comment la marginalité du personnage est-elle soulignée dans ce passage ?
4. Quel sentiment le lecteur est-il invité à ressentir face à la situation de Lalla ?
5. **ÉTUDE DE LA LANGUE** La dernière phrase du texte est-elle simple ou complexe ? Analysez sa construction syntaxique.

Texte 3 Virginie Despentes, *Vernon Subutex*, 2015

Romancière atypique, volontiers provocatrice, Virginie Despentes (née en 1969) a écrit une trilogie romanesque, Vernon Subutex, *parue entre 2015 et 2017, dans laquelle elle dépeint la société française contemporaine au gré du parcours du protagoniste, Vernon, ancien disquaire parisien. Au début du roman, ce dernier vient de se retrouver sans-abri.*

La ville sans argent, Vernon la pratique depuis un moment. Salle de ciné, magasin de fringues, brasseries, musées – il y a peu d'endroits où l'on puisse s'asseoir au chaud sans rien payer. Restent les gares, le métro, les bibliothèques et les églises, et quelques bancs qui n'ont pas été arrachés pour éviter que les gens comme lui s'assoient gratuitement trop longtemps. Les gares et les églises ne sont pas chauffées, l'idée de frauder le métro avec sa valise le démoralise. Il remonte l'avenue des Gobelins, vers la place d'Italie. Il a de la chance, un soleil franc éclaire les rues, alors qu'il a plu tous ces derniers jours. Il aurait suffi qu'il tienne un mois de plus et c'était le début de l'hiver légal[1].

1. La période hivernale pendant laquelle on ne peut pas expulser le locataire d'un logement.

Il essaye de garder le moral en regardant les filles, dans la rue. De son temps, au premier rayon de soleil les filles sortaient ce qu'elles avaient de plus court, pour fêter l'événement. Aujourd'hui, elles portent moins de jupes, plus de baskets, leur maquillage est devenu discret. Il voit beaucoup de dames qui ont passé la quarantaine et qui font comme elles peuvent, avec des vêtements achetés pendant les soldes et qui les ont séduites sur les portants, des choses pas chères et qui paraissent d'honnêtes copies de fringues bien coupées. Mais une fois qu'elles les portent on ne voit plus que leur âge. Et les gamines, les gamines sont toujours aussi belles mais elles s'arrangent moins bien. Il faut dire que le retour des années 80 leur a fait du tort.

Le jeudi, les portes de la bibliothèque n'ouvrent qu'à 14 heures. Vernon en a déjà marre d'être dehors. Il remonte l'avenue de Choisy et s'installe sous un Abribus. Il avait en tête d'aller jusqu'au parc, mais son sac est trop lourd. Il s'assoit à côté d'une quadra qui ressemble vaguement à Jean-Jacques Goldman. Elle a posé entre ses pieds un cabas volumineux, en toile, rempli de nourriture de baba cool. Tout dans son attitude respire l'intelligence, l'aisance, le sérieux et la prétention. La femme évite ostensiblement son regard, mais le premier bus qui passe n'est pas le sien. Elle sort une cigarette de la poche de sa veste, il essaye d'engager la conversation, il sait qu'elle va le prendre pour un lourd, mais il a besoin d'échanger quelques mots avec quelqu'un.

Explorer le parcours

Questions

1. Quelle impression se dégage du personnage de Vernon ? Quel regard porte-t-il sur le monde qui l'entoure ?
2. Quels aspects de la société française actuelle la romancière met-elle en évidence dans ce passage ?
3. Le texte vous semble-t-il proposer une satire sociale, ou plutôt relever d'un réalisme descriptif ? Justifiez votre réponse.
4. Identifiez le niveau de langue dominant dans le texte, en donnant des exemples. Quel effet ce choix suscite-t-il ?
5. **ÉTUDE DE LA LANGUE** Identifiez le mode et le temps du verbe « aurait suffi » (l. 9), puis interprétez sa valeur dans le texte.

Image 1 François Boucher, *La Toilette*, 1742

→ Voir le verso de la couverture en début de l'ouvrage

François Boucher, *La Toilette*, 1742, huile sur toile, 52,5 × 66,5 cm, musée Thyssen-Bornemisza, Madrid.

François Boucher (1703-1770) est l'un des maîtres du style rococo*, qui émerge pendant la Régence et culmine vers 1745. Le rococo se traduit en peinture par des scènes de genre*, souvent des portraits de femmes montrées, de façon leste voire érotique, dans des moments d'intimité. Les couleurs pastel et les courbes dominent. *La Toilette* a été peinte pour l'un des mécènes de Boucher, le comte suédois Karl Tessin, et met en scène une jeune femme ajustant sa jarretière pendant que sa servante lui présente un bonnet.

Questions

1. Observez l'ensemble du décor : quels éléments suggèrent une scène prise sur le vif, dans la surprise d'un moment précipité ?
2. Analysez ce qui rend la jeune femme à la jarretière particulièrement séduisante, et ce qui participe à l'érotisme de la scène.
3. Étudiez le jeu des couleurs et de la lumière : comment la virtuosité du peintre est-elle mise en valeur ?
4. Concluez sur le plaisir que le tableau est censé donner (à son destinataire masculin, le comte Tessin).

Image 2 Pascal Dagnan-Bouveret, *Manon Lescaut*, 1878

→ Voir le verso de la couverture en fin d'ouvrage

Pascal Dagnan-Bouveret, *Manon Lescaut*, réduction d'après l'original exposé au Salon de 1878, huile sur toile, 70 × 99 cm, collection A. Barrero et A. Blanco, Madrid.

Pascal Dagnan-Bouveret (1852-1929), formé dans les ateliers d'A. Cabanel et de J.-L. Gérôme, délaisse la peinture mythologique de sa jeunesse pour tendre, après 1876, vers la peinture naturaliste, puis, après 1890, pour peindre des sujets religieux et symbolistes. Ce tableau, inspiré de la fin du roman de Prévost, s'inscrit dans le naturalisme, en montrant de manière réaliste la mise en terre de Manon.

Questions

1. Décrivez le paysage dans lequel se trouvent les personnages : en quoi souligne-t-il l'aspect désolé et funèbre de la scène ?
2. Comment le corps de Manon est-il montré ? Quel effet les vêtements suscitent-ils ?
3. Comment le chagrin de Des Grieux est-il mis en évidence par le peintre ?
4. Concluez sur l'effet tragique* et pathétique* du tableau.

LA DISSERTATION

SUJET **Dans une lettre datant de 1734, Montesquieu reconnaît le charme du roman de Prévost, même si, écrit-il, « le héros est un fripon et l'héroïne une catin* ». Les protagonistes du roman peuvent-ils selon vous se réduire à ces caractérisations ? Vous répondrez à cette question en vous appuyant sur l'*Histoire du chevalier des Grieux et de Manon Lescaut* de Prévost, sur les textes que vous avez étudiés dans le cadre du parcours associé et sur votre culture personnelle.**

Analyser le texte

• **Prenez le temps d'analyser le sujet.** Demandez-vous en quoi il se rattache au « parcours » que vous avez suivi. Observez sa construction : la citation pose un problème qui est précisé par la question posée. Repérez les termes clés et essayez de les définir le plus précisément possible, en particulier quand ils sont difficiles ou qu'ils ont changé de valeur : ici, les mots « fripon » et « catin » sont très péjoratifs au XVIIIe siècle : le premier désigne une personne immorale et sans honneur, le second une prostituée. Le terme « protagonistes » est technique : il renvoie aux personnages principaux. Identifiez les points possibles de discussion : le verbe « se réduire » suggère que les termes choisis par Montesquieu ne prennent peut-être pas en compte la complexité des personnages.

• **Dégagez les présupposés du sujet,** c'est-à-dire les informations à tirer de tel ou tel mot. Par exemple, les termes « fripon » et « catin » renvoient à la notion de marginalité inscrite dans le « parcours » au programme. Il s'agit d'une marginalité sociale causée par une condamnation morale. Il faut donc se demander comment cette marginalité se manifeste, mais aussi qui réprouve le comportement du couple et comment les personnages sont sanctionnés.

• **Mettez au jour les sous-entendus du sujet.** Il s'agit des éléments que vous pouvez reconstruire par vous-même grâce aux connaissances de cours qui sont attendues de vous. Les mots « héros/héroïne », par exemple, peuvent s'entendre en deux sens. Ce sont des synonymes de « protagoniste ». Mais ce mot vient du grec *herôs*, « demi-dieu », il y aurait une valorisation paradoxale* de personnages condamnables en personnages admirables. C'est donc la manière dont le récit amène (ou veut amener) à admirer des personnages immoraux qui est en cause.

Formuler une problématique et élaborer une réponse

- **Reformulez le sujet pour en dégager une problématique,** c'est-à-dire une question qui guide selon une perspective particulière votre réponse au sujet. Par exemple, ici : « Comment le roman de Prévost parvient-il à valoriser aux yeux du lecteur, afin qu'il s'y attache, des personnages pourtant condamnables ? »
- **La formulation d'une problématique est essentielle**. D'une part, elle permet de passer d'une question fermée (« Les protagonistes du roman peuvent-ils selon vous se réduire à ces caractérisations ? » appelle *a priori* une réponse par oui ou par non) à une question ouverte (« Comment... ? »), entraînant une réponse plus facile à développer et à nuancer. D'autre part, elle montre que vous avez compris le problème que pose le sujet, qui est presque toujours une tension entre des notions différentes voire opposées, tension qui remet en cause des habitudes de pensée, des idées reçues.
- **On choisit ici pour répondre un plan dialectique :** il progresse en invitant à valider partiellement l'affirmation que pose le sujet, puis à la nuancer en montrant les limites de cette affirmation, afin d'arriver à une perspective plus convaincante.

Proposition de plan détaillé

I. Certes, Des Grieux et Manon sont des personnages coupables.

1. Le couple ne peut ignorer combien son mode de vie est moralement répréhensible aux yeux des autres. Les proches de Des Grieux ne cessent d'exprimer leur désaccord : Tiberge, au nom de la foi, sermonne son ami ; M. des Grieux, au nom de l'honneur, reste intraitable sur la question du mariage. Les parents de Manon ont voué leur fille au couvent pour la punir de son « penchant au plaisir ».

2. La société condamne leur comportement délictueux. Les sanctions et punitions sont de plus en plus sévères : enfermements successifs jusqu'à la prison, déportation de Manon, etc.

3. L'« Avis » placé en tête du roman, que Prévost attribue à Renoncour, présente même le récit comme utile à l'instruction morale du lecteur, dans la perspective classique du « plaire et instruire » que La Fontaine adoptait déjà dans ses fables : « L'ouvrage entier est un traité de morale ». La formulation est pourtant suspecte : n'est-ce pas un facile habillage moral d'un récit par ailleurs très immoral ?

II. Mais ces personnages demeurent attachants pour le lecteur.

1. L'amour du couple n'est-il pas en un sens totalement innocent ? Ces deux personnages sont jeunes, Des Grieux a des côtés puérils (naïveté initiale devant Manon, émotions excessives, etc.) et Manon cherche à s'amuser (voir l'épisode du prince italien). Leur coup de foudre paraît réciproque (c'est Manon qui va rechercher le chevalier à Saint-Sulpice). Leur passion semble sincère.

2. La société n'a-t-elle pas une part de responsabilité dans les actes criminels dont ils sont coupables ? C'est en un sens parce qu'on les empêche de s'aimer librement qu'ils se rendent coupables : Des Grieux ne tue le domestique de Saint-Lazare que pour s'évader et aller libérer sa belle.

3. Leur parcours est en outre rédempteur : ils se rachètent en Louisiane par leur vie misérable et heureuse à la fois. Des Grieux souhaite épouser Manon pour rétablir leur situation de couple. La mort tragique de Manon, quoique peu vraisemblable (ils n'ont marché que 9 km dans le désert !), est le signe d'un rachat de son âme.

III. Le charme du récit consiste donc à élaborer des personnages complexes et ambivalents.

1. Le plaisir éprouvé par le lecteur est d'abord celui de suivre des personnages qui ne dédaignent pas se moquer des libertins immoraux qui courent après Manon : chaque fois, celle-ci veut les duper ou leur jouer des farces. N'y a-t-il pas là une sorte de retournement : punir les débauchés en étant plus rusés qu'eux ?

2. De plus, Des Grieux est un narrateur émouvant : il cherche sans cesse à enjoliver son histoire. Il idéalise Manon et se déculpabilise par le tragique qu'il superpose à son histoire. Le lecteur peut juger ces efforts de narrateur comme une ruse rhétorique pour se défendre lui-même, mais il peut aussi y voir l'emprise de la passion sur un narrateur incapable de se juger objectivement.

3. C'est finalement au lecteur qu'il revient de juger ces personnages mystérieux, ambigus, donc réalistes (non manichéens). N'est-ce pas le plaisir même du roman que de donner au lecteur à déchiffrer et à décider de l'innocence ou de la culpabilité des personnages ? Gustave Flaubert, ainsi, juge que « la naïveté de la passion [...] rend les deux héros si vrais, si sympathiques, si *honorables*, quoiqu'ils soient des fripons » (Lettre à Louise Colet du 16 septembre 1853).

L'ESSAI (séries technologiques)

SUJET **Selon vous, un héros de fiction doit-il être porteur de valeurs morales positives ?**

Point de méthode

- À l'épreuve écrite du bac des séries technologiques (4 heures), le sujet de la contraction de texte et de l'essai ne peut porter que sur l'objet d'étude « la littérature d'idées », mais **il faut s'y entraîner toute l'année**, y compris sur les autres objets d'étude !
- **L'essai consiste à rédiger une argumentation personnelle** en s'appuyant sur le texte contracté, mais aussi sur les textes étudiés pendant l'année et les connaissances personnelles du candidat.
- **On attend une réponse nuancée, étayée par des arguments,** eux-mêmes illustrés par des exemples de textes précis ou tirés de la culture générale (arts, histoire, actualité...).

Analyser le sujet

- **Repérez les mots-clés** de la question et interrogez leur sens. Ici, « héros » renvoie à une notion d'être d'exception, conformément à l'étymologie (grec *herôs*, « demi-dieu »). Les « valeurs morales positives » sous-entendues sont celles habituellement valorisées par la littérature (et par la société) : honneur, courage, loyauté, fidélité amoureuse, piété, charité... toutes valeurs des romans de chevalerie, par exemple.
- **Reformulez le sujet.** On peut par exemple ici formuler la problématique suivante : « N'accorde-t-on d'admiration et ne s'attache-t-on qu'à des héros moralement exemplaires ? »

Quelques pistes d'argumentation

- Importance de la valeur exemplaire des héros romanesques anciens : personnages nobles, dont on attend un comportement idéalisé (courtoisie, générosité, magnanimité, loyauté). Exemples : la noblesse d'âme jusqu'au sacrifice de soi des chevaliers dans les romans médiévaux (Lancelot ou Yvain dans les romans de Chrétien de Troyes) ; le renoncement amoureux par respect de la fidélité maritale dans *La Princesse de Clèves* (1678) de Mme de Lafayette...
- Besoin d'idéalisation enraciné jusque dans les fictions actuelles, car nous rêvons tous d'un monde meilleur, où chacun ferait preuve de grandeur d'âme. Exemple : les superhéros justiciers de la bande dessinée et du

Vers le BAC

cinéma (Superman, Spiderman...) qui ont toujours autant de succès car ils permettent une revanche et/ou un rachat symboliques des défauts et de la cruauté du monde réel. C'est aussi le cas de Sherlock Holmes (romans d'Arthur Conan Doyle), par exemple, à qui les criminels n'échappent pas.

• Mais ce type de héros idéalisé peut lasser, par l'absence de faiblesses et son éloignement de l'humanité réelle.

• Car le héros fascine surtout par son caractère exceptionnel, extraordinaire, même si c'est dans le mal et l'immoralité. Exemples : les héros négatifs qui sortent de la norme tels Mme de Merteuil dans *Les Liaisons dangereuses* (1782) de Laclos, ou l'habile Georges Duroy dans *Bel-Ami* (1885) de Maupassant.

• Le héros le plus intéressant est souvent le plus complexe, ambivalent, capable du bien mais aussi faillible, voire tenté par le mal. Exemple : Des Grieux et Manon dans le roman de Prévost. Ou, inversement, un criminel capable de bonté et de générosité, avec un certain sens de la justice, comme Arsène Lupin, le héros des romans de Maurice Leblanc.

• Enfin, cas de l'antihéros : c'est son absence même de qualités extraordinaires, sa banalité, sa médiocrité et son ambiguïté (ou ses hésitations) entre bien et mal, qui, parce qu'elles sont souvent les nôtres, nous intéressent. Exemples : Meursault dans *L'Étranger* (1942) d'Albert Camus ou Bardamu dans *Voyage au bout de la nuit* (1932) de Louis-Ferdinand Céline.

L'ORAL

PREMIÈRE PARTIE

L'exposé oral sur un des textes du descriptif

- **Temps de préparation :** 30 minutes
- **Durée de l'exposé :** 12 minutes
- **Barème :** 12 points
- L'examinateur propose au candidat l'un des textes de son descriptif, ainsi qu'une question de grammaire qui porte sur un bref extrait (phrase ou partie de phrase) du texte à travailler.
- À l'issue du temps de préparation, le candidat expose son analyse du texte en respectant la démarche suivante : situation du texte dans l'œuvre ou dans le groupement choisi par le professeur, lecture expressive, explication linéaire et réponse à la question de grammaire.

EXTRAIT CHOISI **La lettre de Manon et la réaction de Des Grieux, de « Elle me remit à la lecture » (p. 138, l. 482) à « autant que je croyais l'être de G... M... et de Manon. » (p. 139, l. 517)**

1 Le texte et sa présentation

- L'introduction de la lecture linéaire est un moment important. C'est la première image de vous que vous donnez à votre correcteur !
- L'introduction comporte des passages obligés, des éléments attendus :

1. Présentation de l'auteur et de l'œuvre

2. Présentation de l'extrait

3. Lecture expressive

4. Annonce de votre projet de lecture ou de votre problématique

5. Présentation des mouvements du texte

LECTURE ORALE

La lecture est une étape essentielle de l'explication. Elle est notée sur 2 points. Il faut faire attention à ne pas lire trop vite, à respecter la ponctuation et à donner vie au texte en exprimant ses tonalités.

2 L'explication linéaire à l'oral

Conseils de méthode

• Notez au brouillon les étapes essentielles de votre exposé, sans rédiger.

• Utilisez des couleurs sur votre texte pour faire ressortir des éléments importants.

• Faites-vous confiance pour formuler vos idées directement lors de l'exposé.

Les principes de l'explication linéaire

• Rappelez-vous que l'explication linéaire n'a pas pour but de montrer que vous connaissez des figures de style mais bien de mettre en valeur la richesse du texte. Ce qu'on attend de vous, ce n'est donc pas une énumération de procédés d'écriture mais une explicitation des différents sens du texte. **Les procédés d'écriture doivent se mettre au service du sens**.

• Votre explication doit donc être organisée autour d'un **fil conducteur**.

• Dans chaque partie, dans chaque sous partie, vous devez citer le texte, repérer des procédés d'écriture et indiquer l'effet qu'ils produisent.

• **Introduisez votre explication** en partant d'une **question générale** sur l'extrait. Présentez **le plan** que vous allez suivre, en délimitant les grandes parties du texte et son mouvement.

• **Développez l'explication** en citant le texte et en vous appuyant sur des remarques précises sur sa forme et ses procédés d'écriture. Soulignez les transitions entre les grandes parties de votre explication.

• **Concluez** par une réponse claire et concise à la question posée en introduction.

Exemple d'explication linéaire

Exemple d'introduction

L'*Histoire du chevalier des Grieux et de Manon Lescaut* (1731, édition complétée en 1753) de l'abbé Prévost est un roman audacieux, dont le récit principal est celui que Des Grieux fait lui-même, à la première personne, de ses amours avec Manon Lescaut, jeune fille qui cherche à concilier – exercice périlleux – son amour pour le chevalier et son « penchant au plaisir » qui l'amène à utiliser ses charmes pour s'assurer des ressources financières, jusqu'à frôler dangereusement la prostitution. Au début de la seconde partie du roman, Des Grieux narre le piège que Manon souhaite tendre à M. de G... M... : elle lui prendra les richesses qu'il lui propose et, avant de céder à ses avances, l'incitera à passer la soirée à l'Opéra, d'où elle s'échappera pour rejoindre le chevalier en secret. Faisant preuve de quelque lucidité, Des Grieux redoute le pire de ce projet d'escroquerie : Manon avait voulu faire de même avec le père de G... M..., et cela les avait menés, lui, à Saint-Lazare, elle, au sinistre Hôpital général. Mais Manon finit par le convaincre de la laisser faire. Or, Manon ne vient pas, comme ils en étaient convenus, à l'Opéra. De retour à son carrosse, Des Grieux rencontre une jolie messagère qui lui apporte un message de Manon.

Le passage que nous étudions correspond au moment où le chevalier lit la lettre de Manon. C'est la deuxième fois qu'il lit un message de sa maîtresse : la première fois, il s'agissait d'un billet qu'elle lui avait laissé pour lui expliquer qu'elle rejoignait le vieux G... M... dans le but de lui voler de l'argent (voir p. 76) ... On comprend que le chevalier appréhende ce que cette nouvelle lettre va lui apprendre.

On pourra se demander comment la lettre de Manon et la réaction de Des Grieux permet au lecteur de mieux comprendre le caractère des deux personnages. C'est en effet à travers la lettre et l'émotion qu'elle suscite que le lecteur est invité à préciser le portrait des deux protagonistes.

Nous verrons que la lettre de Manon, présentée par Des Grieux comme une indigne justification d'infidélité, se révèle plus ambiguë pour le lecteur attentif. La réaction de Des Grieux permet, dans un développement qui occupe trois paragraphes, de peindre les excès du dépit et de la jalousie, et de voir comment Des Grieux se peint dans un rôle tragique.

Plan détaillé d'explication linéaire

I. La lettre de Manon, chef-d'œuvre d'ambiguïté (l. 482 à l. 493)

- Le chevalier se met à lire la lettre. La reconnaissance de l'écriture de Manon est un gage d'authenticité, dans ce roman où il y a tant de duperies que le chevalier peut à juste droit se méfier.
- On remarquera néanmoins que le chevalier ne cite pas directement et intégralement la lettre de Manon, comme c'était le cas de la

lettre laissée avant l'aventure chez le vieux G... M... ; aussi le lecteur prend-il ici connaissance du message de Manon à travers le filtre des souvenirs du narrateur Des Grieux. Le discours indirect retranscrit les propos de Manon d'une manière légèrement incertaine, ce que souligne d'une part l'emploi du présentatif « Voici », qui tend à faire accroire en la fidélité de la restitution des propos, et le modalisateur « à peu près » qui suggère leur possible déformation.

• Le discours indirect se marque par l'emploi de la troisième personne (« l' », l. 484) et le recours au plus-que-parfait (« avait reçue »). Les deux premières phrases, sous couvert de raconter l'accueil de G... M..., semblent surtout une justification anticipée de l'infidélité de Manon. Les expressions hyperboliques, en effet, paraissent insister sur la générosité de G... M... : « au-delà de toutes ses idées », « comblée de présents », « un sort de reine », « nouvelle splendeur » (l. 485-487). Le redoublement « une politesse et une magnificence » insiste également sur la prodigalité de l'hôte.

• Par contraste, Manon paraît employer un ton détaché, voire désinvolte, à l'égard du chevalier, en utilisant des formules convenues telles que « Elle m'assurait néanmoins qu'elle ne m'oubliait pas », « elle remettait à un autre jour le plaisir de me voir » ou encore « pour me consoler un peu de la peine ». Manon semble s'adresser non à son amant, mais à une simple connaissance. Formulée ainsi, l'excuse avancée (« n'ayant pu faire consentir... », l. 488) et la consolation proposée (« me procurer une des plus jolies filles de Paris », l. 492) peuvent paraître bien provocatrices également : elles présupposent l'interchangeabilité de la maîtresse, donc sous-entendent le peu d'amour de Des Grieux pour Manon elle-même. D'où le côté odieux de la signature « Votre fidèle amante » (l. 493), seul élément cité directement, comme s'il était imprimé dans la mémoire du destinataire du fait de son aspect choquant (la fidélité semblant revendiquée au moment même de l'infidélité).

• Du moins est-ce ainsi que le chevalier envisage les choses. Car le lecteur peut aussi comprendre que pour Manon la fidélité du cœur n'exclut pas l'infidélité sexuelle. La lettre n'est peut-être pas seulement une justification artificielle d'une infidélité proche de la prostitution ; c'est aussi la disjonction du sentiment et du sexe. C'est comme cela que plus tard Manon s'expliquera (voir p. 149 : « la fidélité que je souhaite de vous est celle du cœur »). Elle souligne ainsi ce que la conception du sentiment amoureux de Des Grieux a de rudimentaire ou de despotique : le chevalier ne conçoit l'amour que sur le mode de la présence physique permanente, comme le montre tout le roman (Des Grieux ne s'éloigne jamais de Manon). En lui envoyant la prostituée, Manon ne renvoie-t-elle pas son amant à sa vision de l'amour : ni sentiment vrai, ni même désir véritable, mais plutôt besoin d'une présence constante ?

II. Les emportements de Des Grieux (l. 494 à l. 517)

- Par la manière dont il dépeint ses réactions à la lettre, Des Grieux donne de lui-même une sorte de portrait psychologique.
- La tournure impersonnelle qui ouvre le second paragraphe du passage, « Il y avait quelque chose de... », suggère que son indignation part d'un constat objectif, alors que toute lecture est interprétation. Le chevalier réagit impulsivement, sans envisager d'autres causes à cette lettre que l'indélicatesse et le caractère volage de Manon.
- L'insistance sur le choc provoqué par la lettre est manifeste dans les associations binaires de termes forts : « si cruel et si insultant » (la répétition de l'intensif « si » ayant valeur d'hyperbole), « la colère et la douleur », « ingrate et parjure maîtresse » (on note que les deux adjectifs sont presque synonymes). On reconnaît le lexique de la tragédie, qui caractérise toujours le chevalier, prompt à hausser toutes ses aventures à la grandeur de l'héroïsme tragique. Cela se voit encore à travers la tendance à l'hyperbole, par exemple avec l'adverbe « éternellement » (l. 497).
- La colère du chevalier se traduit par des emportements un peu vains, qui ne remettent pas en cause son attachement à Manon. Il désire se venger en étant « parjure et infidèle à [s]on tour », mais la comparaison entre la prostituée messagère et Manon témoigne de l'emprise de cette dernière. La considération globale et rapide de la messagère, « extrêmement jolie », contraste en effet avec l'accumulation des détails descriptifs qui permet d'énumérer les « charmes » de Manon. Le contraste est d'ailleurs mis en relief par le connecteur d'opposition « Mais » (l. 500). Le chevalier idéalise toujours Manon, comme le montrent le lexique du sacré (« divin »), les hyperboles (« inépuisable », « prodigués ») et le recours à l'allégorie mythologique (« l'Amour »).
- Avec le retour de l'adjectif péjoratif « perfide » (l. 502), mis en valeur par l'antéposition au nom « Manon », le texte articule l'éloge* des charmes de Manon à une relance de la colère, dont la force se manifeste par une prise de parole de Des Grieux. Cette prise de

parole s'adresse moins à la messagère, pourtant interpellée par le pronom « vous », qu'elle ne constitue un monologue, justifié par la puissance de l'émotion. La colère entraîne le désir de rompre, acte que le chevalier montre comme héroïque. Le redoublement initial « Non, non » rappelle la tragédie*, tout comme le lexique : « l'ingrate », « son crime », « remords », « Je l'abandonne », « je renonce », « lâches ». La violence de la diatribe est marquée par les antithèses, comme « qu'elle jouisse de son crime » et par la généralisation hyperbolique (« je renonce [...] à toutes les femmes »). Des Grieux s'exprime avec une certaine grandiloquence quelque peu suspecte d'insincérité : est-il vraiment si loin de l'amour en exprimant une jalousie haineuse ?

- Le dernier paragraphe marque bien la superficialité même de la colère, puisque le monologue du chevalier a pour effet immédiat un soulagement, une « guérison ». Le narrateur ne quitte pas le registre tragique : hyperboles* (« jalousie mortelle »), métaphores traditionnelles (« me déchirait le cœur »), interjection pathétique* (« Hélas ! »). Des Grieux se montre, à travers son discours, comme la victime impuissante d'une passion écrasante.
- Cependant, il est capable, avec le recul rétrospectif que souligne le retour aux temps du récit (passé simple, imparfait), d'analyser avec une certaine lucidité le triomphe d'un amour permanent sur des « mouvements » superficiels et passagers. La « jalousie » n'est que le revers, le déguisement de l'amour : le vocabulaire de la tromperie (« se déguisant », « dupe ») sert ici à peindre en moraliste une vérité psychologique d'une grande finesse.

Exemple de conclusion rédigée

Ce passage de la seconde partie de *Manon Lescaut* de l'abbé Prévost n'est pas seulement l'un des moments les plus cruels de la relation entre le narrateur et sa maîtresse ; il est aussi un bel exemple de la finesse psychologique avec laquelle le romancier donne à voir au lecteur ses personnages. Leur complexité est réelle : Manon trompe-t-elle entièrement Des Grieux sur son infidélité, ou fait-elle preuve d'une certaine sincérité dans sa dissociation entre sentiment et sexualité ? Le chevalier est-il si sincère qu'il paraît l'être, ou ne se complaît-il pas dans un rôle tragique qui élève ses mésaventures les plus pitoyables au rang d'une lutte contre un injuste destin ?

3 La question de grammaire

- **Durée :** 2 minutes
- La question de grammaire porte sur le texte. Elle vise l'analyse syntaxique d'une courte phrase ou d'une partie de phrase.

SUJET **Vous analyserez la proposition subordonnée soulignée : « Il y avait quelque chose de si cruel et de si insultant pour moi dans cette lettre, que [...] j'entrepris de faire un effort pour oublier éternellement mon ingrate et parjure maîtresse ».**

• Dans cette phrase, la proposition subordonnée soulignée est une subordonnée circonstancielle consécutive : elle exprime la conséquence. Le haut degré de cruauté et d'insulte de la lettre a en effet pour conséquence la volonté du narrateur d'oublier Manon.

• La subordination de cette proposition circonstancielle est marquée par un système corrélatif : la conjonction de subordination « que » est annoncée dans la principale par l'adverbe d'intensité « si » (répété deux fois) qui porte sur les adjectifs « cruel » et « insultant ». Avec la corrélation « si... que... » le mode de la subordonnée est l'indicatif, comme ici avec le passé simple « j'entrepris ».

• La proposition soulignée est donc une proposition subordonnée circonstancielle conjonctive de conséquence.

SECONDE PARTIE

L'entretien avec l'examinateur sur l'œuvre étudiée

- **Durée :** 8 minutes
- **Barème :** 8 points
- **Premier temps de l'épreuve :** présentation par le candidat d'une œuvre choisie parmi celles étudiées en lecture intégrale en classe avec le professeur, et exposé argumenté des raisons de ce choix.
- **Second temps de l'épreuve :** entretien avec l'examinateur sur cette œuvre.

1 La présentation de l'œuvre choisie

• Au cours de l'année de première, vous étudierez en clase quatre œuvres intégrales (une par objet d'étude, ainsi que plusieurs autres lectures cursives obligatoires proposées par votre professeur. Vous devez choisir parmi ces œuvres celle que présenterez à l'oral du bac.

Bien préparer la présentation de l'œuvre

• **Choisissez une œuvre que vous avez aimée**, ou qui vous a interrogé, ou même intrigué. Il ne s'agit pas simplement de parler « sur » l'œuvre, mais de défendre votre choix et votre lecture, à l'aide d'arguments construits, élaborés à l'avance, étayés par des exemples précis qui démontrent votre connaissance approfondie de l'œuvre en question et aussi des textes abordés dans le parcours associé.

• **Préparez cet exercice durant l'année en élaborant un dossier personnel** sur les œuvres, à partir d'un carnet de lecture dans lequel vous noterez vos impressions de lecteur, vos remarques, tout ce à quoi cette lecture vous fait penser, les références que vous pouvez mobiliser pour en discuter.

• **Impliquez-vous.** Lors de l'entretien, l'examinateur n'attend pas une simple description de l'œuvre. Il s'agit de faire ressortir l'effet qu'elle a produit sur vous, ce pour quoi vous l'avez choisie.

• **Soyez honnête.** L'examinateur sera sensible à votre volonté de défendre intelligemment votre point de vue.

2 L'entretien avec l'examinateur

• Durant cette dernière partie de l'examen, l'examinateur s'appuie sur les éléments que vous aurez exposés pour évaluer votre capacité à **dialoguer**, à **étoffer**, **nuancer** ou parfois **remettre en cause** votre réflexion, à **défendre votre point de vue** de lecteur avec justesse et sensibilité, et à **tisser des liens** entre les textes, entre les œuvres littéraires et artistiques, ou entre les époques d'hier et d'aujourd'hui.

• Il ne s'agit pas d'un interrogatoire mais d'un **échange ouvert** à partir d'une expérience de lecture d'une œuvre.

• Si vous choisissez de présenter *Manon Lescaut* à l'oral, voici des **exemples de questions** que l'on pourrait vous poser :
– Comment caractériser les personnages de Manon et de Des Grieux ?
– Quelle image de la société artistocratique du XVIIIe siècle est proposée par le roman ?
– Qu'est-ce qui, dans ce récit, vous a semblé particulièrement romanesque ?
– Qu'avez-vous pensé de la mort de Manon ?

Conseils de lecture

Des récits

Alexandre Dumas fils, *La Dame aux camélias*, 1848

Un roman inspiré par *Manon Lescaut* : Armand Duval, un jeune bourgeois, tombe amoureux de la demi-mondaine Marguerite Gautier, reine du Tout-Paris. Celle-ci renonce, par amour, à cette vie de fête et de luxe. Mais la jeune femme est atteinte de tuberculose.

Guy de Maupassant, *Bel-Ami*, 1885

C'est un homme, chez Maupassant, qui se sert de son charme pour séduire. Le beau Georges Duroy a de l'ambition, et sait que ses conquêtes féminines peuvent le mener très haut. Un roman-clé du naturalisme, qui dévoile combien la manipulation est au cœur de la société.

Pierre Louÿs, *La Femme et le Pantin*, 1898

En Espagne, André Stévenol, un Français, est ébloui par la jeune et belle Concepción Pérez. Mais un ami d'André, don Mateo, le met en garde : lui-même a vécu une aventure avec la jeune fille et elle a su faire de lui, grâce à sa beauté, une simple marionnette.

Raymond Radiguet, *Le Diable au corps*, 1923

En pleine Première Guerre mondiale, le jeune François entretient une liaison avec Marthe, une jeune femme de dix-huit ans, fiancée puis mariée à Jacques, mobilisé sur le front. Le roman fit scandale.

Colette, *Gigi*, 1944

Cette nouvelle de Colette prend place à la Belle Époque : Gilberte, dite Gigi, est élevée par sa grand-mère et sa tante. Elles veulent faire d'elle une demi-mondaine et lui présentent le riche industriel Gaston Lachaille. Mais Gigi, du haut de ses quinze ans, décide, elle, qu'il devra l'épouser !

Albertine Sarrazin, *L'Astragale*, 1965

En s'évadant de prison, Anne se brise un os du pied ; une voiture s'arrête. Le conducteur, c'est Julien, repris de justice. Leur coup de foudre les conduit à mener ensemble une vie dans la délinquance. Pour assurer leurs besoins, Anne se prostitue. Mais la police n'est jamais loin...

Deux adaptations de *Manon Lescaut* : un film et un opéra

Henri-Georges Clouzot, *Manon*, 1949

Le cinéaste transpose le roman à la fin de la Seconde Guerre mondiale et au début de la Libération, avec Cécile Aubry dans le rôle de Manon. Récompensé à la Mostra de Venise, le film fait preuve d'une grande inventivité visuelle et d'originalité.

Jules Massenet, *Manon*, 1884

Sur un livret de H. Meilhac et de P. Gille, cet opéra en cinq actes constitue sans doute la plus célèbre de toutes les réécritures du roman de Prévost. On peut voir sur Internet la version enregistrée par le chef d'orchestre D. Barenboim en 2008, avec la soprano Anna Netrebko dans le rôle-titre.

Lexique

- **Aventure :** Ensemble d'expériences comportant du risque et de l'imprévu. Ce mot a pour origine un verbe latin qui renvoie à ce qui nous arrive, ce qui advient.

- **Axiologie :** Théorie qui correspond à un ensemble de valeurs morales : le bien/le mal, l'honneur/l'opprobre, etc.

- **Catin :** Prostituée.

- **Demi-mondaine :** Femme dont le statut est proche de celui d'une prostituée, mais qui a souvent un homme qui l'entretient. Au XIXe siècle et au début du XXe siècle, on l'appelle aussi « cocotte ».

- **Discours rapportés :** restitution des paroles d'un personnage par le narrateur. Le discours rapporté peut être direct (dialogue), indirect (insertion des paroles dans le récit du narrateur) ou narrativisé (résumé par le narrateur). [Les formes mixtes comme le discours indirect libre et le discours direct libre sont rares avant le XIXe siècle].

- **Dramatisation :** Présentation d'événements du récit qui favorise l'émotion du lecteur.

- **Éloge :** Propos témoignant de l'admiration qu'on porte à quelque chose ou de l'estime qu'on porte à quelqu'un.

- ***Excipit* :** Fin d'un récit, par opposition à l'*incipit*.

- **Focalisation (ou point de vue narratif) :** Technique qui détermine l'ampleur du regard à travers lequel sont perçus les événements racontés : le narrateur peut tout savoir (focalisation omnisciente), se limiter à ce que l'un des personnages sait (focalisation interne) ou à ce qu'une caméra pourrait enregistrer (focalisation externe).

- **Hyperbole :** Figure de style qui consiste à amplifier les caractéristiques – défauts ou qualités – de ce qu'on décrit.

- **Greluchon :** amant de cœur d'une femme entretenue, ou d'une prostituée.

- ***Incipit* :** Début d'un récit, par opposition à l'*excipit*.

- **Jansénisme :** Courant religieux influent aux XVIIe et XVIIIe siècles, fondé sur l'interprétation des textes de saint Augustin notamment, et qui reposait entre autres sur l'idée que les êtres humains sont prédestinés au paradis ou à la damnation infernale, quelles que soient leurs actions dans la vie.

- **Libertin :** Se dit de celui qui conteste les normes sociales et/ou refuse de s'y soumettre. Au XVIIIe siècle, le libertinage est un courant qui réunit ceux qui ne se conforment pas aux lois imposées par la société ou la morale. Parmi ces normes auxquelles les libertins ne veulent pas être assujettis, on trouve les normes sexuelles. Le mot libertin désigne donc aussi des hommes et des femmes qui revendiquent toute liberté en matière de mœurs sexuelles.

- **Manichéen :** Qui a une vision du monde sans nuances, et qui classe tout en fonction des seuls critères de leur appartenance au bien ou au mal.

- **Motif narratif :** Élément narratif ou thématique traditionnel (scène de duel, scène de rencontre amoureuse...).

- **Paradoxe :** Discours ou fait qui présente des aspects contradictoires et semble défier la logique ou les idées reçues.

- **Pathétique :** Tonalité artistique qui repose sur la compassion du lecteur, du spectateur ou de l'auditeur pour ce qui est représenté.

- **Péripéties :** Événements qui forment la trame d'une histoire, souvent imprévus et qui changent la situation des personnages (rebondissements).

- **Picaresque (roman) :** Type de romans d'origine espagnole qui, aux XVIIe et XVIIIe siècles, mettaient en scène les aventures, souvent drôles, de personnages d'origine sociale très basse et qui s'élevaient peu à peu socialement. Ce personnage est appelé picaro.

- **Précieux (roman) :** Roman du XVIIe siècle correspondant à la mode de la préciosité, cultivant le goût d'un langage très recherché, d'un imaginaire débridé et d'un grand raffinement dans l'analyse des sentiments.

- **Proxénète :** Personne, souvent un homme, qui tire profit de la prostitution.

- **Récit-cadre :** Récit à l'intérieur duquel s'insère un autre récit.

- **Récit encadré :** Récit inséré à l'intérieur d'un récit-cadre.

- **Rhétorique :** Ensemble des moyens de rendre un discours convaincant ou persuasif, ce qui passe notamment par des procédés d'écriture (figures de style, organisation du propos, etc.).

- **Rococo, ou style rocaille :** Mouvement artistique du XVIIIe siècle touchant la peinture, l'architecture, les arts décoratifs... Il se caractérise par une surcharge d'éléments décoratifs, des nombreuses courbes et reliefs, des entrelacs de fleurs et de rubans, un mélange de matières, des teintes claires et pastel.

- **Roman-Mémoires :** Roman présenté comme le récit qu'un personnage fait de sa propre vie, à la 1re personne.

- **Rythme du récit :** Rapport entre la durée des événements et la durée de leur narration. On distingue quatre vitesses : le sommaire (les événements sont résumés), l'ellipse (le récit passe sous silence un laps de temps), la scène (le temps mis à raconter un événement s'approche du temps qu'il a mis à se dérouler) et la pause (il ne se passe rien mais le narrateur continue à parler : c'est notamment le cas dans la description).

- **Scène de genre :** En peinture, tableau qui représente une scène du quotidien.

- **Théologie :** Étude des questions religieuses fondée sur les textes sacrés, les dogmes et la tradition.

- **Tragique :** Tonalité littéraire qui suscite la terreur et la pitié en montrant le destin de personnages écrasés par des forces qui les dépassent.

Crédits photographiques

Couverture : Jean-Baptiste Greuze, *La Laitière*, huile sur toile, musée du Louvre, Paris. BIS / Ph. © Archives Nathan

p. 4 (4e couv) BIS / Ph. © Archives Larbor
p. 12-13 Bridgeman Images
p. 15 Antoine François Prévost, *Histoire de Manon Lescaut et du Chevalier des Grieux*, éd Ernest Bourdin & Cie, Paris 1839. Ivan Istock
p. 20 BIS / Ph. Coll. Archives Bordas
p. 122 BIS / Ph. Coll. Archives Larbor
p. 207 Bibliothèque nationale de France

II et 240 BIS / © Archives Larbor
III et 241 Collection Privée

Conception graphique : Élise Launay
Design de couverture : Élise Launay
Recherche iconographique : Katia Davidoff
Mise en page : STDI
Fabrication : Kévin Magar
Édition : Claire Beilin-Bourgeois

Achevé d'imprimer en Italie par Grafica Veneta S.p.A. en mars 2022
N° d'éditeur : 10278154 - Dépôt légal : Avril 2022